结构、文化与能动性：薄弱学校的产生研究

——基于C市复程小学发展史的解读

周常稳◎著

吉林出版集团股份有限公司 | 全国百佳图书出版单位

图书在版编目（CIP）数据

结构、文化与能动性：薄弱学校的产生研究：基于
C市复程小学发展史的解读 / 周常稳著 . -- 长春：吉林
出版集团股份有限公司 , 2022.6（2023.6 重印）
ISBN 978-7-5731-1630-7

Ⅰ . ①结… Ⅱ . ①周… Ⅲ . ①小学教育 – 教育研究
Ⅳ . ① G622.0

中国版本图书馆 CIP 数据核字 (2022) 第 106007 号

JIEGOU WENHUA YU NENGDONGXING BORUO XUEXIAO DE CHANSHENG YANJIU

JIYU C SHI FUCHENG XIAOXUE FAZHANSHI DE JIEDU

结构、文化与能动性：薄弱学校的产生研究
——基于 C 市复程小学发展史的解读

著　　者：周常稳
出版策划：崔文辉
责任编辑：于媛媛
责任校对：李易媛

出　　版：吉林出版集团股份有限公司
　　　　　（长春市福祉大路 5788 号，邮政编码：130118）
发　　行：吉林出版集团译文图书经营有限公司
　　　　　（http://shop34896900.taobao.com）
电　　话：总编办 0431-81629909　　营销部 0431-81629880 / 81629881
印　　刷：三河市金兆印刷装订有限公司

开　　本：787mm×1092mm　1/16
印　　张：20.75
字　　数：290 千字
版　　次：2022 年 6 月第 1 版
印　　次：2023 年 6 月第 2 次印刷
书　　号：ISBN 978-7-5731-1630-7
定　　价：68.00 元

印装错误请与承印厂联系　电话：15901289808

序　言

自改革开放以来，随着重点学校政策的实施，我国基础教育阶段的学校开始出现差序格局的分化。伴随着社会的转型、经济的发展，我国基础教育差序格局的局面并未完全消除。从20世纪80年代中后期，我国相关部门就已着手薄弱学校的改进工作。时至今日，虽然我国薄弱学校的改进工作已取得举世瞩目的成就——初步实现了义务教育的基本均衡发展，但与实现新时代中国教育高质量优质均衡的发展目标相比还任重道远。

当前无论政界还是学界对薄弱学校的认识还停留在表面，其研究方法大多是思辨法、比较分析法，而忽视了对薄弱学校形成机制的系统探讨。该书转换了研究视角，采用质性研究方法，在对吉登斯的"结构化理论"、格尔兹的"文化解释理论"，以及刘易斯的"贫困文化理论"借鉴、整合的基础上，以复程小学32位教师和10名家长的深度访谈为第一手资料，不仅带领读者重返薄弱学校形成的历史现场，还尝试在结构、文化与能动性三者互动交融的关系中再现薄弱学校形成的动态过程，并建构了一种结构、文化、能动性与薄弱学校形成机制的整合性阐释框架。该书主题鲜明，既有视角独特、充分深入的理论分析和建构，又有充实的实证数据解析和论证。书中不乏比较新颖、独到的观点和见解，所提出的一些对策建议对新时代我国教育高质量发展的改革与实践也很具有启发性和参考价值。

首先，该书将"结构"作为资源和规则的统一体，且构成了学校场域的结构性环境（即外在环境），其场域中的行为主体通过利用既有的资源和规则进行结构的生产与再生产，并在与结构性环境持续互动的过程中，以及对自身行为反思性监控的基础上所形成的共同知识为其例行化的行动提供指引与规范。在此层面上还实现了"文化"符号的积淀及"意义"的创造。于此，"结构"对于薄弱学校的形成机制来说主要体现在结构的制约性（教育政策的排斥、管理制度的规训与学校生活的感受）、使动性（确立发展信心、树立发展愿景与寻求社会支持）和例行化的行动（无意识动机、实践意识与话语意识）之中。

其次，该书将"文化"作为薄弱学校在发展过程中所积聚的符号系统及意义模式而存在，即该书在对薄弱学校行为主体能动性进行考察分析的基础上，将其在实践过程中所呈现出的文化符号进行类型化分析，进而梳理出"忍""关系""和"的文化符号系统，并基于薄弱学校行为主体的访谈资料对其形成机制进行文化取径的解读，从而实现对文化取径下薄弱学校形成机制的理论阐释。

最后，该书把结构、文化、能动性糅合在薄弱学校形成的动态过程之中并进行整合。就薄弱学校的形成机制而言，它是通过薄弱学校行为主体的能动性来呈现的，即不仅通过对薄弱学校行为主体对其行动的反思性监控来表现，还嵌入到薄弱学校行为主体的文化符号系统及学校生活之中，并创造性地建构了结构与文化取径下薄弱学校形成机制的整合性阐释框架。

总而言之，该书把薄弱学校的形成机制视为一个动态的形成过程，即薄弱学校行为主体在具体时空场域与教育系统中的资源与规则进行持续性互动的结果，并通过"反思性监控"所进行的"例行化的行动"实现对"结构"的生产与再生产，在此过程中学校行为主体不仅创造性地形成了一套"文化"符号系统，并对其日常教学实践活动提供了指引与规范，从而使其弱势不断积累，最终沦为薄弱学校之列。

此外，该书不仅打破了结构取径与文化取径对薄弱学校研究相对峙的固有范式，还尝试建构了一种结构、文化、能动性与薄弱学校形成机制的整合性阐释框架，并以复程小学的发展史为例对其整合性阐释框架进行了解读，在此基础上遵循善治、良序与优质的治理原则分别从结构、文化以及二者互动交融的取径为当下及未来薄弱学校的治理提供了可能的改进路向，即完善相关政策，扫清薄弱学校发展的结构障碍；落实学校制度，破除薄弱学校固有的文化景观；构建学校共同体，提升薄弱学校教育教学质量。希冀为学校发展营造良好教育生态的基础上促进新时代中国教育高质量优质均衡发展目标的实现，从而为世界各国薄弱学校的治理提供中国方案与中国智慧。

2021年12月1日于长春

目　录

目 录

导 论

一、研究缘起

（一）教育公平发展的时代召唤

步入21世纪以来，我国社会的主要矛盾已转化为人民日益增长的美好生活需要和不平衡不充分的发展之间的矛盾。教育是国家发展的基石、社会进步的保障，教育公平是实现社会公平的重要方面。薄弱学校不仅影响人民享有公平而优质的教育，还是制约我国教育现代化的突出"短板"，也是实现教育公平的主要障碍。这一问题早已引起政界和学界的高度关注，并已成为我国教育领域综合改革的热门话题和重要议题。1986年3月，中国国家教育委员会就颁发《关于在普及初中的地方改革初中招生办法的通知》，开始关注薄弱学校建设，自此，对薄弱学校的治理便被提上了日程。随后，各级政府以及相关部门为推进薄弱学校建设相继出台了一系列的教育政策、采取了众多改进举措与方案。从此，打响了义务教育公平发展的"攻坚战"。

近年来，我国政府为实现义务教育的均衡发展采取了诸多举措。比如，2006年我国新修订的《中华人民共和国义务教育法》第六条规定：国务院和县级以上地方人民政府应当合理配置教育资源，促进义务教育的均衡发展，改善薄弱学校的办学条件，并采取措施保障农村地区、民族地区实施义务教育，保障家庭经济困难或残疾的适龄儿童、少年接受义务教育。2010年《国家中长期教育改革和发展规划纲要（2010—2020年）》明确指出，均衡发展

1

是义务教育的战略性任务，应逐步缩小校际差距，着力解决择校问题，加快薄弱学校改造。为实现义务教育的优质均衡，以"保基本、补短板、兜底线"为基本原则吹响了"全面改薄"的历史性号角，各级政府以及相关部门相继颁布了系列"全面改薄"的政策文件，如《关于全面改善贫困地区义务教育薄弱学校基本办学条件的意见》《关于印发全面改善贫困地区义务教育薄弱学校基本办学条件底线要求的通知》《关于印发'全面改善贫困地区义务教育薄弱学校基本办学条件工作专项督导办法'的通知》等，使"全面改薄"项目得以全面展开。2018年4月，国务院办公厅颁布了《关于全面加强乡村小规模学校和乡镇寄宿制学校建设的指导意见》，该文件以提升农村教育质量，推动城乡教育一体化为主要目标，以统筹规划、合理布局；重点保障、兜住底线；内涵发展、提高质量为基本原则，从布局规划、办学条件、师资建设、经费保障、办学水平等方面进行了具体规划。2019年2月，《中国教育现代化2035》把"实现义务教育的优质均衡"纳入其发展目标，同年7月，又颁发了《中共中央国务院关于深化教育教学改革全面提高义务教育质量的意见》，这是新时代我国深化教育教学改革、全面提高义务教育质量的纲领性文件。这有力地表达了我国致力于解决薄弱学校问题与实现义务教育公平发展的信心与决心。一言以蔽之，加快薄弱学校改进，推进义务教育的公平发展已成为当前我国义务教育改革的重要议题，也是实现新时代中国教育高质量优质均衡发展的关键环节。

薄弱学校问题并不为中国所特有，它在世界范围内广泛存在。时下，世界各国基本上都把教育置于优先发展的战略位置，并在提供义务教育的基础上致力于提供公平而有质量的义务教育，尤其是以欧美等为主的西方发达国家都极为重视义务教育阶段薄弱学校的改进工作，并基于本国国情探索出了合理的改进路径。如美国相继采取了"择校制""特许学校计划"和"基础教育转移支付制"，以及以学校文化改进为特色的"学校跃进计划"等措施，极大地推动了美国义务教育的均衡发展；自20世纪90年代以来，英国先后实施了"教育行动区计划""卓越的城市教育计划"和"学院类计划"，旨在提升薄弱学校的教育质量、促进教育公平，推动义务教育的公平发展；OECD则先后采取了ISIP项目、通过学校领导培训计划、重塑家校关系、师资队伍建设等措施来推动义务教育的公平发展。由此观之，教育均衡化不仅是现阶段中国义务教育发展的主旋律，还是21世纪世界各国义务教育发展的重要议题之一。

（二）薄弱学校改进的实践忧思

1986年3月，国家教委在《关于在普及初中的地方改革初中招生办法的通知》中首次运用了"薄弱学校"一词（对其含义未给予明确界定），并为其发展提出了具体建议，这标志着我国义务教育阶段的政策重点开始由重点学校建设转移到扶持薄弱学校发展上来，由此打响了义务教育阶段薄弱学校改进的"攻坚战"。随后，各级政府、教育部门为快速有效地推动薄弱学校的"华丽转身"，实现义务教育的公平发展，主要基于薄弱学校形成的结构性因素相继出台了一系列的"改薄"政策及措施。经过三十余年的攻坚克难，现已取得了历史性突破——初步实现了县域内学校的基本均衡。据教育部相关统计显示，2014—2016年，中央财政已累计投入978亿元，带动地方投入2030多亿元，总计投入3000亿元。其中，中央在中西部地区投入884亿元，占90.4%。截至目前，全国校舍建设竣工学校10.3万所，竣工面积1.23亿平方米，占5年规划建设面积的59.4%；采购课桌凳2283万套，图书3.4亿册，计算机、教学仪器设备1.6亿台件套，总价值610多亿元，占5年规划采购总金额的59.4%。工程建设总体上做到了规划时间过半，任务完成过半。软件建设方面，完成540多万中小学幼儿园教师信息技术应用能力提升专项培训，农村学校实现互联网接入比例达到85%，网络教学环境得到大幅改善，信息化应用基础条件进一步夯实。"全面改薄"的实施，显著改善了贫困地区义务教育学校办学条件，学生自带课桌椅、睡"大通铺"、在D级危房上课现象在绝大部分地区已消除[1]。

当下，中国"全面改薄"工作已步入"攻坚期""深水区"，在此过程中一些不容忽视的问题也逐步凸显。具体来说，基于薄弱学校结构取径的改进政策，由于秉持理性的思维而将薄弱学校客观化、对象化，在一定程度上脱离了薄弱学校自身具体的、个性化的实践，这些实践及研究往往基于社会立场、"局外人"的视角从价值理性上追求应然，极少基于薄弱学校的立场来观察、慎思其所在的社会与文化处境。近年来，虽然部分学者开始由结构取径的薄弱学校研究向文化取径的薄弱学校研究转移，但由于研究不成熟，概念体系不健全，仅停留在对薄弱学校文化的客观表述，以及对结构取径下改进策略的文化反思上，并未按图索骥追寻结构取径与文化取径下薄弱学校形成机制的相互关系，从而导致当下薄弱学校改进缺少必要的理论支撑和精准的行动策略。此外，随着"全面改薄"工作的推进，已实现标准化建设的薄弱学校内部存在着严重的文化差距问题，即已实现标准化建设的薄弱学校的教学设备、办学条件等物质资源得以快速改善，但其成员的行为方式、习惯、价值观等非物质文化还处于相对滞后的状态，这种物质文化和非物质文化之间的落差、错位又导致了学校内部固有文化与主流文化之间的冲突，并成为巩固"全面改薄"既有成果的阻力，以及进一步提升薄弱学校发展质量的阻碍。

由此可知，现阶段薄弱学校的改进路径均有失偏颇。难以实现对薄弱学校的改进，其根源在于人们对薄弱学校形成原因的探讨过于聚焦在结构取径，如教育管理体制、重点校政策、教育评价机制等结构性因素，以及学校管理低效、生源质量低、教师教学水平差等学校自身因素，而遗漏了薄弱学

---

[1] 教育部.全面改善贫困地区义务教育薄弱学校基本办学条件工作情况 [Z].2016-12-29.

校行为主体长期在结构性因素辖制下所形成的文化的作用，进而遮蔽了薄弱学校形成的文化机制，导致人们对薄弱学校的形成机制缺少客观、系统、全面的认知，从而影响当前薄弱学校改进的政策制定及实施效果。如何快速有效地整合并激活已实现标准化建设的薄弱学校的既有资源和办学活力，研究者亟须深入薄弱学校的微观场域，建构结构与文化取径下薄弱学校形成机制的整合性阐释框架，唯有如此才能为薄弱学校治理中存在的问题提供更具有适切性和有效性的解决方案。

（三）个人效果历史的经验反思

学术研究总是始于人类实践中的问题意识，源于人类对自我生活世界的问题和困惑的不懈求索与反思。正如南京师范大学吴康宁教授所述：任何一项真正的研究都始于研究者的研究旨趣，都必须是研究者生活世界的产物与延续[1]。而我的研究恰恰始于我个人的研究旨趣，源于对自我"效果历史"中问题与困惑的不懈求索与省思。

从研究者自身的"效果历史"来看，研究者出生于山东省西南地区的一个经济相对落后的小镇，先后就读于条件较为简陋的小学、初中和高中。虽然当时的教师学历水平普遍偏低，教学方法较为单一，但学校里却处处洋溢着浓厚的人文气息及乐观向上的学习氛围，教师认真负责、勤劳质朴，学生勤奋憨厚、积极乐观，正基于这样的学校氛围使我逐步形成了一种积极向上、坚韧不拔、勇于吃苦的精神，并作为一种精神财富激励着我不断前行。直到大三上学期我怀揣着敬畏与向往之情进入了一所乡村小学参加为期一学年的"顶岗支教双提高工程"，这一经历对我来说刻骨铭心，并打破了我多年的美好憧憬，从此触发了我对本主题的追寻与思索。在顶岗支教过程中，

---

[1] 吴康宁. 教育研究应研究什么样的"问题"——兼谈"真"问题的判断标准 [J]. 教育研究，2002(11): 8-11.

研究者看到了许多与义务教育均衡发展相悖的教育现象：区域、校际的"马太效应"不断扩大，即优质校的优质资源愈加集中，并向规模化、集团化的方向发展，薄弱学校的资源被直接或间接地剥夺而变得越来越匮乏，其发展如履薄冰、步履维艰，并由此引发了一系列的连锁反应，进而步入"学校声誉差——家长信不过——学生不愿去——学校生源差——学生成绩差——学校声誉差"的恶性循环之中而不能自拔。

之后，研究者在攻读硕士和博士学位期间也时常进入一些薄弱学校进行考察，进而发现该现象并不是作为单一个案而存在，而是作为一个客观存在的教育问题广泛地存在于学校教育系统最底层，这使我陷入了深深的思索之中。至今该现象还时常浮现在我的脑海，为此我经常扪心自问：薄弱学校真的"薄弱"吗？薄弱学校里的教师真的"薄弱"吗？薄弱学校里的教师和学生的所思所想是什么？薄弱学校是单一结构性因素所导致的吗？过去薄弱学校积极乐观的学校文化去哪了？时下为何无处寻觅？薄弱学校的"薄弱文化"是如何形成的？薄弱学校的行为主体在结构与文化取径下是如何选择与行动的？薄弱学校真的"无药可救"了吗……

作为一名在读的教育学原理博士研究生，结合当前义务教育公平发展的时代召唤，回应薄弱学校改进中的实践忧思，联系个人"效果历史"的经验反思，一种发自内心且不可抑制的冲动迫使我急于揭开薄弱学校形成机制的"神秘面纱"，希冀在为薄弱学校形成机制提供合理理论阐释的基础上，探寻更具适切性和有效性的薄弱学校改进方案与精准策略。

二、研究现状

本书在文献搜集及梳理方面，研究者通过东北师范大学图书馆、校园网数据库（CNKI、万方数据、JSTOR、Pro Quest）、吉林省图书馆以及中国国家图书馆等数据库,以薄弱学校、薄弱初中、薄弱小学等主题词进行文献检索,共检索到国内核心期刊论文160篇,其中CSSCI(含扩展版)75篇。CSSCI(含扩展版)29篇介绍国外薄弱学校的改进经验,15篇零星涉及薄弱学校的形成原因,21篇涉及薄弱学校的文化研究。学位论文84篇,其中6篇介绍国外薄弱学校的改进经验,22篇对薄弱学校的形成原因进行了介绍,10篇涉及薄弱学校的文化研究。见图1,图2,图3。此外,研究者还通过搜索、查阅了国外相关的文献资料,以及国内外相关的专著、会议论文等,基于结构主义与文化主义的取径对既有文献、专著进行"回顾"与"比较",希冀在"回顾"中透析结构主义与文化主义解释的思路,在"比较"中明晰结构主义与文化主义解释的偏颇,进而尝试探索二者相互整合的研究范式,从而为当下的薄弱学校研究及治理提供理据与方向。

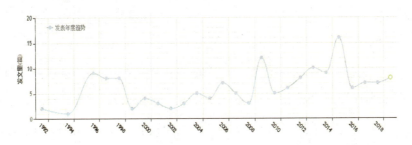

图1 以"薄弱学校""薄弱初中""薄弱小学"
为主题词检索的中文核心期刊发文的总体趋势分析图

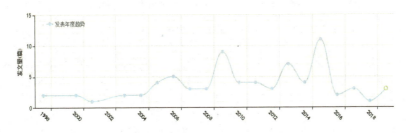

图2 以"薄弱学校""薄弱初中""薄弱小学"
为主题词检索的CSSCI期刊(含扩展版)发文的总体趋势分析图

图3　以"薄弱学校""薄弱初中""薄弱小学"
为主题词检索的学位论文的总体趋势分析图

（一）薄弱学校的概念研究

"薄弱学校"一词至今仍是一个颇具争议的概念。在西方，有关学校的研究源远流长。早在20世纪70年代末，美国著名教育学家古德莱德就曾开展过一个大型的研究——"A Study of Schooling"，其研究成果《一个称作学校的地方》（1984）成为一部经典之作，并为人们了解美国学校教育提供了钥匙[1]。西方学者往往以"Fail School""Poor School""High Poverty School""Low-Social-Economic Status School""Falling or at risk school"等称呼指代处境不利的学校（Sterbinsky, Ross & Redfield, 2006）[2]。在有关学校效能和学校改进研究中，则有"无效学校""停滞学校""无力学校"之称（Rosenholtz, 1989; Teddlie and Stringfield, 1993; Stoll & Fink, 2015）。Rosenholtz（1989）在《Teachers' Workplace: The Social Organization of Schools》一书中对主动学校和举步维艰的学校进行了分析，并在此基础上明晰了举步维艰的学校何处弱、为何弱[3]。在美国，Huberman和Miles出

[1]　古德莱德 . 一个称作学校的地方 [M]. 上海：华东师范大学出版社，2014：36.

[2]　Sterbinsky Allan Ross Steven. Redfield Doris. (2006). Effects of Coehensive School Reform on Student Achievement and School Change: A Longitudinal Multi-Site Study[J]. Review of Educational Research. 2006: 367-397.

[3]　ROSENHOLTZ, S. T. Teachers' workplace: The social organization of schools[M]. NY: Longman.

版的《聚焦变革：如何达致学校改进》（1984）、Louis和Miles出版的《改进城市中学》（1992）等著作初步总结了使学校改进的方法和原因；杰弗里·伯曼将学校发展和学生成绩作为辨别薄弱学校的重要指标（Borman etc, 2003）；"美国教师联合会"（American Federation of Teachers, 2006）和"美国学校改革与发展中心"（The Center For Comprehensive School Reform and Improvement, 2008）也各有一套认定薄弱学校的指标体系。在英国，也存在着不同的薄弱学校判定标准（朱家存，2002[1]；励骅、百华，2009[2]）。比如，Peter Matthews and Pam Sammons在《Survival of the weakest: the differential improvement of schools causing concern in England》一文中对薄弱学校的产生原因、认定标准与改进措施等进行了论述[3]；路易斯·斯托尔在对罗森豪茨、特德雷、斯丁菲尔德、雷诺兹等人研究成果的基础上概括出了"无效学校"的特征，即缺乏共同愿景、无特定目标和理想的领导层、不良的人际关系、无效的课堂等[4]。

　　在国内，最早关于"薄弱"的记载可以追溯到《说文解字》，即"薄"意指林木不交错，"弱"指桡、曲木[5]。在《辞海》中，"薄弱"有三层意思：一是指思想意志不坚定；二是指单薄脆弱；三是指孱弱无力，主要形容事物在外界影响下容易受挫折、被破坏或发生动摇的状况。薄弱学校中的"薄弱"则取第三个层面的意思，即在外部环境的影响下学校中的某一方面或多个方面显得单弱无力，从而使其处于学校系统的边缘位置。就目前而

[1]　朱家存.走向均衡[D].上海：华东师范大学，2002：6-12.

[2]　励骅，白华.国外薄弱学校改进的有效举措探析[J].比较教育研究，2009（06）：52-56.

[3]　Peter Matthews and Pam Sammons. (2005). Survival of the weakest: the differential improvement of schools causing concern in England. London Review of Education,3(2), 2005, pp.159-176.

[4]　路易丝·斯托尔，迪安·芬克.柳国辉译.未来的学校：变革的目标与路径（第二版）[M].北京：北京大学出版社，2015：35，38.

[5]　许慎.说文解字[M].北京：中华书局，2009：78，196.

言，在我国无论是教育决策领域还是教育研究领域关于"薄弱学校"概念的界定有不同的观点，但也达成了一定共识。

1. 教育决策领域

"薄弱学校"一词最早出现在1986年国家教育委员会颁布的《关于在普及初中的地方改革初中招生办法的通知》中，即要求各地特别要注意采取有效措施搞好薄弱初中建设，使这些学校的校舍、办学经费、师资水平、教学设备等有较大程度的改善和提高[1]。虽然该文件未对薄弱学校的内涵给予明确界定，但从中可以看出：薄弱学校是针对部分初中学校的发展问题而提出的，主要是指学校硬件设施方面的薄弱。随后，1998年教育部颁发的《加强大中城市薄弱学校建设，办好义务教育阶段每一所学校的若干意见》首次对"薄弱学校"进行了明确界定，即在大中城市的一些中小学校中，或因办学条件相对较差，或因领导班子力量不强、师资队伍较弱以及生源等方面的原因，使得学校管理不良，教学质量较低，社会声誉不高，学生不愿去、家长信不过的学校[2]。这一表述不仅对薄弱学校的界定有了客观依据，还扩大了薄弱学校的外延，即把薄弱学校的学校领导、师资队伍等软件因素纳入其中。此外，教育部基础教育司原司长李连宁曾对薄弱学校进行了解读：薄弱学校主要是指在办学条件、师资水平、学校管理、生源质量等方面比较薄弱，且教育质量不高的学校，其中学校管理是关键，其他诸项是相对的[3]。这一解释从根本上指出了薄弱学校的本质特征——学校管理不良所导致的教育质量低下。2013年《教育部 国家发展改革委 财政部关于全面改善贫困地区义务教育

---

[1] 关于在普及初中的地方改革初中招生办法的通知 [S]. 国家教委 [86] 教中字 002 号，1986 年 3 月.

[2] 关于加强大中城市薄弱学校建设，办好义务教育阶段每一所学校的若干意见 [S]. 教基 [1998] 13 号，1998 年 11 月.

[3] 李化树. 公平与均衡——中小学薄弱学校改造与发展研究 [M]. 重庆：西南交通大学出版社，2011：35.

薄弱学校基本办学条件的意见》明确指出，针对贫困地区义务教育薄弱学校基本办学条件的缺口，"缺什么补什么"，实事求是地提出"全面改薄"的总体和年度工作目标，保基本，补短板，改善基本办学条件，保证办学的正常运转，缩小校际差距，推进义务教育的均衡发展[1]。

通过对我国教育决策领域关于薄弱学校内涵的相关表述可知，当前我国教育决策领域对薄弱学校的界定大致围绕学校管理、生源质量、师资队伍、教育质量四个方面进行界定，但随着薄弱学校改进实践的深入推进，教育决策领域对薄弱学校的认识逐步深化，如"全面改薄"中的"缺什么补什么"，保基本，补短板，改善基本办学条件，保证办学的正常运转，缩小校际差距，推进义务教育均衡发展。这一表述与以往相比具有很大进步，这充分表明我国教育决策领域对薄弱学校的界定日益细化与深入。

2. 教育研究领域

在学界，吴福生最早对薄弱学校的内涵进行了界定，认为薄弱学校是办学条件、师资水平、管理水平和教育质量等方面比较差的学校[2]。随后，众多学者分别从薄弱学校的硬件和软件两个方面进行了界定，如熊梅和陈纲（1998）[3]、曾天山（1999）[4]、姜水晶（2007）[5]、左萍（2009）[6]、杜亮亮（2015）[7]等。以上学者虽然在表述上各有侧重，但实质并无差异。其中曾天

[1]　教育部.教育部 国家发展改革委 财政部关于全面改善贫困地区义务教育薄弱学校基本办学条件的意见 [S]. 教基 [2013]10 号，2013 年 12 月.

[2]　吴福生.关于强化义务教育的若干思考 [J]. 中国教育学刊，1996（02）：5-9.

[3]　熊梅、陈纲.标本兼治综合治理——关于我国部分大中城市义务教育阶段加强薄弱学校建设情况的调研报告 [J]. 教育研究，1998（04）：39-45.

[4]　曾天山.义务教育阶段"择校生"现象剖析 [M]. 南宁：广西教育出版社，1999：38.

[5]　姜水晶.薄弱学校形成原因分析及改造策略研究——以沈阳启动义务教育均衡发展的奠基工程为个案 [D]. 东北师范大学，2007（06）：4.

[6]　左萍.薄弱学校改造与建设 [M]. 长春：东北师范大学出版社，2009：7.

[7]　杜亮亮.县域薄弱学校改进的共同体模式研究 [D]. 南京：南京师范大学，2015.

山的观点最具有代表性，他认为薄弱学校应从办学条件、教育质量和社会效益三个方面进行界定。左萍分别从教育时段、地域空间、办学条件、教学质量、社会声誉等方面进行了详细阐述。总之，大部分学者对薄弱学校内涵的界定与教育决策领域的表述基本一致。

随着对薄弱学校改进实践以及全面改薄工作的深入推进，跨学科研究日益增多。当下已有部分学者基于不同的学科视角对薄弱学校的内涵进行了界定。如贺武华、杨小芳基于社会学的视角认为薄弱学校是处于学校系统底层的、生存和发展资本相对匮乏、教育质量相对偏低的学校[1]。这一界定打破了人们对薄弱学校内涵的固有认知，开启了薄弱学校研究的新领域。胡定荣基于教育质量的视角，认为薄弱学校是办学条件未达标、办学质量低和综合效益差的学校，进而指出当前的薄弱学校主要属于办学质量未达标和综合效益差的学校[2]。鲍传友基于文化学的视角，认为薄弱学校最根本的是文化的薄弱，而非单纯的硬件薄弱[3]。左萍也指出，薄弱学校之所以薄弱的重要原因在于文化管理的薄弱，因为它直接影响薄弱学校教育教学质量的提升。

综上所述，国外对薄弱学校的界定，与国内教育决策领域或教育研究领域对薄弱学校内涵的界定仍有分歧，但也存在以下共性：①薄弱学校是一个相对的概念，它与重点学校在办学条件、师资队伍、学生生源等方面存在一定的差距；②薄弱学校是一个动态的概念，随着薄弱学校改进的不断深入开展，其内涵也在不断地调整与变化；③薄弱学校是一个区域性的概念，它在不同区域、城乡以及校际之间具有不同的表征；④薄弱学校是一个描述性的概念，在硬件方面表现为校舍陈旧、教学设备落后、学校环境差等；在软件方面表现为学校办学及管理理念低效、师资水平差、学校声誉不良等。

[1] 贺武华，杨小芳.薄弱学校发展困境的社会学解释 [J].教育发展研究，2006（14）：48-52.
[2] 胡定荣.薄弱学校的教育改进 [M].北京：教育科学出版社，2013：7.
[3] 鲍传友.学校改进中的文化战略 [M].北京：北京师范大学出版社，2015：7.

（二）结构主义取径下薄弱学校的研究及省思

1. 结构主义取径下薄弱学校的成因研究

学者们基于不同的视角对薄弱学校的成因进行了探讨，主要从内外部原因进行探讨。近年来，也有部分学者基于薄弱学校改进实践的视角，反思和挖掘我国薄弱学校产生的深层根源，进而为薄弱学校的深化改进提供指引。

基于内外部原因视角的研究。柳海民教授、杨兆山教授等基于外部视角对薄弱学校产生的原因进行了分析，认为中华人民共和国成立初期基于对人才需求的现实考虑，国家的义务教育资源分配长期保持偏向城市和重点学校的惯例，为薄弱学校的形成奠定了原始的政策基础，客观上导致了薄弱学校的生成[1]。李桂强认为薄弱学校的形成不是由单一因素造成的，而是由多种因素相互作用的结果。外部因素主要包括宏观政策、教育目标和管理体制等；内部要素主要包括薄弱学校的领导管理水平、学校管理秩序以及学校文化等[2]。马晓玲认为薄弱学校产生的内部原因包括教学质量、师资队伍、领导者素养、教育体制以及师生自信心等；外部原因包括教育资源分配、家长重视程度、区位环境、社会声誉等，内外部因素共同导致薄弱学校的形成[3]。以上学者只是把薄弱学校形成的内外部因素进行了简单的罗列，并未揭示内外部因素之间的作用机理。

此外，部分学者基于薄弱学校改进实践的视角，通过对改进实践的反思、进一步挖掘我国薄弱学校产生的深层原因。如周兴国教授指出，学校之

---

[1] 柳海民，杨兆山.我国义务教育均衡发展问题研究[M].长春：东北师范大学出版社，2007：10.

[2] 李桂强.薄弱学校发展中的矛盾及其对策——基于 K 中学的个案研究[D].南京：南京师范大学，2004：1.

[3] 马晓玲.薄弱学校发展的关键性因素探究[D].呼和浩特：内蒙古师范大学，2013：23.

间的竞争和行政主导机制是薄弱学校产生的重要原因[1]。樊改霞等将薄弱学校产生的原因归结为：城乡二元社会体制和教育投资机制的制约导致学校发展水平两极分化、强制性制度变迁导致学校发展活力不足、学校自主发展意识不强导致学校内涵发展能力不高、教育资源活力不足导致投入与产出比例失衡等[2]。

综上所述，学者们大多将薄弱学校的形成原因归结为多种因素相互作用的结果，其实质是宏观政策与微观行动的统一，即从宏观政策的视角归结为教育政策的偏失、教育评价的偏颇和教育投入的偏向；从微观行动的视角归结为学校领导素质不高、学校教职工结构不合理、生源质量较差等方面。但是从既有研究来看，当前学者仅是对"致薄"因素进行了简单地罗列，并未揭示出宏观政策与微观场域的相互作用，即宏观政策与微观场域如何在互动交融中导致薄弱学校的形成，并在实践中影响薄弱学校改进的成效。

2. 结构主义取径下薄弱学校的改进研究

关于结构主义取径的薄弱学校改进策略，学者们基于结构主义取径的产生原因分别从宏观政策、微观行动以及二者兼顾的视角提出了相应的改进策略。

基于薄弱学校改进的宏观政策的视角，主要强调政府在薄弱学校改进中的责任。如杨颖秀等认为政府应加大对薄弱学校的资金投入，更新薄弱学校的硬件设施，改善办学条件[3]。郑洋在认同前人观点的基础上进一步细化了政府责任，认为政府不仅要在教育资源和政策上向薄弱学校倾斜，还要进一

[1] 周兴国.薄弱学校改进的困境与出路：制度分析理论的视角[J].教育发展研究，2010（04）：6-9.

[2] 樊改霞，陈祖鹏.多维视角下我国农村薄弱学校建设路径研究[J].教育探索，2016（03）：45-51.

[3] 李慧，杨颖秀.薄弱学校改进中行政部门的政策责任与策略[J].教学与管理，2010（22）：12-13.

步深化改革教育教学评价体制[1]。索磊学者基于法律保障的视角，为我国薄弱学校改进中的"委托管理"项目的改进与完善提供了有益借鉴[2]。商丽浩对"美国基础教育转移支付制度"的演变历程进行了系统梳理，进而指出美国为降低地区和经济因素对教育所造成的不利影响而实施了基础教育转移支付制度[3]。在20世纪60年代，英国政府就开始关注薄弱学校问题，并先后实施了"教育行动区计划"和"城市卓越计划"：一是"教育行动计划"，20世纪80年代末，工党政府为了积极引进校外力量，以公立私营、学校与社区共建等方式对薄弱学校改造进行了有效尝试，具有程序规范、管理高效、社区共建的特征，主要包括布莱克本教育行动区的"家庭行动计划"、巴恩斯利教育行动区的"学生在线评价系统"、赫里福郡教育行动区的"教学助手计划"。截止到2001年底，共有37所行动区学校因为学生成绩进步获得2001年度国家"学校成就奖"，同时也存在第三学段成绩没有较大改观、行动区计划缺乏针对性、改革措施缺乏有效的监督和评价、缺少连贯性等问题，并从转换政府管理职能、鼓励家长积极参与、注重教师的专业发展和提供充足的经费支持等方面进行了改进[4]。二是"城市卓越计划"，该计划是英国工党政府针对城市地区中小学教育标准、教育质量低下，学生学业成绩低劣的状况而展开的，旨在通过一系列的改革措施来改善学校管理、整合教育资源、提高城市教育质量，实现教育均衡发展而推出的一项重大教育改革计划，主要包括改革学校的运作方式、建立学生发展支持体系、实现教育提供方式多样

---

[1] 郑洋.薄弱学校改进策略的案例研究 [D].长春：东北师范大学，2010：23-27.

[2] 索磊.薄弱学校委托管理的法律保障机制研究——以美国《特许学校法》问责条款为例 [J].教育发展研究，2013（24）：55-61.

[3] 商丽浩，田正平.美国州政府的基础教育转移支付制度 [J].比较教育研究，2001（12）：20-24.

[4] 王艳玲."教育行动区"计划——英国改造薄弱学校的有效尝试[J].全球教育展望，2004（09）：67-71.

化等策略，其核心在于强调社会公正、注重多方合作、重视学生态度与行为的矫正[1]。时至今日，有关薄弱学校宏观改进措施的研究成果颇丰，在此不再赘述。

基于薄弱学校改进微观行动的视角，主要侧重于发挥薄弱学校的能动性——走内涵式发展道路。如张银山提出了薄弱学校内涵式发展的八条建议[2]。章露红认为，从"薄弱"迈向"优质"是一项外源扶持与内源发展的系统工程，并为此提出了具体的改进措施[3]。杨建超在对罗尔斯"基本善"分配正义观批判分析的基础上，借鉴阿玛蒂亚森的可行能力理论对学校的内生发展提出了可行性建议[4]。2010年，英国工党政府为改变基础教育不均衡的现状，推动公立学校多样化的发展战略实施了"学院类计划"，该计划强调政府与学院类学校的权责关系、学院类学校的内部治理和学院类学校发展的外部支援等目标，具有扩大办学自主权、重视教育问责、引入外部合作管理机制、关注个性化需求的特点[5]。Perryman, Jane在《School Leadership and Management after Special Measures: Discipline without the Gaze?》一文中讨论了学校管理的技巧，主张在"失败学校"实施严格的学校管理措施，以多种方式整顿学校职员，并建立健全相应的惩戒机制[6]。Lyche, C学者认为，薄弱学

[1] 阚阅.促进教育均衡发展的新举措——英国"追求卓越的城市教育"计划评析[J].全球教育展望，2004（09）：72-75.

[2] 张银山.县域薄弱学校内涵式发展研究[D].昆明：云南师范大学，2013：59-90.

[3] 章露红.转变薄弱学校关键是激发办学活力[J].中国教育学刊，2015（08）：101.

[4] 杨建朝.薄弱学校何以可能变革成功：从帮扶补偿到可行能力[J].教育科学研究，2019（04）：21-27.

[5] 张羽寰.英国"学院类学校"计划研究[D].重庆：西南大学，2013：1-2.

[6] Perryman, Jane. (2005). School Leadership and Management after Special Measures: Discipline without the Gaze? School Leadership and Management.v25 n3 p281-297 Aug 2005.

校的改进还需吸引、支持并留住高质量的教师，从而确保有效的课堂教学[1]。此外，还有众多学者从师资队伍、教学模式、学生生源等微观视角对薄弱学校的改进提出了诸多建议。

基于薄弱学校改进的双重视角，既强调政府调控的作用，又注重提升学校的办学能力。袁彩哲认为，薄弱学校改进是一项系统工程，需要政府和学校的共同努力与积极配合[2]。杨志刚认为，不仅要从微观组织层面探寻快速拓展优质教育资源和提升教育品质的规律，还要从宏观管理层面思考束缚和制约学校内在活力的因素[3]。董美英在分析薄弱学校符号负资本效应的基础上提出了"两步走"的改造策略[4]。刘上梅认为美国特许学校制度的实施不仅要坚持政府主导，明确政府、学校职责，激发学校参与的积极性，还要发挥契约管理的作用，使其在政府的监督下获取更多自主权[5]。A.N.Esler、Y.Godber & Christenson. S.L研究指出，西方发达国家的薄弱学校改进尤其重视学校、家长、社区之间的联系。斯勒和克里斯坦的研究指出，学校应积极地识别那些尚未参与孩子教育的家长，并使其能够参与到学校教育之中[6]。梁歆从能量建构的视角对学校改进的影响因素进行了论述，他认为学校改进的内部能量包括分享的目标、人的发展（教师个体的发展、专业社群的发展）、组织能量（学校结构、学校文化）、课程与教学（课程的一致性、支持教学的技术

[1] Lyche, C. (2010). "Taking on the Completion Challenge: A Literature Review on Policies to Prevent Dropout and Early School Leaving", OECD Education Working Papers, No. 53, OECD Publishing. [EB/OL]. https://files.eric.ed.gov/fulltext/ED529583.pdf. 2014-05-27.

[2] 袁彩哲. 薄弱学校改造中的问题与发展对策研究 [D]. 重庆：西南师范大学，2005：45-50.

[3] 杨志刚. 薄弱学校改造的实质及多样化策略 [J]. 教育科学研究，2016（01）：34-37.

[4] 董美英. "名校"身份获取的路径分析兼论薄弱学校的改造——符号资本的视角 [J]. 教育学术月刊，2016（09）：47-52.

[5] 刘上梅. 制度创新与中小学薄弱学校改造 [D]. 长沙：湖南师范大学，2010：44-50.

[6] Esler，A. N.，Godber Y. & Christenson, S. L. (2008). Best practices in supporting school-Family partnerships [G]. Thomas，A.，& Grimes J.（Eds）. Best Practices in School Psychology Ⅴ. NASP，Bethes-da，2008:917-936.

资源）和学校领导，学校改进的外部能量包括大学和中小学的伙伴合作，社区、家庭和学校的伙伴合作[1]。

总而言之，结构主义取径的薄弱学校研究主要围绕政府和学校自身开展：一方面，政府应担负起宏观调控的责任，以教育公平、教育均衡的思想为指导，通过资源配置和政策倾斜实现对薄弱学校硬件设施的改造；另一方面，薄弱学校不仅要明确办学理念、提升管理水平，还要重视学校的师资队伍建设、提升教育教学质量，充分激活薄弱学校的办学活力。然而，在薄弱学校改进的实践中成功"脱薄"者寥寥无几，其根源在于缺少对薄弱学校形成因素的系统性认知，即过于强调薄弱学校产生的结构性因素，而忽视了薄弱学校产生的其他因素，从而影响薄弱学校改进的实践成效。

3. 结构主义取径下薄弱学校研究的省思

结构主义取径的薄弱学校研究主要从内外部原因进行了探讨，但最终体现在宏观政策与微观行动上。具体而言，似乎结构主义取径下的各个方面都可以制造"薄弱"，且结构的调整与变迁并不能对薄弱学校改进起到立竿见影的效果。从对结构取径下薄弱学校研究的梳理中可知，宏观政策与微观行动都在不同程度上塑造着薄弱学校的场域与习惯。但两者相比，宏观政策的非预期性结果似乎更加侧重于人为要素；微观行动则归诸随机性，具有无法预测的各种可能性。正如吉登斯所述，"权力从不仅仅只是某种约束，它也是行动者产生行动的预期性结构的源泉，形形色色的约束也以不同方式成为各种促动，它们在限制或拒绝某种行动可能性的同时，也有助于开启另一种行动的可能性[2]"。所以说，学校并不能真正主宰自身发展，这种无能主要表

---

[1] 梁歆，黄显华．学校改进：理论和实证研究 [M]．上海：华东师范大学出版社，2010：46-73.

[2] 安东尼・吉登斯．社会的构成 [M]．李康，李猛，译．上海：生活・读书・新知三联书店，1998：34-40.

现在政策非预期性结果的制约性与使动性上。进而言之，一方面，政策制定者可以通过运用政策的制约性，即运用宏观政策剥夺其他学校发展的资源与权利，削弱行动者的积极性与能动性，从而制造薄弱学校；另一方面，政策制定者也可以运用政策的使动性，即通过宏观政策的激励措施，激发行动者的积极性与能动性，从而推动薄弱学校的发展[1]。

宏观政策非预期性结果中蕴含着这样一个事实：任何事物的产生、发展与消亡都不会遵循简单的线性思维。重点学校政策的存废历程就是一个证明。具体来说，基于特定时空场域而实施的重点学校政策，也遵循着简单的线性思维——"多出人才、快出人才、出好人才"——以满足国家发展的人才需求，该措施效果显著，在造就了一批重点学校的同时也制造了政策预期之外的问题——薄弱学校。直到20世纪80年代，重点学校政策的负面影响逐步显现，并引发了人们的质疑与不满。为消除重点学校政策所带来的负面影响，国家相关部门先后颁布并实施了一系列薄弱学校改进的政策及措施，如取消重点学校、实施就近入学政策等。然而，依据罗尔斯《正义论》中的"补偿性原则"所制定的"兜底线、保基本、补短板"的薄弱学校改进政策似乎仍被一种简单的线性思维所束缚[2]，"缺什么补什么""输血式"的治理似乎成了薄弱学校习惯性的获取，进而滋生了一些"庸常行为"——安于现状、不思进取，并且这已成为当前薄弱学校发展的重要阻力。

基于此，研究者认为这种政策非预期性结果的出现揭示了一个客观问题，即简单地改善薄弱学校的基本办学条件难以从根源上实现对薄弱学校的改进。进而言之，结构主义取径下薄弱学校的研究及实践已显得捉襟见肘。于是，近年来，人们开始反思薄弱学校改进中的新问题，即薄弱学校并不是

---

[1]　周常稳，周霖.薄弱学校研究：结构主义与文化主义解释的对峙 [J].教育理论与实践，2019（16）：3-7.

[2]　约翰·罗尔斯.正义论 [M].何怀宏，等，译.北京：中国社会科学出版社，1988：10.

由单一结构因素所导致的，而是一个复杂的文化问题，即随着薄弱学校的改进，其传统的文化、行动惯性与当前结构变迁之间的冲突与矛盾已成为薄弱学校改进的重要阻力。一言以蔽之，结构在制造出薄弱学校场域后，再用文化去解释则显得更具合理性与说服力。

（三）文化主义取径下薄弱学校的研究及省思

1. 文化主义取径下薄弱学校的成因研究

关于薄弱学校文化与学校发展的关系研究。在国内，最早关注此议题的是北京师范大学鲍传友教授，他认为一所学校从普通学校到规范学校、到特色学校、再到学校品牌的形成过程，实际上就是学校文化的形成过程，尤其以"学校文化"为特征的"软实力"是薄弱学校之所以"薄弱"的关键所在[1]。在此基础上他又对农村薄弱学校的文化进行了深度剖析，并明确指出农村学校薄弱形成的重要原因在于不重视现代管理理念和制度建设，其本质是薄弱学校文化不自信的表现[2]。同时，许昌良也认为，薄弱学校之所以薄弱是因为文化的薄弱，即自觉、自信和自强文化的缺失[3]。范胜杰在认同前人观点的基础上通过实证研究得出：薄弱学校的共同特征——学校办学品味低下，进而导致学校发展缺少强大的精神动力[4]。陈俊珂认为，当前农村薄弱学校面临着学校发展目标的城市化、教师面临着多重压力并形成封闭保守的特殊职业习惯、学校培养的学生多是难以很好地适应社会生活的"文化边缘人"等文化困境，他进一步对其困境进行归因，即由城市教育价值取向的预设，城市文化的冲击；教师身份的转变，教师管理与考核的过度专业化；"教育上

[1] 鲍传友. 学校文化：薄弱学校改进的突破口 [J]. 中国教师，2008（05）：58-60.

[2] 鲍传友. 农村薄弱学校的信心缺失与信任重建 [J]. 中国教育学刊，2017（03）：50-53.

[3] 许昌良. 薄弱学校崛起的文化拯救 [J]. 中小学校长，2011（11）：34-35+47.

[4] 范胜杰. 薄弱学校办学品位提升刍议 [J]. 当代教育科学，2015（18）：56-57.

移"，学生"离土"等原因造成的[1]。在国外，罗兰·巴塞在《学校内部改进》一书中指出，学校亟须改进他们的"文化"、人与人之间的关系质量、学习过程的性质和特点[2]。Stoll & Fink（1996）依据学校文化和学校发展的关系将学校类型分为主动型、省油型、遨游型、挣扎型和虚弱型，并将挣扎型和虚弱型归为薄弱学校的范畴[3]。2000年，John Gray教授在《受关注并改进的学校经验评价》（Causing Concern but Improving: A Review of Schools' Experience）一文中结合英国1999年以前教育与就业部（DFEE）的内部分析资料和教育标准局的督察报告中的相关数据对学校失败的原因、实施特殊措施学校的特征基于文化的视角进行了深入剖析，进而提出薄弱学校的改进路径：学校内部不同领导层要积极参与，从校长、职员到家长，必要的时候重新选聘职员，促进教学的专业化、解决学生的出勤和行为问题，并提出校外力量的支持以及实施特殊措施之后学校的管理和创新[4]。霍顿成果学校和少数英国小学的规划研究（MacGilchrist et al.,1995）指出，学校文化对于学校的变革能力很重要，否则一切促进课堂教学和学校改革的尝试很可能是肤浅和短暂的[5]。霍普金斯认为，在实践层面，改变组织比改变文化更容易些，但是如果过去改变组织而忽视了文化的支撑，那么可能只会引起表面的变化而不是实在的变化，所以学校发展要保持发展动力就必须在组织机构与文化之间取

[1]　陈俊珂. 农村薄弱学校发展的文化选择 [J]. 东北师大学报（哲学社会科学版），2018（02）：166-171.

[2]　霍普金斯，爱恩斯科，威斯特. 变化时代的学校改进 [M]. 孙柏军，译. 北京：北京师范大学出版社，2016：5.

[3]　STOLL L, FINK D. (1996). Changing our schools linking school effectiveness and school improvement. Buckingham: OUP.

[4]　John Gray Homerton College . Causing Concern but Improving: A Review of Schools' Experiences [M]. https://core.ac.uk/download/pdf/ 4154282.pdf.2000.

[5]　MacGilchrist, B., Mortimore, P., Savage, J. and Beresford, C.(1995). Planning in Matters: the Impact of Development Planning in Primary Schools. London: Paul Chapman.

得一个正确的平衡点[1]。

关于薄弱学校文化与学校行为主体之间的关系研究。吕佳认为，由于薄弱学校的文化水平有限，尤其是以学校领导民主程度、教师合作程度等为代表的学校文化，这在一定程度上削弱了教师对薄弱学校的认同感，从而提高了薄弱学校教师的流失率，影响了薄弱学校教师队伍的稳定性[2]。史冬梅、王淑娟等进一步指出，薄弱学校文化长期处于一种封闭自守的状态，严重影响其自身及成员的发展[3]。郑彩华、马开剑等人认为良好的学校文化能为学校的发展、教师的成长和学生的进步提供肥沃的土壤和广阔的空间，并进一步指出薄弱学校薄弱的关键在于学校文化的缺失[4]。陈先哲等在实证调研的基础上从社会、家庭、学校文化的角度对家长、教师以及学校管理者的影响进行了考察分析，并提出了精准的行动策略[5]。Hopkins er al（1994）以学校效能和动力程度为依据将学校分为有效能和动力高的学校、有效能但动力低的学校、无效能但动力强的学校以及效能与动力俱差的学校[6]，但忽视了个体在学校文化中的作用。哈格里夫斯相关研究指出，教师文化存在着离散的个人文化、自愿合作的文化、行政强制合作的文化和派别的文化，并进一步指出学校发展与教师文化之间存在密切的关系[7]，他在后续研究中进一步指出，大

[1] 霍普金斯，爱恩斯科，威斯特 . 变化时代的学校改进 [M]. 孙柏军，译 . 北京：北京师范大学出版社，2016：96.

[2] 吕佳 . 薄弱学校教师流失问题与对策研究 [D]. 宁波：宁波大学，2010.

[3] 史冬梅，王淑娟 . 薄弱学校师资的现状、形成原因及改进策略 [J]. 课程教育研究，2013（01）：41.

[4] 郑彩华，马开剑 . 薄弱落后学校：成功发展何以可能——杜郎口中学教改经验深度透析 [J]. 中国教育学刊，2007（05）：28-30+51.

[5] 陈先哲，黄旭韬，谢尚芳，许锐淳 . 农村教育贫困的文化学解释与教育精准扶贫——基于粤西三村的调查研究 [J]. 教育发展研究，2019（01）：63-69.

[6] HOPKINS, D. AINSCOW, M, WEST, M. (1994). School improvement in an era of change[M]. London: Cassell.

[7] 颜明仁，李子健 . 课程与教学变革，学校文化、教师转变与发展的观点 [M]. 北京：教育科学出版社，2010：71.

多数学校的人际关系结构运作起来以后，往往会表现出反协作和反凝聚的特征，进而在教师之间出现派别主义的文化状态，并提出了重塑整个学校人际关系结构的措施[1]。富兰认为，教育变革依赖于教师的所做和所想[2]。罗斯曼进一步指出，教师的所做和所想受其信念、假定和价值观的影响，同时又反过来塑造教师的文化规范和行为，所以学校变革要注重教师文化规范和行为的变革，明确指出校长的领导对学校文化的形成具有重要意义，并在此基础上对教学型领导、变革型领导、激励型领导方式进行了分析，尤其强调了激励型领导方式对学校变革的作用[3]。Sleegers等人基于结构功能和文化个体的视角指出，学校改进的条件不应该只包括学校的组织结构，还应该包括学校的文化结构和教师个体，并进一步明确学校改进的方向——革新型领导、教师之间的合作、决策的参与，专业发展和教师的不确定感[4]。

关于薄弱学校文化的理论研究。李林芳以社会系统理论为视角从教育系统内部与外部分别对薄弱学校的组织结构进行了分析[5]。张建基于社会资本理论的视角对薄弱学校的产生原因进行了探讨，他认为薄弱学校不仅存在物质资源、人力资源的"薄弱"，也突出表现在管理制度的"薄弱"，其主要表现为内容陈旧、体系缺乏、精细度不够、执行力不足等[6]。莫丽娟学者则

---

[1]　Hargreaves, A. (1994). Changing Teachers, Changing Times: Teachers' Work and Culture in the Postmodern Age. London: Cassell.

[2]　Fullan, M. G. (1991). The New Meaning of Educational Change. New York: Teachers College PRESS and London: Cassell.

[3]　Rossman, G. B., Corbett, H. D. and Firestone, W. A. (1988). Change and Effectiveness in Schools: a Cultural Perspective. New York: SUNY Press.

[4]　Sleegers, Geijsel & Van Den Berg. (2002). Conditions fostering educational change. In K. Leithwood, & P. Hallinger, (eds.) Second international handbook of educational leadership and administration (pp. 75-102). Dordrecht: Kluwer Academic Publishers.

[5]　李林芳. 薄弱学校的组织气候研究 [D]. 重庆：西南大学，2012.

[6]　张建. 薄弱学校委托管理：动因、价值与深化策略——基于社会资本的视角 [J]. 教育发展研究，2013（20）：12-17.

以贫困文化理论为视角对薄弱学校文化进行探究，她认为分数以其惯常的权威姿态，决定着学校的等级秩序，规范着教育教学行为。在其重压之下的农村薄弱学校教师，逐渐形成了以"堕落"和"逃离"为特征的贫困文化，在屈服于分数、升学率等符号暴力之下的同时，以消极、隐匿的方式表达抵制情绪。教师贫困文化的生成既是教师选择逃离分数统治、维持底线尊严的结果，又是学校等级秩序在文化上的反映[1]。Rosenholtz（1989）在对前进学校和停滞学校对比分析的基础上将学校发展类型分为前进学校、巡航学校、挣扎学校、沉没学校和徘徊学校，并分别对每类学校的未来发展指明了方向[2]。

综上所述，近年来，虽然部分学者基于文化的视角对薄弱学校的文化进行了研究，但仍停留在对薄弱学校文化本体的客观、静态地描述上，并未按图索骥追溯薄弱学校产生的文化机制以及对薄弱学校发展的影响，这一重现象轻实质的研究显然不是严格意义上的"文化研究"，这或许会对薄弱学校文化的改进起到昙花一现的效果，但并不能从根源上对薄弱学校的形成机制具有一个系统、全面、客观、科学的认知，难以为薄弱学校的改进提供实质性的指导。

2. 文化主义取径下薄弱学校的改进研究

关于薄弱学校发展历程的研究。龚鹏飞认为，均衡发展不是限制发展，而是同步发展，不是低位徘徊，而是鼓励提质，并将学校文化作为薄弱学校均衡发展的重要手段[3]。吴亮奎认为学校发展需要经历一个由"物质优质"到"质量优质"再到"文化优质"的过程。同样，薄弱学校发展也需经历相应的三个阶段："物质薄弱""质量薄弱"和"文化薄弱"。当前，我国薄弱

[1] 莫丽娟."堕落"与"逃离"：应试压力下农村薄弱学校教师的顺从与反抗 [J]. 当代教育科学，2017（01）：62-67.

[2] Rosenhotltz, S. J. (1989). Teachers' Workplace: the Social Organiztion of Schools. New York: Longman.

[3] 龚鹏飞 . 以学校文化建设为抓手实现优质均衡 [J]. 人民教育，2012（09）：2.

学校改进基本完成了第一阶段的改进，正向第二、三阶段迈进，从而为当下及未来薄弱学校的改进指明了方向[1]。2005年，Nicolaidou, Maria；Ainscow, Mel等在《Understanding Failing Schools: Perspectives from the Inside》一文以学校职员合作为分析视窗，旨在解决学校职员合作中的障碍问题，并从文化和领导关系的角度对薄弱学校提出了改进策略[2]。梁歆、黄显华对英国学校改进的发展历程进行了系统地回顾指出，英国的学校改进经历了一个逐渐成熟、完善的过程，从最初的只有一种策略到多种策略并存，甚至借鉴国外策略；从最初积累关于学校变革的知识发展到从多种层面探讨学校改进的知识基础和理论基础；从最初效能和学校改进两个领域的分离到逐渐地融合[3]。Hopkings和Reynolds在对美国学校改进历程进行梳理的基础上指出，美国学校改进从相对单一的关注点——组织管理——发展到如今多层面的取向，即关注重构到关注学校文化的再造；从忽视学生的学业成就到更加关注学生的学业成就；从关注教师的决策方面的赋权到关注为教师的教学行为增能；最后，更加关注学校能力的建构，"压力和支持"共存的变革策略的采用，以及外部支持的应用[4]。

关于薄弱学校改进策略的文化反思研究。路光远认为，加强薄弱学校的建设不仅要抓硬件，更重要的是要更新学校的办学理念，改革教育方法，重塑学校文化，应坚持文化立校的办学理念[5]。鲍传友认为，薄弱学校由于缺

---

[1]　吴亮奎.为"薄弱学校"辩护：基于教育价值的思考[J].教育发展研究，2013（02）：10-14.

[2]　Nicolaidou, Maria；Ainscow, Mel. (2005). Understanding Failing Schools: Perspectives from the Inside. School Effectiveness and School Improvement v16 n3 p229-248 Sep 2005.

[3]　梁歆，黄显华.学校改进：理论和实证研究[M].上海：华东师范大学出版社，2010：41-42.

[4]　Hopkings, D. & Reynolds, D. (2001). The past, present and future of school improvement: Toward the third age. British Educational Research JOURAL, 27（4），pp.459-475.

[5]　路光远.内涵发展：薄弱学校更新之路[J].全球教育展望，2005（04）：9-12.

乏先进学校文化的滋养，即使当前加大教育经费投入、改善办学条件、引进优秀师资，但如果没有一种内在的力量将其整合，仍然难以实现"脱薄"[1]。他在后续研究中进一步指出，薄弱学校改进要改变传统偏重物质资本投入和优化办学条件的做法，转变为提升农村学校的办学定位，恢复对农村学校的信任；鼓励学校积极行动，重塑自身形象，重建学校的信任体系[2]。同时，晋银峰也指出，过去政府更多地从政策、资金、师资等方面强调薄弱学校的特征，专家学者或家长更多地从教育质量、学校声誉等方面关注学校发展，但遗憾的是忽视了学校文化的建设与发展，从而指出薄弱学校最根本的是文化的薄弱，而非单纯的硬件薄弱[3]。范胜杰在对当前薄弱学校改进实践反思的基础上指出，当前薄弱学校的改造不能仅停留在对硬件设施简单改造的"老路"上，还必须在教育现代化的背景下提升薄弱学校的办学品位[4]。

关于薄弱学校文化改进的具体内容研究。陆旭东以薄弱学校改进的成功个案为着力点，归纳梳理出了一套从信念管理着手提升薄弱学校办学水平的方法和策略，并尝试探索出了一条薄弱学校改进的文化路径[5]。韩鸿儒则以校际合作中的教师轮岗制度为视角对薄弱学校改进效果不佳的原因进行深入剖析，并总结出其主要原因在于学校文化的缺失，并以文化变迁、文化整合和文化自觉等相关理论为基础提出了薄弱学校文化改进的策略、建议[6]。莫丽娟学者希冀通过构建学校发展的共同愿景、重塑学校之间的关系来打破学校之

[1] 鲍传友．学校文化：薄弱学校改进的突破口 [J]．中国教师，2008（05）：58-60.

[2] 鲍传友．农村薄弱学校的信心缺失与信任重建 [J]．中国教育学刊，2017（03）：50-53.

[3] 晋银峰．我国薄弱学校改革发展三十年 [J]．课程．教材．教法，2015（10）：3-9.

[4] 范胜杰．薄弱学校办学品位提升刍议 [J]．当代教育科学，2015（18）：56-57.

[5] 陆旭东．信念的力量 [D]．上海：华东师范大学，2006.

[6] 韩鸿儒．校际合作：薄弱学校改进的文化视角 [D]．宁波：宁波大学，2010.

间的差序格局[1]。陈俊珂在对薄弱学校文化困境分析的基础上提出诸项改进措施：整合文化，以培养健全人格的公民为目标；传承与发展乡土文化，建设特色农村学校；培育教师的乡土情怀，重建农村教师文化[2]。李辉对美国"跃进学校项目"进行了深入分析，认为该项目以关注处于弱势群体中的学生为核心，以学校的整体变革为立足点，强调在整个学校内部共享一套价值观念与原则，奉行目标一致、权责共担和群策群力的原则，逐步形成一种生长、创造和跃进学习的学校文化，为所有的学生提供高效的学习体验[3]。一言以蔽之，"跃进学校"计划是一项整体性的变革，其实质是对学校文化的改进，即通过改变学生学习的整体环境，把以往专属于成绩优秀、有天赋学生的教学期待与关注普适到全体学生之上[4]。与此计划相似的还有"基础学校联盟项目""全面成功计划"等[5]。罗斯曼等人提出了三种学校文化变革模式，即进化式变革、附加式变革和转化式变革[6]。罗森霍茨在对徘徊学校、前进学校、停滞学校和散步学校论述的基础上明确指出，"最有效的学校不会孤立教师，而是鼓励职业对话与合作"。安迪·哈格瑞斯在此基础上提出了一套构建学校合作文化的策略——"优先方向——发展策略——发展评估"，并将学校的合作文化视为学校改进的核心区域[7]。

---

[1]　莫丽娟."堕落"与"逃离"：应试压力下农村薄弱学校教师的顺从与反抗 [J]. 当代教育科学，2017（01）：62-67.

[2]　陈俊珂. 农村薄弱学校发展的文化选择 [J]. 东北师大学报 (哲学社会科学版)，2018（02）：166-171.

[3]　李辉. 美国跃进学校项目变革薄弱学校的模式分析 [J]. 教师教育研究，2017（05）：109-114.

[4]　Baxter, L. T. (1999). The Use of the Accelerated Schools Model in School Planning and Development: A Case Study[D]. Manitoba: The University of Manitoba,1999:11.

[5]　梁歆，黄显华. 学校改进：理论和实证研究 [M]. 上海：华东师范大学出版社，2010：66.

[6]　Rossman, G. B., Corbett, H. D. and Firestone, W. A. (1988). Change and Effectiveness in Schools: a Cultural Perspective. New York: SUNY Press.

[7]　霍普金斯，爱恩斯科，威斯特. 变化时代的学校改进 [M]. 孙柏军，译. 北京：北京师范大学出版社，2016：105.

通过对文化取径下薄弱学校研究的梳理可知，一方面，薄弱学校的改进实践是一个系统而长期的工程，不仅需要政府的结构式改进，还需要学校自身的发展，同时还需动员家庭、社会等多种力量积极参与其中，才能多渠道、全方位地推动薄弱学校摆脱困境，从而实现薄弱学校的快速、协调发展。另一方面，薄弱学校改进不能仅仅局限于结构式或外援式改进，还应深入到薄弱学校的微观场域，着重把握学校文化的形成过程，并以此为着力点，提升薄弱学校改进措施的有效性，从而推动薄弱学校的整体发展与变革。近年来，虽然我国部分学者基于文化的视角对薄弱学校的文化进行研究，但仍停留在对薄弱学校文化本体的客观、静态地描述上，并未追溯薄弱学校产生的文化机制，这种重现象轻实质的研究显然不是严格意义上的"文化研究"，这或许会对薄弱学校文化的改进起到短期的效果，但并不能从根源上对薄弱学校的生成机制具有一个系统、全面、客观、科学的认知，难以为薄弱学校的改进提供实质性的指导。

3. 文化主义取径下薄弱学校研究的省思

文化主义取径下的薄弱学校研究已引起部分学者以及相关部门的关注，但文化主义取径下薄弱学校研究的观点也受到部分研究者的质疑与抨击。这些质疑主要来自概念体系不健全，研究不成熟，以及薄弱学校的实践样态不能归于文化范畴，而是一种薄弱意识等[1]。笔者认为，这些质疑与抨击有其合理性，但也值得进一步商榷。

首先，薄弱学校产生的主要因素是结构，其中是否蕴含着文化因素？文化作为一种个人、群体与社会的价值观，已通过社会情景内化于心，外显于行，这种内化与外显又决定了行动者的日常生活。基于此，笔者认为，即便是结构主义取径下对薄弱学校最具解释性的宏观因素也无法摆脱文化因素的

[1] 姚永强，范先佐 . 内生发展：薄弱学校改造路径选择 [J]. 中国教育学刊，2013（04）：37-40.

影响与束缚，不但宏观政策的制定者需要进行一定的文化裁夺，而且宏观政策本身也要基于一定的文化要素。进而言之，如果将宏观政策视为一种制度规范，那么必然属于文化的范畴。

其次，薄弱学校行为主体的日常表现及行为特征是否属于薄弱学校文化的外化？该问题的争论由来已久，其实质是文化与行为的关系问题。韦伯在"扳道工"理论中指出："不仅物质和观念利益直接控制着人们的行动，而且由'观念'创造的'世界意象'像扳道工一样，往往决定着受利益驱使行动的发展方向。物质利益是行动的引擎，它驱动着人们向前发展，但是观念则决定着人类所要到达的目的及手段"[1]。由此可知，人类行为是受物质和观念利益的共同驱动而产生的，观念利益源自象征性现实，具有目的性取向。帕森斯在韦伯模式的基础上，借鉴"行动者是追求利益最大化"的观点，提出了"行动自愿理论"，并将文化界定为一种价值取向，即共享符号体系中某种成分的价值，这些价值又作为进行各种选择的标准与尺度[2]。因而，文化可以通过价值引领来影响人类行动。一言以蔽之，人类的所有行动都受制于目的——手段的指引，即文化可以塑造人们的思维方式及行为习惯。因此，薄弱学校行为主体的日常表现及行为必然是文化特征的外显。

最后，部分学者把薄弱学校研究视为一部歧视薄弱学校文化的叙事研究，这是因为研究者并未实现研究视域的融合，在其眼中薄弱学校仍是一种安于现状、不思进取的客观存在，无论其如何努力都无法摘除薄弱学校的"标签"。研究者在理论上坚信，如果在文化的语境中对薄弱学校进行文化研究，那么将会极大地开拓当前的研究视野，必然会触及结构主义研究之外的"新鲜"事物。结构可以制造薄弱，有些可在较短的时间内消除；有些则

---

[1]　王英辉. 多元视角下的文化现象 [M]. 沈阳：沈阳出版社，2011：188.

[2]　Parsons, T. (1951). Social System, New York: Free Press:11-12.

可能使其陷入深渊，并在此过程中产生薄弱文化的症候。美国人类学者刘易斯在研究贫困文化时指出，"国家可以采取多种措施减少物质贫困，但不可能减少文化贫困，因为它是一种完整的生活方式"[1]。基于此，省思结构主义取径下薄弱学校改进不佳的原因，也许与"只见树木"（结构因素），"不见树林"（文化因素）的狭隘思维有关。

（四）既有研究现状的述评

综上所述，目前无论学界还是政界关于薄弱学校的既有研究，对薄弱学校的客观描述较多，系统的理论建构较少，过于注重结构取径的薄弱学校解释，而忽视了文化取径的薄弱学校解释，并未建立二者相互整合的阐释框架，进而使既有研究显得较为片面与单薄。基于以上从结构主义与文化主义双重取径对薄弱学校既有研究的梳理发现，二者各有侧重与偏颇，具体体现在以下方面：

第一，在对薄弱学校概念的界定上，结构主义取径下薄弱学校的概念界定主要侧重于对薄弱学校客观状态的描述上，忽视了结构对文化的辖制作用，遗漏了薄弱学校产生的文化机制。文化主义取径下薄弱学校的概念界定目前还处于起始阶段，既有文献由于研究不成熟，概念体系不健全，研究方法不规范、研究资料不客观等，仅停留在对薄弱学校文化景观的客观描述上，而忽视了社会、制度、经济等结构性因素对薄弱学校行为主体的辖制作用，阻碍了薄弱学校的文化研究向纵深方向发展。

第二，在对薄弱学校产生的原因上，结构主义取径下薄弱学校的产生原因主要侧重于宏观政策与微观行动中的"致薄"因素，即从宏观政策的角度归结为教育政策的偏失、教育投入的不足和教育评价制度的不合理等；从

[1] 奥斯卡·刘易斯. 贫穷文化：墨西哥五个家庭一日生活的实录 [M]. 邱延亮，译. 台北：巨流图书有限公司，2006：13-17.

微观行动的角度归结为学校领导素质低下、不合理的师资结构、生源质量差等；该研究取向过于侧重结构的作用，而忽视了结构对文化的辖制作用，从而对薄弱学校的形成机制缺少全面、系统、客观的认知。文化主义取径下薄弱学校的产生原因主要侧重于文化对学校发展、学校行为主体的制约作用，以及对结构性改进策略的文化反思的探讨上，并未按图索骥地追寻薄弱学校形成的文化机制、揭示其深层根源，进而导致该取径下的薄弱学校研究缺少必要的说服力。

第三，在对薄弱学校改进的措施上，结构主义取径下薄弱学校的改进措施主要侧重于政府以及学校自身的作用。具体来说，一是政府应担负起宏观调控的责任；二是要重视激发薄弱学校的办学活力及潜力。然而，在薄弱学校改进的具体实践中成功"脱薄者"寥寥无几，其过于重视结构性改进，忽视了其他形成因素。文化主义取径下薄弱学校改进措施的探讨还处于起始阶段，既有文献主要侧重于对薄弱学校文化本体的客观表述，以及对当前改进策略的文化反思上。虽然这种反思并未从根源上触及薄弱学校文化的产生根基，并缺乏具有建设性的文化策略，但它打破了人们对薄弱学校形成机制及改进策略的传统认知，进而为人们对薄弱学校的研究开辟了新的研究空间和范式，从而为结构与文化取径下薄弱学校研究的整合提供了可能。

此外，当前无论是结构取径下的薄弱学校研究，还是文化取径下的薄弱学校研究都缺少必要的学理性分析，从而使当前学界对薄弱学校的研究仅停留在表面，在此基础上所提出的改进措施也是苍白无力，并具有"头疼医头、脚疼医脚"之嫌。具体来说，当前结构取径下的薄弱学校研究在一定程度上等同于结构性要素的简单堆砌，文化取径下的薄弱学校研究在一定程度上等同于学校文化的研究。从严格意义上来说，当前结构取径下的薄弱学校研究或文化取径下的薄弱学校研究，并不是真正意义上的"结构取径"和"文化取径"的薄弱学校研究，尚需进一步增强其学理性分析，从而为揭开薄弱学校形成机制的"神秘面纱"提供学理性基础。

总之，结构取径与文化取径下的薄弱学校研究，犹如一枚硬币的两面，彼此独立，自成一面，但又融为一体、不可分割。因而，倚重任何一面的研究，或忽视某一面的研究，均失之偏颇、不尽合理，难以合理地阐释薄弱学校的形成机制。因此，为弥补以往研究的不足，回应客观存在的经验事实，推动义务教育的公平发展，必须对薄弱学校的形成机制具有一个全面、客观且合乎理性的认知，这就迫使当下学者在明晰结构与文化取径下薄弱学校解释及偏颇的基础上，建构结构与文化取径下薄弱学校解释的整合性阐释框架，从而为薄弱学校的治理提供科学的理论依据和精准的行动策略。

三、研究意义

薄弱学校不仅影响人民享有公平而优质的教育，还是制约我国教育现代化的突出短板，也是实现中国新时代教育高质量优质均衡发展的重要瓶颈。本书旨在从结构、文化与能动性三者互动交融的视角，选取C市复程小学的校长、教师、行政管理人员以及学生家长为研究对象，通过深度访谈获取研究资料，以研究者自身为研究工具采用质性研究方法，分别基于结构与文化的取径对薄弱学校行为主体在学校实践中如何选择与行动进行考察，并揭示其背后的符号系统与深层的文化根源，在此基础上尝试建构一种结构与文化取径下薄弱学校形成机制的整合性阐释框架，从而为学界以及政界对薄弱学校的研究及治理提供新的研究空间与政策导向。

（一）理论价值

在理论价值方面，本书有助于强化人们有关薄弱学校形成机制的理性认知，进一步丰富和拓展学界对薄弱学校治理的学理探究。本书从结构、文化与能动性三者互动交融的视角审视薄弱学校的形成机制问题，不仅超越了传统单一的结构或文化的理论阐释范式，还打破了结构主义和文化主义相对垒的研究范式，实现了宏观结构与微观行动的统一，即从结构与文化相结合的取径审视薄弱学校行为主体的能动性，可以全面、系统、客观地揭示薄弱学校形成机制的神秘"面纱"，构建结构与文化取径下薄弱学校形成机制的整合性阐释框架，从而推动薄弱学校改进理论的发展与完善。

（二）实践意义

在实践意义方面，本书有助于高质量推进新时代中国薄弱学校的治理工作，进而为世界其他国家解决类似问题贡献中国方案与中国智慧。近年来，"全面改善贫困地区义务教育薄弱学校基本办学条件"（简称"全面改薄"）已在我国全面铺开，在如期实现"全面改薄"的目标任务后，如何巩固"全面改薄"的工作成果，并进一步提升薄弱学校的发展质量、弥补新时代中国教育高质量发展的短板，迫切需要学界对薄弱学校何以产生、何以再生等"硬骨头"问题进行深度挖掘，从而为"何以破解"提供更为权威的理论依据和精准的策略。

第一章　研究设计

本章主要对结构、文化、能动性、薄弱学校、学校发展等核心概念进行梳理界定，在此基础上提出本书的研究设计。研究者希冀通过对薄弱学校教师及管理者如何选择与行动，以及行动所产生的意义进行考察与解读，再现薄弱学校形成的动态过程，在此基础上从结构、文化与能动性三者互动交融的视角对薄弱学校的形成机制进行阐释，进而尝试建构一种结构与文化取径下薄弱学校形成机制的整合性阐释框架，从而为未来薄弱学校的治理提供科学的理论依据和精准的行动策略。

一、核心概念界定

（一）结构

"结构"作为社会学中的一个核心概念。孔德（Auguste Comte）最早把社会静力学（结构）和社会动力学（过程）纳入社会学的研究范畴，并将其视为一个有机整体从事社会结构的研究。斯宾塞（Herbert Spencer）在孔德研究的基础上进一步丰富和发展了结构的概念提出了"结构有机说"，即随着社会的发展，它的构成要素日益增多，并且各要素之间的联系不断增强，在此基础上形成一个不可分割的有机整体。涂尔干（Emile Durkheim）在继承前人观点的基础上进一步指出，现代社会作为一个客观存在的有机整体，其构成要素具有满足整体不同需要的功能，若某一需要得不到满足，那么整体就会呈现出"病态"现象。帕森斯（Talcott Parsons）基于功能主义的视角提出了"社会行动系统理论"，即结构是生活系统中各种关系的总和。具体来说，在特定时期内、特定条件下可以把生活系统视为一种稳定的状态，而过程则指该系统状态在特定认识目的和与之关联的时间内所发生的变化[1]。由此可知，稳定与变化是社会行动系统的关键，因为稳定同结构相连，而变化则与过程有关。斯坦利·科恩在对青少年亚文化研究中提出，结构指那些参与者所无法控制的社会面，一般是指在社会内还有横跨阶级与性别的权力结构，其言下之意是说人们的生活、机会与局限或多或少都由他们在社会结构中的位置所决定的，虽然个人具有能动性，但是他们的能动性却受特定的限制，而这些限制是他们所无法选择的[2]。吉登斯（Anthony Giddens）在对前人观点批判继承的基础上指出，"结构"是规则和资源的统一体，并把规则和资源的生产与再生产过程视为结构化[3]。从以上社会学家对结构的界定可知，无论是把结构作为各组成要素之间相互联系、相互作用的整体，还是把结构视为由相互关联的要素依某种模式所建构的关系网络，或者只指结构就是秩序、组合规则，或者把结构视为规则和资源的统一体[4]。简而言之，结构就是关系和形式的总和。

综上所述，本书将采用吉登斯的界定，"结构是指使社会系统中的时空'束集'在一起的结构化特性，正是这些特性才使得在不同的时空跨度中表现出相似的社会实践，并不断赋予其'系统性'的形式。结构式转换性关系的某种'虚拟秩序'，是作为被再生产出来的社会系统并不具有什么'结

---

[1] 何景熙，王建敏.西方社会学说史纲 [M].成都：四川大学出版社，1995：254.

[2] Symbols of truble, in K, Gelder and S. Thornton(eds), The Subcultures Reder. London: Routledge:150.

[3] 安东尼·吉登斯.社会的构成 [M].李康，李猛，译.上海：生活·读书·新知三联书店，1998：9.

[4] 陆天艺，景天魁.转型中的中国社会 [M].哈尔滨：黑龙江人民出版社，1994：12.

构'，只不过体现着'结构化特征'，同时作为时空在场的结构以具体的方式出现在实践过程之中，并以记忆痕迹的形式指引着行动者的行为"[1]。他进一步指出，"结构可以概念化为行动者在跨越'时空'的'互动情境中'利用的规则和资源，正是这些规则与资源，行动者在特定时空情境中才能维持原有的结构或再生产新的结构"[2]。

如果说，薄弱学校是结构作用的产物，那么整个教育系统恰好是薄弱学校产生的结构性环境或外在环境，即教育系统中的诸多要素在不同层面上制造了薄弱学校场域。诚如吉登斯所述，实践是行动者在规则与资源所编制的关系秩序中的具体活动。同时，行动者又在具体的实践活动中生产与再生产出新的规则和资源[3]。这一表述运用到薄弱学校上来可以理解为：薄弱学校是教育资源和规则相互作用的产物。虽然行动者在面对教育结构时显得无能为力，但也能在特定的时空情境中最大限度地发挥个体的能动性，并在此过程中形成一套符号系统，该系统反过来对学校行为主体的行动进行规范与指引。一言以蔽之，前者可以视为结构取径的薄弱学校形成机制，后者视为文化取径的薄弱学校形成机制。但是，吉登斯的结构化理论却把文化（解释性规则）纳入规则的范畴，并没有把结构与文化进行区分，缺少文化的敏感性，进而导致后人的批判与诟病。因此，本书将在借鉴、整合格尔兹的"文化解释理论"、刘易斯的"贫困文化理论"来弥补该理论的不足，进而在结构、文化与能动性互动交融的视野下审视薄弱学校的形成机制，并在此基础上建构结构与文化取径下薄弱学校形成机制的整合性阐释框架，从而为未来薄弱学校的研究及治理提供科学的理论依据和精准的行动策略。

---

[1] 安东尼·吉登斯.社会的构成 [M].李康，李猛，译.上海：生活·读书·新知三联书店，1998：79-80

[2] 乔纳森·特纳.社会学理论的结构 [M].邱泽奇，译.北京：华夏出版社，2001：170.

[3] 安东尼·吉登斯.社会的构成 [M].李康，李猛，译.上海：生活·读书·新知三联书店，1998：72.

（二）文化

在西方，"文化"一词来源于拉丁文cultura，原意是指农耕及对植物的培育。自15世纪以来，逐渐引申为对人性情的陶冶和品德的培养。在中国的古籍中，"文"既指文字、文章、文采，又指礼乐制度、法律条文等。"化"是"教化""教行"的意思。从社会治理的角度来说，"文化"是指以礼乐制度教化百姓。汉代刘向在《说苑》中说："凡武之兴，谓不服也，文化不改，然后加诛"[1]，这里的"文化"一词为文治教化之意。虽然中西方"文化"一词的来源不同，但殊途同归。当下，人们常用来指称人类社会的精神现象，或人类所创造的一切物质产品和非物质产品的总和。

近代，英国人类学家E.B.泰勒首次对文化的概念进行了界定：文化或文明是一个复杂的整体，它包括知识、信仰、艺术、伦理、道德、法律、风俗和作为一个社会成员的人通过学习而获得的能力和习惯[2]。马林诺夫斯基（Malinowski）在此基础上进一步发展了泰勒的文化概念：文化是指那一群传统的器物、货品、技术、思想、习惯及价值[3]。英国人类学家A.R.拉德克利夫·布朗基于结构功能论的视角指出，文化是一定的社会群体或社会阶级在与他人接触交往的过程中所习得的思想、观念和活动方式，并在此过程中获得的知识、技能、体验、观念、信仰和情操，还进一步指出，文化只有在社会结构发挥功能时才能显现出来，如果离开社会结构就观察不到文化的存在了[4]。1952年，美国人类学家克鲁伯（A.L Kroeber）和克拉克洪（Clyde K1ncKhoha）在对既有160多种文化定义梳理分析的基础上给文化下了一个综

[1] 戴雪红 . 物化到人化 [M]. 镇江：江苏大学出版社，2014：85-87.

[2] 泰勒 . 原始文化 [M]. 蔡江浓，编译 . 杭州：浙江人民出版社，1988：12.

[3] 马林诺夫斯基 . 文化论 [M]. 费孝通，译 . 北京：中国民间文艺出版社，1987：02.

[4] 王正中 . 社会学概论 [M]. 南京：南京大学出版社，2013：36.

合定义：文化存在于各种内隐的和外显的模式之中，通过符号进行学习与传播，并构成人类群体的特殊成就，这些成就包括他们制造物品的各种具体样式、传统观念和价值观，其中以价值观最为重要[1]。

帕森斯基于功能主义的视角，把文化定义为社会角色及其期望的模式化或制度化体系，这种体系是一整套共同的价值和规范，而文化实际上就是借助这种价值和规范去引导个体及群体的行为，进而实现社会的整合。布迪厄（Pierre Bourdieu）通过对个体或群体所拥有的文化资源、文化过程和制度的探讨，旨在明晰自身所处的社会阶层。在互动论的视角中，社会行动者与他们面对的微观互动是一切社会生活的基础，并认为任何概念和观点的意义都应置于产生意义的情境或场域之中，它是人们在持续互动的过程中所进行意向性解释的产物。斯坦利·科恩（Stanley Cohen）认为，"文化是指与结构条件相关的意义、传统、文化实践、行为举止与语言，不同种类的文化具有不同的象征形式"[2]。

因此，本书将采用格尔兹（Clifford Geertz）对"文化"的定义，即"文化是一种通过符号在历史上代代相传的意义模式，它将传承的观念表现于象征性形式之中，并通过这种文化符号体系使人与人，以及人类社会得以延续"[3]。基于此，他进一步把文化视为一套超越人类肉体且控制人类行为的有意义的符号装置，即在人的自然能力与实践能力之间构建的一种连接，该装置对人类的行动起着规范和指引作用，并赋予人类生活以形式、秩序、意义和方向等[4]。

---

[1] 萧俊明.文化的误读——泰勒文化概念和文化科学的重新解读[J].国外社会科学，2012（03）：33-46.

[2] 'Symbols of truble', in K, Gelder and S. Thornton(eds), The Subcultures Reder. London: Routledge:150.

[3] 克利福德·格尔兹.文化的解释[M].韩莉，译.南京：译林出版社，2008：109.

[4] 克利福德·格尔兹.文化的解释[M].韩莉，译.南京：译林出版社，2008：65.

此外，文化作为特定群体的产物，它还具有层次性和差异性。诚如亚历山大（Alexander）所述，文化与结构不是泾渭分明的，文化可以被看作一种特殊的"结构"，或者说受"结构"制约的产物[1]。易言之，文化不同于结构的辖制作用，文化更偏重群体对结构的适应问题，以及在此基础上形成的"亚文化"或"主流文化"，归根结底都是个体价值观的具象化。由于个体间的异质性，对同一现象会形成不同的行为表现，从这个意义上来说，对文化的研究可以借助行为主体的行动进行解读。基于此，美国人类学家刘易斯（Oscar Lewis）最早提出了"贫困文化"的概念，即贫困阶层所具有的一种独特的生活方式，它主要是指长期生活在贫困之中的一群人的行为方式、习惯、风俗、心理定式、生活态度和价值观等非物质形式[2]。哈瑞顿也认为，贫困文化作为一套自成体系的价值观念和行为方式，具体表现为"贫困精神"和"贫困人格"[3]。美国人类学家玛格丽特·米德（Margaret Mead）在《未来与文化》一书中提出了著名的"三喻文化"说，即后喻文化、同喻文化（并喻文化）与前喻文化。通俗地说，后喻文化是年长者向年幼者传授，年轻者向年长者学习的文化；同喻文化是指同代人相互学习的文化；前喻文化是年幼者向年长者传授，年长者向年轻者学习的文化，知识以解构、重构、反哺等多元化方式产生和扩散[4]。以上理论均为文化取径下薄弱学校形成机制的阐释提供了分析视窗。

因此，本书中的"文化"特指薄弱学校文化，即在薄弱学校发展过程中所形成的为薄弱学校行为主体的选择与行动提供指引与规范作用的一套稳定

[1] 杰弗里·亚历山大.社会生活的意义——一种文化社会学的视角[M].周怡，等，译.北京：北京大学出版社，2011：52.

[2] 奥斯卡·刘易斯.贫穷文化：墨西哥五个家庭一日生活的实录[M].邱延亮，译.台北：巨流图书有限公司，2006：13-17.

[3] 迈克尔·哈瑞顿.另一个美国（美国的贫困）[M].北京：世界知识出版社，1963：86.

[4] 傅铿.文化：人类的镜子[M].上海：上海人民出版社，1990：256-271.

的符号系统与意义模式，它不仅为学校行为主体的选择与行动提供指引与规范，还在不同层面上影响着学校发展的秩序、意义和方向。所以，本书不仅重点考察在结构辖制下薄弱学校行为主体如何进行选择与行动，还进一步挖掘在其过程中所形成的文化符号系统，进而揭示该符号系统所承载的文化意义对学校行为主体的行动以及学校发展的影响，从而实现文化取径下对薄弱学校形成机制的理论阐释。

（三）能动性

美国人类学家威廉·托马斯（William Isaac Thomas）将"处境之定义"界定为人们做任何决定之前审视和辩说的阶段[1]。布鲁默基于符号互动论的视角指出，各个行动单位均可在社会组织所提供的框架内行动，例如"文化""社会系统""社会角色"等社会结构为他们的行动设置了条件，但并不能决定他们的行动。由此可知，结构对人们的行动具有辖制作用，但也为人们提供了文化资源，成为人们发挥自主性的基础，这较于结构的辖制作用来说，个人并不是被动的接受者。一言以蔽之，人们并不是简单的文化载体，他们具有自己的思想和行动空间，并据此阻遏、改变或调整既存的结构[2]。正如特纳所述，角色关系的互动不是规范的或一成不变的，它也受规范与自我能动性的影响，即他人对自己的结构性要求与自身的目标与情感的需求之间的一种稳定性的动态调和[3]，该观点打破了以往静态的，具有浓厚神秘色彩的角色决定论，赋予了能动性以新的内涵。斯坦利·科恩（Stanley Cohen）认为，能动性是指人们在所处的特定的社会结构中所受到的限制，这

[1] 威廉·托马斯. 不适应的少女 [M]. 钱军，译. 济南：山东人民出版社，1988：12.

[2] 姚宝荣，魏周. 中国社会与文化 [M]. 西安：陕西人民出版社，2007：8.

[3] R. Turner. (1982). Role-making: process versus conformity, in human Behavior and Social Processes, Rose, 1982. p. 149.

些限制是他们所无法选择的[1]。吉登斯认为，"人的能动性不仅指人们在做事情时所具有的意图，还指从事该项工作的能力[2]"。由此观之，吉登斯把个人视为积极的能动主体，并通过有目的的活动、反思性监控来推动行动向预期方向发展。在此过程中也彰显了人行动的二重性，即人的能动性不仅受结构、文化的制约与影响，还反过来改变着既有的结构与文化。所以说，能动性是吉登斯"结构化理论"实现"宏观社会结构"与"微观个人行动"有效衔接的桥梁与纽带。

对于长期处于薄弱学校场域中的教师及管理者来说，他们大致都遭遇了社会资本、物质资本、文化资本以及符号资本不足的尴尬与束缚，虽然有些学校通过宏观政策的扶持以及内涵式发展实现了"脱薄"，但大多数薄弱学校还处于教育系统的边陲位置，何以至此？结构、文化、能动性与薄弱学校形成机制之间存在何种关联？然而，薄弱学校的教师及管理者的能动性为解决该问题提供了突破口。一言以蔽之，结构、文化、能动性与薄弱学校之间的互动关系，实际上可以全面、客观地再现薄弱学校的形成机制。因此，本书的能动性特指薄弱学校教师和管理者在结构的辖制下、文化的制约中从事教育教学工作以及对学校发展所具有的意图及能力。

（四）薄弱学校

本书在对既有文献梳理分析的基础上，结合"全面改薄"的文件精神、时代需求，以及薄弱学校改进中的实践困惑将薄弱学校划分为两类：一是办学条件未达标的学校；二是教学质量未达标、师资队伍差、学校管理低效、

---

[1]　Symbols of truble, in K, Gelder and S. Thornton(eds), The Subcultures Reder. London: Routledge: 150.

[2]　安东尼·吉登斯.社会的构成[M].李康，李猛，译.上海：生活·读书·新知三联书店，1998：69-70.

社会声誉差的学校。随着"全面改薄""学校标准化"建设的深入推进，第一类薄弱学校基本消除，第二类薄弱学校将与优质学校长期共存。

因此，本书把薄弱学校界定为：义务教育阶段的中小学，由于长期受教育结构性因素（外在环境）的辖制，或学校行为主体在其情境中所形成的一套稳定的符号系统与意义模式的制约，以及在二者的相互作用下导致的教学质量未达标、师资队伍差、学校管理低效、社会声誉差的学校。笔者将此界定做如下解释：

在教育时段上，它是指义务教育阶段，即九年义务教育中的小学和初中，本书特指小学。

在形成原因上，它是受结构的辖制、文化的制约以及二者的相互作用下形成的薄弱学校，结构是指教育的规则和资源，资源主要包括管理体制、办学经费、教学设施、师资队伍等；规则主要包括城乡二元机制、重点校政策、教育评价制度、学校管理制度以及重大教育改革事件等；"文化"是指薄弱学校文化，即在薄弱学校发展过程中所形成的为薄弱学校行为主体的选择与行动提供指引与规范作用的一套稳定的符号系统与意义模式，它不仅为学校行为主体的选择与行动提供指引与规范，还在不同层面上影响着学校发展的秩序、意义和方向。

在师资队伍上，它是指学校师资的年龄结构、学历结构，以及教师编制不合理，并且教育教学观念守旧、专业知识能力差、专业技能低下的学校。

在教学质量上，它是指无法达到上级教育部门所规定的标准，并且学生厌学、辍学以及师资、生源流失严重的学校。

在社会声誉上，它是指受当地政府、教育部门关注较少，不仅无法取得家长、社区，以及社会信任，还难以取得本校教师的信任，进而导致学校生源流失严重的学校。

（五）学校发展

学校发展是一个内涵极为丰富的概念，学者们基于不同的学科视野对学校发展进行了界定。迈克·富兰（Michael Fullan）认为，学校组织发展是一种旨在达成自我分析与革新的相互关联的、系统规划的、起支持作用的努力，它的目标在于满足个体的需要和改进组织的运作方式及其结果[1]。范国睿基于社会学的视角，认为学校发展是指学校为了适应不断变化的外部环境在质与量两个方面进行变化与更新的过程，即学校规模的扩大和办学质量的提升[2]。因此，学校发展主要是指学校自身内部的发展，是以提高教育教学质量和改善学校效能为目标，对学校内部的既有资源进行一系列的变革与改进，进而满足社会、组织和个体发展需要的动态过程。概而言之，学校发展是集学校变革与学校改进为一体的复合概念。

学校变革是对学校组织的改造，即对学校内部某一要素的更新与变革。杨小微认为，"凡自然的或人为的变化、变更均可引起变革"[3]。教育变革通常分为自然的教育变革与有计划的教育变革。"自然的教育变革"是指没有专门的变革方案、没有明确意图与目的的教育变革，具体又分为自发性变革与演进性变革；"有计划的教育变革"是指凭借一定方案有意图、有目的推行的教育变革，它与学校改革与革新类似，并决定了学校发展的方向[4]。

学校改进是指一种系统的、持续的努力，其目的是变革学习条件及其相

---

[1]　波·达林.理论与战略：国际视野中的学校发展[M].范国睿，译.北京：教育科学出版社，2002：203.

[2]　范国睿.多元与融合：多维视野中的学校发展[M].北京：教育科学出版社，2002：162.

[3]　杨小微.转型与变革——中小学改革与发展的方法论[M].武汉：湖北教育出版社，2004：6.

[4]　王万俊.略析教育变革理论中的变革、改革、革新、革命四概念[J].教育理论与实践，1998（01）：10-11+25.

关的内部条件，逐步推动预期教育目标的实现[1]。学校改进是渐进的，它是有效提升学生学习成效、增强学校应对变革能力的一种有效策略与过程[2]。部分学者认为学校改进是一种内涵式的学校发展，主要包括三个方面：一是学校内以教师为核心的潜在教育资源；二是学校自身内化外界资源的整合能力；三是学校组织自我更新与再造的技能[3]。

综上可知，学校变革与学校改进并没有明确的价值导向，而是要更加关注过程性含义。学校发展兼具过程与结果的双重含义，并且具有明显的价值导向。学校变革是学校发展的一种方式和手段，即当下学校所发生的且有意义的转变，这意味着学校教育是动态前进的而不是静止不变的。学校改进是通过改进学校中的某一或某些要素与环节来提升学校的效能与质量，它是一种有过程且持续性的内涵式发展模式。

二、研究思路与内容

（一）研究思路

自社会学诞生以来，学界对结构与文化的争论便已存在，学者们对此更是仁者见仁，智者见智。时至今日，在学界对薄弱学校的既有研究中，以结构取径的薄弱学校研究为主，文化取径的薄弱学校研究为辅，但基于结构与文化双重取径的研究还凤毛麟角。因此，本书将尝试打破宏观与微观、结构与文化的二元对立，在对吉登斯的"结构化理论"、格尔兹的"文化解释理论"以及刘易斯的"贫困文化理论"借鉴、整合的基础上，立足于薄弱学校

[1] Van Velzen, W.Miles, M. Ekholm, M. Hameyer,U. & Robin, D. (1985). Making School Improvement Work: A conceptual. Guide Practice[M]. L.euven. Beleium.ACCO.1985:48.

[2] 张兆芹. 影响学校发展的内在要素探析 [J]. 外国教育研究，2005（09）：7-11.

[3] 张文清. 校长自我诊断能力与学校发展 [A]. 北京教育科学研究所"样本校建设"项目组编. 学校发展的动力与策略初探 [C]. 北京：中国科学技术出版社，2005：53.

的实践样态，从结构、文化与能动性三者互动交融的视角考察薄弱学校形成的动态过程，进而建构薄弱学校形成机制的整合性解释框架（见图1–1）。在此框架中，薄弱学校的形成过程不仅是一个立体的、动态的、多元的过程，也是薄弱学校行为主体对教育系统或教育变革持续互动的结果。本书试图跳出"结构还原论""结构决定论""文化决定论"的窠臼，更加注重薄弱学校行为主体的能动性，借助结构与文化的相关理论来对薄弱学校行为主体与教育系统的互动过程进行解读与阐释，并在此基础上从结构与文化的双重取径下建构薄弱学校形成机制的整合性阐释框架，进而打破既有结构取径与文化取径对薄弱学校研究相对峙的研究范式，并为薄弱学校治理体系和治理能力的现代化提供科学的理论支撑与精准的行动策略。

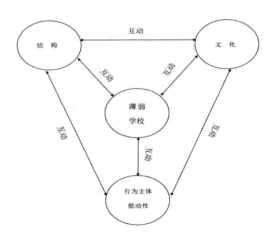

图1–1　薄弱学校形成机制的研究框架

本书框架不同于既有的研究思路，而是研究者尝试向历史索取答案，再次重返薄弱学校形成的历史现场，带领读者从宏观视野与微观场域中探寻薄弱学校的形成机制，即把薄弱学校的形成置于历史的宏观视野与微观场域中进行考察。首先，在宏观视野下，主要考察"结构"——社会变迁与教育系统对薄弱学校发展的使动性与制约性；其次，在微观场域中，主要考察"文化"——薄弱学校行为主体在薄弱学校微观场域中如何选择与行动，并进一步揭示其背后选择与行动的符号系统与意义模式；最后，在"结构"与"文化"互动交融的取径下探寻薄弱学校的形成机制，并构建结构与文化取径下薄弱学校形成机制的整合性阐释框架，从而为薄弱学校治理体系和治理能力的现代化提供科学的理论支撑与精准的行动策略。

1. 结构思路的说明

从结构视角来看，薄弱学校的形成源于结构又作用于结构。薄弱学校主要是在学校发展与教育系统持续互动的过程中形成的，吉登斯把"结构"视为一种实践过程，薄弱学校自身所生产出的结构，恰好与吉登斯所说的结构不谋而合，这为分析薄弱学校的形成机制提供了理论依据与分析视窗。吉登斯的"结构化理论"特别强调"实践"的作用，尤其重视规则与资源形成的结构的作用，并在此过程中实现结构的动态转换。由此观之，薄弱学校的形成与"结构"的作用密切相关，结构不断地被卷入到特定的时空情境中，即薄弱学校行为主体的行动之中，并在此过程中实现"结构"的生产与转化。同时，学校行为主体通过自身的行动又不断创造出新的规则与资源，进而形成新的结构，并在此过程中使其弱势不断积累，最终沦为薄弱学校之列。一言以蔽之，结构取径下薄弱学校的形成机制是薄弱学校的行为主体与结构性环境持续性互动的结果与产物。

结构取径下，行动或结构并不是人类社会生活中的唯一内容，但是它们却在人类生活中占据着重要地位，二者并不是二元对立的关系，而是统一在同一实践过程之中。因此，从薄弱学校行为主体的实践出发才能对薄弱学校的形成机制做出合理的阐释。具体来说，在意识层面上，薄弱学校行为主体具有无意识动机、实践意识和话语意识，并且他们所具有的反思性监控能力贯穿于其日常实践活动之中，并通过例行化的行动予以展现。其例行化的行动作为一种与结构性环境持续互动的行动模式而存在，它不是由某些独立的动机、观念所导致的，而是薄弱学校行为主体不断进行反思性监控的结果。薄弱学校行为主体与结构性环境持续互动的过程可以视为一种结构的生产与再生产过程。简而言之，薄弱学校的形成机制在薄弱学校行为主体与教育系统的结构性环境持续互动的过程中进行呈现，而在此过程中使结构的使动性、制约性、例行化的行动与薄弱学校发展有关的规则、资源相关联，进而形成一种动态的"结构"，即在结构取径下薄弱学校的形成机制。

总而言之，本书从结构维度进行分析的思路是：薄弱学校的形成是一个动态的过程，是学校发展与教育系统的结构性环境持续互动交融的产物。进而言之，薄弱学校的形成机制是其行为主体在结构的制约性、使动性以及例行化的行动中使其弱势不断积累，并在此过程中被贴上薄弱学校的标签。

2. 文化思路的说明

从文化视角来看，薄弱学校的形成过程呈现出了一系列的文化符号，并且这些文化符号在薄弱学校行为主体的学校生活中赋予了"意义"。本书之所以引入文化的视角根源在于如何通过"文化"来审视薄弱学校行为主体的"行动"所蕴含的"意义"，进而实现文化取径下对薄弱学校形成机制的解释。在此意义上，薄弱学校的形成不再仅仅是由结构导致的，还是一种文化的产物，即薄弱学校行为主体在结构的制约性、使动性以及例行化的行动中所累积形成的一套有意义的文化符号系统，该套文化符号系统又为学校的行为主体如何选择与行动提供了规范与指引。简而言之，这套文化符号系统是薄弱学校行为主体与结构性环境长期互动的产物。

文化取径下，多元文化的人类社会得以理解的前提是发挥好"转译者"的角色，进而使文化差异得以解释，并在此过程中走向理解与认同，从而实现研究者、被研究者与阅读者视域的融合。因而，本书将薄弱学校行为主体的行动视为一种文化载体，研究者作为该文化的"转译者"，通过质性研究对薄弱学校行为主体在具体行动中所表现出来的文化符号进行解读，并挖掘其更深层次的意义，从而实现对文化取径下薄弱学校形成机制的解读。易言之，本书将借助格尔兹的"文化解释"理论进行研究，希冀从文化层面来探寻薄弱学校的形成机制。一言以蔽之，如果把薄弱学校行为主体的行动与薄弱学校的形成机制相关联，那么薄弱学校行为主体的行动所隐含的目的与动机就被赋予了"意义"。在此层面上，这就意味着文化取径下薄弱学校的形成机制可以通过对薄弱学校行为主体的具体行动所呈现的文化符号系统进行类型化分析，从而实现对其"意义"的解读。

吉登斯的结构化理论并没有给予文化足够的重视，他将文化置于"结构"的范畴之中，并没有区分文化与结构对能动性的作用与影响，从而导致后人对其理论的批判与诟病。正如斯坦利·科恩在青少年亚文化研究中所述，当前的文化研究基本上都是源自马克思主义对于结构、文化与个人传记的划分，马克思主义将这三种层次视为决定性条件（"人们是被丢入这个世界之中，而非出自自我意愿"），而文化是个人对其所处结构所做出的可能性表现而已（"创造出你自己的历史"）[1]。他进一步指出，"结构、文化与人物传记的研究无法回答较为传统的，但当然不是指关于不同模式的琐碎社会学问题，即为什么某些人在面临相同的压力时，会以某种方式响应，而不是以另一种方式响应，或者为何会有不同程度的情感投入？[2]"

因此，本书希冀对薄弱学校行为主体在学校生活中所呈现出的"文化符号"及其"意义"解读的基础上，尝试挖掘文化取径下薄弱学校的形成机制。换言之，薄弱学校行为主体在学校生活中的行为、语言和事件等都承载了某种象征性"意义"，通过对这些象征性"意义"的解读去建构文化取径

---

[1] Symbols of truble, in K, Gelder and S. Thornton (eds), The Subcultures Reder. London: Routledge:151.

[2] Symbols of truble, in K, Gelder and S. Thornton (eds), The Subcultures Reder. London: Routledge:161.

下薄弱学校的形成机制。简言之，本书从文化的视角对薄弱学校行为主体在实践活动中所表现出来的"文化符号"进行类型化分析，并在此基础上对其"意义"进行解读，从而实现对文化取径下薄弱学校形成机制的理论阐释。

基于上述结构思路与文化思路对薄弱学校形成机制的解读，本书的主要问题是：薄弱学校的形成受哪些结构性因素制约？薄弱学校行为主体在结构的辖制下如何选择与行动？薄弱学校真实的文化景观是何"面目"？薄弱学校行为主体在行动的过程中呈现了哪些"文化符号"，以及该"文化符号"又产生了何种"意义"？结构、文化、能动性与薄弱学校的形成机制是如何互动交融的？

（二）研究内容

第一部分：导论部分主要介绍本书的研究缘起，研究现状以及研究意义。

第二部分：第一章研究设计，主要对本书的核心概念进行界定，并在此基础上对研究思路与内容、研究重难点与创新点、研究方法与过程、个案选取与简介进行阐述。

第三部分：第二章以某一位或两位教师对复程小学历史变迁的历程进行回顾再现复程小学发展的动态过程，从纵时态和横时态双重维度重点去考察复程小学行为主体在其特定的时空场域中如何选择与行动，并在此过程中寻觅结构与文化取径下薄弱学校形成机制的历史线索。

第四部分：第三章基于结构的视角对薄弱学校的形成机制进行解读。在对结构取径下薄弱学校实践样态呈现的基础上，借鉴吉登斯的"结构化理论"（又称社会行动理论），从结构的制约性、使动性和例行化的行动对结构取径下薄弱学校的形成机制进行理论阐释。此外，还对吉登斯的"结构化理论"进行了论述，反思其理论的不足，从而为文化取径下薄弱学校形成机制的阐释奠定基础。

第五部分：第四章基于文化的视角对薄弱学校的形成机制进行解读。在整合与借鉴刘易斯的"贫困文化理论"和格尔兹的"文化解释理论"的基础上对复程小学的文化景观进行考察，并将其实践中所表现出的"文化符号"进行类型化分析与溯源，从而实现对文化取径下薄弱学校形成机制的学理性阐释。

第六部分：第五章基于结构、文化与能动性以及薄弱学校形成机制之间关系的再讨论，本书将薄弱学校的形成机制视为结构、文化与能动性持续互动的产物，在此基础上尝试建构一种结构、文化、能动性与薄弱学校形成机制的整合性解释框架，并以复程小学的发展史为例对该整合性阐释框架进行解读。

第七部分：本书的结语部分，在对本书主要结论进行总结、概括的基础上，为当下及未来薄弱学校的治理提出了可能性方向，并在此基础上反思本书的不足之处，从而进一步拓展了本书的研究空间。

三、研究重难点与创新点

（一）研究重难点

第一，如何超越结构取径与文化取径的二元对立，从结构与文化互动交融的取径揭示薄弱学校的形成机制是本书拟研究的重点问题，同时也是本书拟研究的难点问题。薄弱学校研究的结构取径与文化取径犹如一枚硬币的两面，各自独立、自成一面，但又浑然一体、不可分割，忽视或倚重任何一面的研究都失之偏颇，难以对薄弱学校的形成机制给予合理地阐释，更不可能提出精准的治理策略。因此，如何厘清结构取径与文化取径下薄弱学校的形成机制，并在结构取径与文化取径之间架起一座桥梁，从而建构结构与文取径下薄弱学校形成机制的整合性阐释框架，这不仅是时下薄弱学校研究不断走向深化的重要趋势，也是本书的重点和难点，更是本书的创新之处。

第二，本书采用质性研究方法对薄弱学校教师及管理者的口述资料进行解读，在此基础上构建一种结构、文化、能动性与薄弱学校形成机制的整合性阐释框架。尽管研究者努力地确保质性研究方法的科学性与合理性，但是由于该研究方法自身的局限性，可能导致该阐释框架存在某些不足。此外，该整合性阐释框架只是本书尝试进行的一种理论建构，缺少必要的讨论与检验。因此，该整合性阐释框架尚需采用实证量化的方法进行验证、修改与完善，进一步提升该整合性阐释框架的普适性与解释力。

（二）创新点

本书的创新之处主要表现在以下方面：

首先，本书尝试构建一种"结构—文化—能动性"与薄弱学校形成机制的整合性解释框架，不断丰富与拓展薄弱学校相关理论的研究视野，还开辟了社会学视域下薄弱学校研究的新路径，具有理论上的创新性。

其次，本书以薄弱学校的"实践"为切入点，以"结构—文化—能动性"的关联图式为主线，聚焦在薄弱学校行为主体在结构与文化取径的持续互动上，不仅超越了结构主义与文化主义相对峙的研究范式，还尝试在结构与文化的双重取径下构建薄弱学校形成机制的整合性阐释框架，进而使人们对薄弱学校的形成机制具有全面、系统、客观、科学的认知，从而为薄弱学校的改进提供科学的理论依据和精准的行动策略。

最后，本书将薄弱学校的形成过程与中国基础教育改革的宏观背景、薄弱学校行为主体的微观行动相关联，并将其置于重点学校、教育评价制度、教育管理制度、素质教育改革、全面改薄、乡村教师支持计划等重大教育改革事件以及社会变迁中进行考察，以更加全面和宏观的视野审视薄弱学校的形成机制。

四、研究方法与过程

本书的研究对象是义务教育阶段的薄弱学校（本书特指小学），由于薄弱学校是一个发展性的、相对性的、区域性的概念，因而造成学界对薄弱学校的概念缺少一个明确、权威且统一的界定。改革开放以来，受"效率优先，兼顾公平"政策的影响，义务教育阶段的学校出现了差序格局的分化。20世纪80年代后期，"薄弱学校"一词在我国相关政策文件中首次出现，自此开启了薄弱学校的治理历程。21世纪以来，我国政府紧紧围绕"实施就近入学，废除重点学校——加快教育改革，力促均衡发展——实施全面改薄，优化办学条件"的政策逻辑先后采取了系列薄弱学校改进政策，旨在为义务教育阶段的学生提供公平而优质的教育。在薄弱学校改进的具体实践中，部分学校积极响应国家的相关政策，充分发挥自身的比较优势，逐步摆脱了"薄弱"的标签，走向优质教育行列；部分学校依然不思进取、安于现状、无动于衷，继续沉沦在"薄弱的泥潭"之中。因此，后者则是研究者重点关注的对象，也是本书选择个案的重要依据。所以，本书的薄弱学校特指位于城郊接合部的义务教育阶段的小学，它具有以下属性：办学历史较长、教学质量低下、生源质量差、学校管理低效、社会声誉较差。

（一）研究方法

研究方法是指人们在研究过程中发现新问题，提出新论点，揭示其规律的手段和工具，它是人们在此过程中不断总结、凝练出来的。任何一项科研活动的开展都需要一定的研究方法做支撑。不然，科研活动将成为无源之水、无本之木，也就不存在所谓的科研活动。正如居里夫人用实验法发现了放射性元素镭，达尔文周游世界用观察法和比较法创立了生物进化论，等等。因此，欲完成一项科学研究或取得一定的成果，就必须以科学合理的研究方法做支撑，否则，无异于缘木求鱼。基于研究的需要，本书主要采用文献法、个案研究法以及口述史研究法进行资料的收集，并在相互佐证的基础上对薄弱学校的形成机制进行反思性研究。

1. 文献法

文献法是指根据一定的目标和题目通过有关文献收集资料的调查法。文献法的主要对象是文献，文献有广义和狭义之分，狭义的文献是指用文字和数字记载的资料；广义的文献是指一切文字和非文字资料，包括照片、录音等。文献具有不同的划分标准：如按文献存在的形式可以分为文字文献、数字文献、有声文献、图像文献；按文献的性质可以分为第一手文献和第二手文献。文献法具有方便、自由、效率高、费用低等优势[1]。因此，无论是在社会科学还是自然科学研究中文献法都发挥着举足轻重的作用。

本书在文献研究方面，一方面通过东北师范大学图书馆、校园网数据库（CNKI、万方数据、JSTOR、Pro Quest）、J省图书馆，以及国家图书馆等数据库，以"结构""文化""能动性""薄弱学校""学校改进""学校变革""学校发展""结构化理论""贫困文化"等关键词搜集与主题相关的国内外学术文献，并分别基于结构与文化的取径对其文献进行分类整理和比较分析；另一方面，通过国家统计局、教育部等网站查阅新中国成立后我国关于义务教育阶段的相关政策文本，以及C市有关基础教育发展的相关政策和个案学校的档案资料。此外，因本书主题还涉及社会学、文化学等相关学科领域，研究者也查阅了诸多具有学术影响力的相关文献用来丰富和拓展背景知识。

---

[1] 徐经泽 . 社会调查理论与方法 [M]. 北京：高等教育出版社，1994：226-235.

2. 个案研究法

个案研究就是对单一的研究对象（现象）进行深入而具体研究的方法。具体而言，个案研究以个人或团体为研究对象，比如一个家庭、社区、学习障碍儿童、学校或国家项目等。部分学者认为个案不仅包括身份明确的实体（如一个小组、个人、一个教室或组织），也包括事件、活动或过程。虽然个案研究中的个案可以是一个计划、一个事件、一个人、一个机构或者一个社团等，但他们却具有高度的内部一致性，而内部一致性的聚焦可以为研究者提供一个明确的切入点。正如张其志所述，个案研究具有个人的特点，如研究对象的单一性与典型性、研究方法的多元性与数据来源的多样性、研究过程的深入性与全面性、研究情景的自然性与灵活性、研究结构的描述性与跟踪性等[1]。

本书拟采用极端个案抽样，以C市复程小学（化名）为研究对象，主要采用深度访谈法和参与式观察法，从结构、文化和能动性三个维度结合中国基础教育发展中的重大改革事件，对个案学校行为主体的行动、感受和意义等资料进行搜集与处理。本书的个案研究历时五个月，研究者自身作为研究工具切实深入个案学校的情境之中，分别从教龄、职称等多个维度共选取32位教师（已退休8位），其中包含4位校长（已退休3位）、1位已退休文教办主任，以及10名家长为研究对象（均做化名处理）。在此过程中，研究者希冀能够摆脱宏大叙事的束缚，跨越结构主义与文化主义研究范式的鸿沟，重点关注基础教育改革的关键性事件对学校行为主体的影响，深度挖掘其行动背后的意义，进而为建构结构与文化取径下薄弱学校形成机制的整合性框架奠定基础。

---

[1] 张其志. 教育科学研究法 [M]. 北京：北京师范大学出版社，2015：208-213.

3. 口述史研究法

20世纪40年代，"口述史学"正式产生。"口述史"顾名思义是指口头的、有声音的历史，它是对人们的特殊回忆和生活经历的一种记录[1]。至今对"口述史"的定义主要有以下三种观点：一是"口述历史方法论"，将"口述史"作为一种获得历史资料与社会事实的搜集方法，如路易斯·斯塔尔所述，"口述历史是关于人们生活的询问和调查，包含着对他们口头故事的记录[2]。"二是"口述历史文本论"，将"口述史"界定为在资料收集基础上所形成的文字记录，如杨祥银指出，"口述历史是指口头的，有声音的历史，它是对人们的特殊回忆和生活经历的一种记录。简单地说，就是通过传统的笔录或者录音等现代手段，记录历史事件的当事人或者目击者的回忆而保存的口述凭证（oral testimony）。[3]"三是"口述历史研究论"，将"口述史"视为在收集和记录之后，对口述文本赋予研究与思考，并形成个人观点，如唐纳德·里奇将口述史界定为"以录音访谈的方式搜集口传记忆以及具有历史意义的个人观点[4]"。由此可知，虽然学界对"口述史"的概念没有统一的界定，但是它呈现在我们面前的是一个立体的、多元的、富有层次感的学术概念，主要包括收集、记录、整理与研究等内容，其目的不是简单地对事件进行还原与重现，而是在于探讨其背后的隐秘逻辑。

"口述史"自产生之日起就面向社会底层，与社会底层有着天然的亲和力。诚如美国社会学家康纳顿所述，"让那些即便留有踪迹，但原本一直保持缄默的对象说话[5]"。因而，这种研究方法为近代以来的历史分析以及底层

[1] 李向平，魏扬波. 口述史研究方法 [M]. 北京：上海人民出版社，2010；1.

[2] 保尔·汤普逊. 过去的声音——口述史[M]. 覃方明，渠东，张旅平，译. 沈阳：辽宁教育出版社，2000：6.

[3] 杨祥银. 与历史对话：口述史学的理论与实践 [M]. 北京：中国社会科学出版社，2004：1.

[4] 唐纳德·里奇. 大家来做口述历史 [M]. 王芝芝，姚力，译. 北京：当代中国出版社，2006：2.

[5] 康纳顿. 社会如何记忆 [M]. 纳日碧力戈，译. 上海：上海人民出版社，2000：16.

社会的研究提供了新的分析视窗。换而言之，"口述史研究"是采用人类学"田野研究"的方法，注重被研究者的体验、感受与理解，从被研究者的视角审视历史，从而实现宏观政策与微观行动的融合。

基于此，本书以复程小学的行为主体为研究对象，选取复程小学不同年代、不同职称、不同学科的教师及管理者通过深度访谈进行资料收集，进而从32位教师以及10位家长娓娓道来的口述资料中再现复程小学的发展史，并在60余万字的口述资料中挖掘结构与文化取径下复程薄弱校形成机制的历史脉络，在此基础上，采用质性研究的方法分别从结构、文化以及二者互动交融的视角对复程薄弱校的形成机制进行呈现与阐释，最终建构一种"结构""文化""能动性"与薄弱学校形成机制的整合性阐释框架。

（二）研究过程

本书的资料收集工作始于2018年9月，大致经历了三个阶段：

1. 初访

2018年9月10日—2018年9月21日，共12天，该阶段研究者对研究问题与思路进行了系统梳理后，初步拟出了一个访谈提纲，并进入该学校进行了初访。由于自己对所选择个案学校的代表性不自信，研究者在初访期间还对同乡的4所小学进行了比较分析。通过对比分析，该校无论是地理位置、周边环境，还是办学水平、硬件设施、生源状况以及教师结构等方面均与该乡同类校有较大差距。此外，为了保持价值中立、避免预设观念的束缚，研究者在对该校进行初访时，还对其余4所小学的教师进行了预访谈，旨在增强本书的信度与效度，并将该原则彻底贯彻到整个研究过程之中。

2. 入场

2018年10月8日—2019年2月6日，共120天。这一阶段由于该校教师人员不足，研究者成功地以实习教师的身份进入个案学校，因而在国庆节之后，研究者便成为该校的一名普通教师。复程小学由于教室紧缺,主教学楼所有教师集中在两个办公室办公(其中主办公室15人,小办公室5人),唯有副校长与校长有自己的专属工作室。起初,研究者被安排到副校长工作室办公。研究者为了与任课教师建立联系,打破彼此之间的"隔阂",获取被研究者的信任,经过与校长、副校长的协商,研究者才得以进入主办公室办公。个案学校属于走读学校,下课或午休时间是研究者开展工作的最佳时机,所以每当下课或午休时研究者便与同龄的其他教师一起聊天,在拉近彼此关系的同时,不断扩大与不同年龄段教师的交流。由于研究者本硕博所读的专业一直是教育学,在小学中没有直接对应的专业,因而研究者在学校教师人员不足时,便进入班级给学生上自习,偶尔讲授《品德与法治》,然而大部分时间还是在办公室办公,这为研究者了解学校教师在学校生活中如何选择与行动,以及开展深度访谈提供了良好的外部环境与时间保障。

复程小学位置偏僻,学校规模较小,属于走读式小学,学校周边基本属于拆迁区,因而研究者每天不得不耗费三个小时的时间往返于大学与小学之间,由于到小学仅有一路公交车到达,还是作为一个临时停靠点,所以班车很少准时到达。有时早上会在零下20摄氏度的严寒里候车达一小时之久。非常庆幸的是,每天下午研究者可以搭学校教师的"便车",把研究者送到返校的公交站点。基于此,研究者才得以与每一位教师进行接触,这为研究者取得被研究者的信任以及打破彼此之间的"隔阂"提供了良好的契机。后来,研究者基本上与教龄达30年之久的一位号称"二姐"的秋慧老师"长期"同行,在此过程中与秋慧老师结下了深厚的友情,她不仅作为研究者了解该校发展的一个有效"窗口",也是研究者联系已退休教师与校长的一个重要渠道,在她的帮助下成功联系到2位已退休校长,3位已退休教师,1位76岁高龄的文教办主任,极大地丰富与拓展了本书的第一手资料,从而对该校的发展史拥有一个全面、客观、深入的了解与把握。

春节假期期间，研究者在复程小学在职教师的引荐下，充分利用假期时间对已退休人员访谈，有时选在咖啡馆、茶馆进行访谈，有时进入已退休教师家中开展资料收集工作，各位老师也不厌其烦地接受研究者的邀约与打扰，并积极配合研究者的工作，充分彰显该校教师的师德之高尚、行为之淳朴。在此，研究者对他们表示衷心的感谢。

此外，研究者为进一步了解刘寨村的文化景观及学生家长对复程小学的看法以及对学生未来的期望，研究者学期末利用复程小学召开家长会之际，随机选择10名家长进行了深度访谈（见表1-2），希冀对复程小学的发展具有更加全面、系统、客观的认知与把握。

表 1-1　访谈教师基本信息及资料代码

序号	人员编码	性别	职称	教龄	职务	科目	资料编码	备注
1	春玲	女	高级教师	21	校长	无	I-H-春玲	
2	春琴	女	高级教师	23	副校长	无	I-D-春琴	
3	夏红	女	一级教师	21	中层副职	数学、科学	I-D-夏红	
4	夏萍	女	高级教师	21	中层正职	英语	I-D-夏萍	
5	夏波	男	一级教师	20	中层副职	电教	I-D-夏波	
6	夏威	男	一级教师	11	中层正职	体育	I-D-夏威	
7	秋梅	女	高级教师	30	出纳	品社、品生	I-T-秋梅	在职
8	秋花	女	一级教师	18	会计、人事	数学	I-T-秋花	
9	秋慧	女	高级教师	31	无	品社、语文	I-T-秋慧	
10	秋红	女	高级教师	26	无	品社、语文	I-T-秋红	
11	秋霞	女	一级教师	21	无	品社、语文	I-T-秋霞	
12	秋峰	男	一级教师	20	无	科学、地方课程	I-T-秋峰	
13	秋英	女	一级教师	20	无	品社、数学	I-T-秋英	
14	秋敏	女	一级教师	18	无	语文	I-T-秋敏	
15	秋莉	女	一级教师	18	无	语文	I-T-秋莉	

续表

序号	人员编码	性别	职称	教龄	职务	科目	资料编码	备注
16	秋欣	女	二级教师	11	无	音乐、学校课程	I-T-秋欣	在职
17	冬婷	女	二级教师	9	后备干部	数学、英语	I-T-冬婷	
18	冬媛	女	未评	4	无	英语	I-T-冬媛	
19	冬旭	男	未评	4	无	音乐	I-T-冬旭	
20	冬颖	女	未评	3	无	语文	I-T-冬颖	
21	冬涵	女	未评	1	无	数学	I-T-冬涵	
22	冬锐	男	未评	1	无	体育	I-T-冬锐	
23	冬琳	女	未评	1	无	语文、品社	I-T-冬琳	
24	冬凯	男	无	10	无	保安	I-T-冬凯	
25	冬堂	男	高级教师	40+	无	数学	I-T-冬堂	已退休
26	冬刚	男	高级教师	40+	无	体育	I-T-冬刚	
27	冬君	女	高级教师	40+	无	语文	I-T-冬君	
28	冬雪	女	高级教师	40+	无	语文	I-T-冬雪	
29	春波	男	高级教师	40+	校长	数学	I-H-春波	
30	春升	男	高级教师	40+	校长	数学	I-H-春升	
31	春峰	男	高级教师	40+	校长	语文	I-H-春峰	
32	春艳	女	无	40+	文教办主任	无	I-G-春艳	

访谈结束以后，研究者对32名教师以及10名家长的录音资料进行了转录处理，并为Nvivo软件进行资料处理奠定了基础。事实上，在整个研究过程中，研究者一直担心所搜集的资料不足，总是怀疑自己遗漏了某些重要的信息，并在访谈的过程中不断完善访谈提纲，研究者在不知不觉中竟转录出60余万字的文字资料。

表 1-2　访谈家长基本信息及资料代码

序号	人员编码	性别	家庭状况	与学生关系	职业	文化程度	户籍	资料编码
1	冬梅	女	离异	祖母	无	文盲	本地	I-P-冬梅
2	冬青	女	离异	母亲	本地打工	小学	外地	I-P-冬青
3	春花	女	再婚	母亲	南方打工	中学	本地	I-P-春花
4	春山	男	原生	父亲	建筑工人	小学	外地	I-P-春山
5	春光	男	原生	父亲	装修工人	小学	外地	I-P-春光
6	夏雨	男	原生	父亲	建筑工人	小学	外地	I-P-夏雨
7	夏洋	女	原生	母亲	经商	小学	本地	I-P-夏洋
8	秋果	女	原生	母亲	经商	高中	本地	I-P-秋果
9	秋莹	女	原生	母亲	本地打工	小学	本地	I-P-秋莹
10	冬惠	女	原生	母亲	小商贩	初中	外地	I-P-冬惠

3.回访

2019年2月—2019年7月。该阶段研究者着手本书的撰写工作，在撰写过程中，由于对一些记忆模糊或不太清晰的内容，研究者对该校的教师进行了电话或实地回访，请他们进一步补充与矫正资料。有时研究者在撰写的过程中突然发现遗漏了某些重要的内容或需进一步追问的话题，研究者便通过电话或实地回访的形式进行补充，并且研究者与复程小学的年轻教师建立了一种"特殊"的友谊关系，即参与到他们每两周一次的内部聚餐之中，在聚餐的过程中听取他们对学校的看法，进一步丰富与拓展本书的相关资料。此外，研究者每当撰写完一部分内容后便邀请该校的几名教师进行阅读，检查是否歪曲或曲解他们的意思，在此基础上针对他们的建议进行修正。幸运的是，每次都能得到他们的积极反馈与帮助，他们不仅对研究者论述不准确的一些文字进行了修改，还提出了一些具有建设性的修改建议，在此对他们的帮助表示衷心的感谢。

（三）资料处理

图1-2　结构取径下薄弱学校形成机制的三级编码图

图1-3　文化取径下薄弱学校形成机制的三级编码图

本书为了在浩瀚的文字和碎片化的资料中快速提取、筛选有效信息，进行深入思考，将借助国际最主流的质性分析软件——Nvivo软件，进行资料的分析处理。具体的分析步骤如下：①把所有音频、图片等资料导入软件形成文本，并在软件中仔细阅读所有资料进行编码，其编码主要分为两种：自由节点（free nodes）和树状节点（tree nodes）。本书的编码按照开放式编码（open coding）、轴心式编码（axial coding）和选择式编码（selective coding）的顺序进行，并将其聚焦于结构与文化两个一级节点之下（见图1-2、图1-3）。②对所有资料编码结束后，利用软件分别提取结构、文化一级节点之下的所有内容（即二级、三级节点），仔细阅读、思考，根据节点的内容对节点的名称进行必要的修改；将不同节点的内容进行比较，进而对某些节点进行必要的合并或重组；对树状节点的逻辑进行深入研讨，并对部分子节点的位置进行调整，在此基础上得出初步结论。③返回个案学校，采取三角互证的方法验证初步阐释框架是否合理，并进行必要修正，最后建构结构与文化取径下薄弱学校形成机制的整合性阐释框架。

（四）研究信度与效度

本书以个案学校的实地调研为第一手资料，结合国内外既有的相关研究和支撑本书的主要论点。研究者在个案学校所获得的资料主要包括：个案学校发展史、学校的规章制度、学校管理者和部分教师的访谈资料，以及学生家长的访谈资料等。

本书主要通过深度访谈进行资料的收集，并采用Nvivo 12.0 plus软件进行资料的整理与分析。在此过程中，研究者也采用文献法和观察法以增强本书的客观性与合理性，并采取三角互证的方式验证研究结论是否合理、准确，从而最大限度地提升本书的信效度。

研究者在收集、处理、利用资料的过程中严格秉持"知情、互惠、匿名"的研究理论。在访谈之初，研究者会对每一位被访谈者说明调研目的，以及资料的可能使用情况。由于本书内容具有高度敏感性，且涉及个案学校的众多隐私和声誉问题。因此，研究者为表述更加方便、准确将文中所涉及的市区、村庄、学校以及所有人名做化名处理，希冀最大限度地保护被访者及个案学校。

五、个案选取与简介

（一）个案选取

对于大多数研究者来说，如何确定自己的调查对象直接关系到本书的成败。当时供研究者选择的学校主要分布在山东曹县和东北C市。

山东曹县是研究者的故乡，回乡调研具有以下优势：一是人际的优势，可以借助家族的人脉与社会关系，由于家族中多位亲属在教育系统任职，进入学校开展资料收集工作极为方便；二是熟悉的语言，由于研究者从小在此读书生活，对该地的风土人情较为熟悉，操持一口方言，能够容易获取学校教师的信任，而不会产生"隔阂感"；三是心理的优势，衣食无忧，又可探亲访友，减少资料收集过程中的无聊感与孤独感；四是熟悉的历史，研究者自身作为一名研究者可以在个案学校的历史与现实之间自由地穿梭、交流与对话，在对自身经验进行深度挖掘的基础上，从而获得外部研究者所无法达到的一种"真实"境界；五是作为一名边际人，拥有城乡两重身份，可以敏锐地觉察到优质校与薄弱校的行为主体在文化与行为上的差异，从中不断反思薄弱学校的形成机制。但是，也存在一些弊端：一是难以保持价值中立，在资料收集以及资料分析中极易融入个人情感，极易导致研究结论缺少必要的说服力与解释力；二是由于研究者对此过于熟悉，无形中消解了研究者对调研对象的洞察力，失去了研究问题的敏感性。正如加芬克尔在常人方法学中所述，"一种破坏性实验，有目的地打破常识的结构，获得对于日常生活的理解，在一个地方生活很长时间的人，对于一些观念习焉不察，类似于一种水滴石穿效应"[1]，逐步失去对研究问题的敏感性；三是回乡调研离学校太远，不便于及时与老师进行沟通、反馈。总之，虽然回乡调研具有无可比拟的优越性，但经过再三斟酌，研究者为充分保证本书的客观性与科学性，最终放弃回乡调研的计划，尝试在C市寻找并联系个案学校。

J省C市是研究者求学的所在地，在老师和朋友的鼎力帮助下供研究者选择的研究对象共有2所学校：

一是，C市A区实验学校，该校是C市的一所九年一贯制学校。近年来，该区教育局为满足教育发展需要、顺应教育改革，在合并两所薄弱学校的基础上投资8000余万元创建的，共有36个教学班，其中小学12个教学班，初中24个教学班，共容纳2000余名学生，专任教师54人。选择该校的优势在于通过朋友的帮助可以与校长取得联系顺利地进入个案场域、开展无障碍的资料收集工作，但该校也具有一些劣势，即不满足本书对象的部分属性：第一，它办学历史较短，虽然是由两所薄弱学校合并而成，并且可以追溯其漫长的发展历程，但两所薄弱学校的历史变迁轨迹可能存在较大差异与冲突，不利于本书整合性阐释框架的建构。第二，寻找并对已退休教师进行访谈方面，极大地增加了本书资料的收集难度。第三，如果从样本选择的代表性来看，该校虽然是由薄弱学校合并而成，但A区将其定位为重点学校，并在政策与经费等方面给予一定的倾斜与扶植。经过一番斟酌后，研究者认为该个案并不满足本书对象的部分属性，也不具有代表性，于是放弃将其作为本书的调查对象。

二是，复程小学是C市B区下属的一所小学，2007年之前该校是村小，2007年之后纳入B区教育局管辖，现共有6个教学班，共147名学生，专任教师

---

[1] 司洪昌. 嵌入村庄的学校 [D]. 上海：华东师范大学，2006.

23人。选择该校的优势在于：第一，该校是在导师的推荐下与其管理人员取得联系，可以顺利地进入个案场域、开展无障碍的资料收集工作。第二，该校1954年建校，1978年校址发生变更，之后在原有的基础上进行了局部翻修与完善，部分学校教师曾在该校毕业，通过他们可以顺利地与已退休教师取得联系，进而为本书提供翔实的口述史料。第三，该校居于城乡接合部，前身是村小，受城市化浪潮的冲击以及教育均衡发展的影响，2007年该校纳入B区教育局管辖，虽然当前学校硬件设备取得了较大改善，但是与其同类校以及市区学校相比，无论在师资、生源、社会声誉等方面均存在一定差距。第四，该校作为一所普通小学，从样本典型性上来说，它能代表中国最普通、最一般、最广泛的薄弱学校类型，它不仅处于B区的边缘位置，而且教学质量、生源质量、社会声誉等方面均处于B区教育系统的最底层。同时，选择该校也存在一些劣势：首先，如何快速获取被研究者的信任，并毫无顾忌地与研究者进行分享与交流；其次，研究者如何从"局外人"变为"局内人"，并价值中立地开展资料的搜集工作，这是开展质性研究的基础与前提。总之，J省C市B区复程小学无论是学校历史、办学条件、教学质量、学校管理等方面与其他同类校相比均有较大差距。因此，研究者经过再三斟酌，与导师、学友探讨，最终选定将该校作为本书的研究对象。

（二）个案简介

B区是C市下辖区，位于C市东南部，是C市的南大门。全区现辖12街1乡，1个省级开发区，57个社区，7个行政村，全员人口48.9万人，面积80平方千米。截止到2014年末，该地区生产总值完成242亿元。

1997年在J省率先成为全国首批"两基"工作先进区。全区一类一级学校达到17所，优质教育率先达到58.6%。2008年和2009年，全区教育经费投入分别为2.6亿元、2.7亿元，分别比2007、2008年增长36.6%、4.3%。2007年至

2009年，全区全口径教育经费支出累计达7.1亿元，其中，财政教育经费拨款达6.33亿元，占教育经费总支出的89.2%。2008年至2010年，先后撤并8所学校，完成了4所学校的新建和扩建的工作。全面实施校舍安全建设工程，共投入资金7000万元，加固7所学校，建筑面积23670平方米，重建2所学校，建筑面积32120平方米。2008年以来相继投入资金近3000万元对14中学、3所小学进行了整体改造，完成了全区所有学校操场维修、门窗更换、暖气改造等基建项目。

截至2010年，全区树立师德标兵15人，师德先进典型165人，有73人荣获国家、省市级荣誉。将教师培训经费、校长培训经费，按照工资总额1.5%和2.5%的比例列入了财政预算，2009年和2010年区财政共拨付培训经费327万元。B区教育局被评为市"教师专业发展型学校工程示范区"。全区有省特级教师10人，省级骨干教师103人，市级骨干教师168人，区级以上骨干教师554人，各级骨干数量占教师总数的30%。全区有教育局直属单位6个，有区属中小学32所（中学8所，小学21所，劳动基地、职业学校、特教学校各一所），中小学生32753名，教职工2689人。

1. 学校位置

B区刘寨村位于C市南部，辖区面积59.7平方千米，辖6个行政村和9个社区，总人口约为9万人，其中农业人口为2.3万人，非农业人口为6.7万人，现有耕地面积1907公顷。

随着城市化的发展，2009年6月撤销刘寨村委会，组建刘寨街道办事处，辖刘寨村和新立城社区。刘寨街道位于N城区东南部，总面积8.1平方千米，总人口2万人（2011年）。

咱们学校位于本区最偏僻的位置，我刚入职的时候咱们这里还没有公交车。报到那天我是坐出租车来的，当时通往咱们学校的那条坑坑洼洼的小路两侧都是苞米地，出租车师傅看到以后就不愿意来了，在途中停了两三次，经过我的再三请求才把我送到校门口，出租车师傅临走时还专门问了一下咱们学校的名字，面无表情地说"以后再也不会来了"。近年来，随着城市化的发展，学校旁边修建了环城路，虽然咱们学校的交通条件得到了一定程度的改善，但是距咱们学校还有一段距离，现在只有一路公交车在这里设立了临时站点，不过时间并不规律，并且每天下午四点以后基本上就没有班次了。

——I-T-冬君

复程小学坐落于C市B区刘寨村，施教范围为刘寨村9个屯区，该村经济主要以农业为主，其经济长期处于所在区域的垫底位置。1954年，复程小学建校，最初校址坐落于屯子内部，周围被民宅包围，发展空间极为有限。1969年，为解决小学毕业生的升学问题，开办"带帽班"[1]。1972年，受国家相关政策的影响取消"带帽班"。1978年，搬迁至新校区（至今）。21世纪以来，受城市化进程的影响，刘寨村逐步演变为城乡接合部，其外来生源日益增多，2010年左右外地生源（包括外省以及本省周围县市）逐渐超过本地生源。近年来，受拆迁政策的影响，外地生源逐步减少，目前在校生共有147名，主要以外地生源为主，在一定意义上属于进城务工子女学校。

---

[1] "带帽班"：20世纪六七十年代，我国受普及初等教育政策的影响，受教育人口急剧增加，但初中资源极为有限，为满足受教育者接受教育的需求而在小学增开初中课程、开设初中班级的现象。随着初中教育资源的不断增加及普及，"带帽班"在20世纪70年代末逐步退出历史舞台。

图1-4　复程小学周边环境

2.学校设施

复程小学始建于1954年，1978年搬迁至新校区，之后只是在原校址的基础上进行翻修与完善。至今，该校校舍大体呈"四合院"式布局（见图1-5）。1983年，在文教办春艳主任与春波校长的带领下，建立了南侧教学楼，如今已是年久失修的危房，但仍作为学校仓库使用（见图1-6）。1999年，在春升校长的努力下，由某集团、乡政府与村委会共同筹资对北侧危房（与南侧危房类似）进行重建，至今基本保持原状（见图1-7）。2001年以后，春峰校长在对原有"旧三室"进行改造的基础上建立了"新三室"，由乡政府与村委会共同筹资，在西侧建立多功能教室（见图1-8），主要包括阅览室、音乐教室等，在春峰校长任职期间还对学校厕所进行了翻修，至今仍是室外旱厕（见图1-9），并在2003年成为全区最后一批次进入C市一类一级校的行列。

之前，咱们乡共有7所农村小学，其中1所中心小学，后来合并了2所，目前全乡共有5所小学。在校舍方面，咱们学校在这5所小学中是唯一一所还是小平房并且室外旱厕的学校；从教学设备上，咱们学校的多媒体一体机已经使用多年，每次上课都会出现严重卡顿的现象；从供暖设备上，咱们学校过去在各个教室烧炉子供暖，后来改为学校统一用煤供暖，并延续至今，别的学校基本上升级为电暖或者集体供暖；从学生图书上，虽然咱们学校有图书馆，但是基本上处于关闭状态。这些与本乡其他小学校相比确实存在相当大的差距，更无法与市内小学相比。

——I-T-秋慧

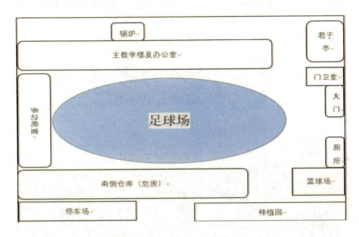

图1-5　复程小学平面布局

图1-6　复程小学南侧危房

图1-7 复程小学北侧主教学楼

图1-8 复程小学西侧多功能教室

图1-9 复程小学室外旱厕

图1-10　复程小学篮球场

3. 学校师资

复程小学自建校以来，学校师资数量基本稳定，当前该校已退休教师10人，在岗教师23人，长期病假教师1人（脑血栓）。目前，该校在岗教师的第一学历（见图1-11）：高中毕业3人，占教师总数的13%；中专毕业9人，占教师总数的39%；大专毕业4人，占教师总数的17%；本科毕业7人，占教师总数的31%。经过后期进修，当前该校教师最终学历：本科22人，硕士1人，教师学历合格率为100%。

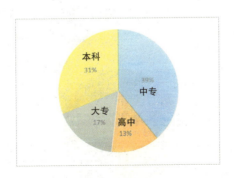

图1-11　复程小学在岗教师第一学历状况及百分比图

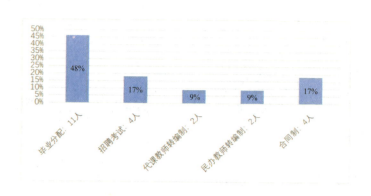

图1-12　复程小学在岗教师编制状况及百分比图

复程小学现有23位教师属于在编教师（见图1-12），具体来说，11人毕业分配获得编制，2人由民办教师转为正式编制，2人由代课教师转为正式编制，4人通过参加招聘考试获得编制。近年来，陆续有4位教师进入该校工作（3人第一学历是本科，1人是专升本），均属于合同制教师。在岗教师年龄结构方面，25—29岁教师3人，占教师总数的13%；30—34岁教师4人，占教师总数的17%；35—39岁教师4人，占教师总数的17%；40—44岁教师7人，占教师总数的30%；45—49岁教师3人，占教师总数的13%；50—54岁教师2人，占教师总数的10%，全校教师平均年龄为39岁（见图1-13）。

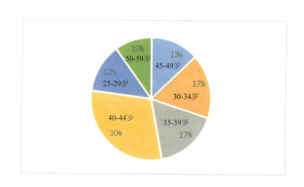

图1-13　复程小学在岗教师年龄结构图

4.学校生源

2007年之前，复程小学归属刘寨村管辖，共有7所小学。2007年以后，为积极响应国家"分级办学、以县为主"管理体制的变革，复程小学由B区教育局统一管辖，全区共有小学23所。在生源方面，复程小学不仅与市内学校存在较大差距（见表1-3），还与本乡的5所小学校相比存在较大差距（见表1-4）。

表1-3　B区部分小学的基本状况

名称	占地（平方米）	学生（名）	教师（位）	教学班（个）
希望小学	9776	2164	171	49
自强小学	9500	1750	128	39
西三小学	12836	2000	200	52
东五小学	7200	842	63	25
南关小学	6700	500	41	14
北大小学	6800	800	54	20
复程小学	13000	147	23	6

表1-4　刘寨村现有小学的基本状况 [1]

名称	占地（平方米）	学生（名）	教师（位）	教学班（个）
刘寨小学	建设中	370	32	10
西村小学	建设中	826	68	20
北村小学	13339	408	31	12
王楼小学	13100	1142	55	28
复程小学	13000	147	23	6

---

[1]　表1-3、表1-4数据根据2018年各校网站学校简介整理所制，刘寨小学与王楼小学正处于校舍重建阶段，以上所有小学均做化名处理。

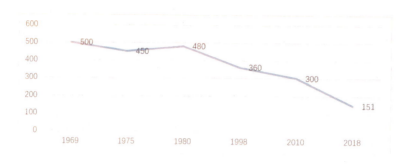

图1-14 复程小学生源变化趋势图

20世纪六七十年代，复程小学由于"带帽班"的开设，学生数量一度超过500人。随着"带帽班"的取消，学生数量基本稳定在450人左右。20世纪90年代以来，随着城市化进程的加快、教师队伍的频繁流动，使复程小学的教学质量一直处于该乡的最底层，进而引起家长的不满，导致部分生源外流，尤其是2000年以后，本地生源逐步进入市区就读，外地生源不断增多。直到2010年左右，外地生源开始超过本地生源，生源减少的趋势也进一步加剧（见图1-14）[1]。近年来，受拆迁政策的影响，复程小学遭遇了前所未有的生源危机，当前本校共有学生151人（见图1-15），其中80%以上是外地生源，大约1/3的学生是离异家庭，问题儿童较多。在访谈过程中，大部分教师对学校的生源问题表示担忧，同时也对本校的未来发展表示关切。如果仅从生源的质与量来说，复程小学正向小规模学校发展。

咱们学校过去都是本村村民的孩子，那时候学生都比较朴实、勤奋，每个班级有五六个学生认真学习。随着人们生活水平的提升，本地生源逐步流向市区，外地生源逐渐增多，由于他们的父母忙于生计，很少有时间和精力对孩子进行辅导，学生的视野及素质均低于城市学生。再加上这里的离异家

---

[1] 本数据由于缺少实证资料，研究者根据历届校长以及学校教师的访谈资料整理所制。

庭较多，所以这里的学生相对懒散，遇到稍微有点难度的试题就会放弃，现在每个班级认真学习的学生能有二三人就已经很不错了。每次咱们五六年级的数学成绩，几乎都有一半的学生不及格，优秀学生也就二三人，这种现象确实让人很担忧。

——I-D-夏红

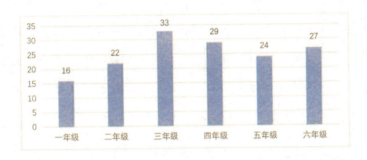

图1-15　2018年复程小学各年级学生人数图

复程小学无论在生源数量，还是在生源质量方面不仅与市内学校存在着较大差距，还落后于本乡其他小学。受城市化政策的影响，复程小学的生源数量逐年减少，正面临着量少质劣的发展窘境，不仅严重制约着复程小学的未来发展，还直接涉及复程小学的撤并问题。

5. 学校管理

复程小学各项规章制度基本健全，比如出勤、备课、教案等制度，但是在执行过程中却存在诸多问题，并没有严格按照规章制度的相关要求落实，而是在制度之外形成了"人性化"的管理模式，即一种不成文的实践文本，且导致教师与管理者之间出现相互扯皮与推诿的问题，极大地降低了学校的管理效能，制约着复程小学教育教学质量的提升。

学校有关于考勤制度的相关规定，不过主要针对的是请假、调课方面，每节课的代课费5元钱。由于学校教师就那些人，所以学校一直实行"人性化"管理，没有实施上下班签到制。有时迟到了，如果领导不找我谈话，第二天我就会按时到校；如果领导找我谈话了，可能第二天我迟到的时间会翻倍，反正也不能把我怎么样！

——I-T-冬旭

现在咱们学校的考核制度越来越少了，并且失去了它存在的意义。比如说教案，咱们实行的是电子版教案，校长要求我们进行二次复备，可是咱们学校活动太多，老师需要经常出去开会、准备各种迎检材料，所以没有时间去认真准备，一般都是学期初或学期末在网上下载一个教案，期末考核只是进行合格与不合格的简单评定，也没有任何奖惩机制。再说，大家都在一起工作那么多年了，谁好意思给不合格，只要有就可以了。

——I-D-夏红

咱们学校太小了，只有6个教学班，还在同一栋教学楼里。之前，我在市内大校做副校长时，经常推门进去听老师讲课、评课。在这里就不行了，毕竟教师很少，刚刚来这任职的时候，偶尔会推门进去听老师讲课、评课，感觉我对他们有意见故意找碴似的！后来，我基本上没有再去听过他们的课，也很少在走廊里走动了，免得他们对我有意见。

——I-H-春玲

复程小学的管理名义上实行"人性化"管理，事实上在学校管理方面存在着较大问题，比如教师工作纪律散漫、管理效能低效等，不仅直接影响学校管理者的权威，还制约着学校发展质量的提升，同时也印证了复程小学存在较为严重的文化堕距问题，严重制约着复程小学的发展与变革。

6.学校声誉

中华人民共和国成立以后，由于特定的历史时期，复程小学聘请了大批代课老师与民办教师，当时代课教师与民办教师流动性比较强，再加上教师业务能力不高，从而导致复程小学的教学质量长期处于全乡的末端位置。自

20世纪90年代以来，代课教师与民办教师逐步转为正式编制，学校管理也开始走上正轨，学校的教育教学成绩稍有提升。但是由于复程小学频繁更换校长，导致学校发展缺少长远的发展规划，引起家长的强烈的不满，进一步加剧了生源的流失。

虽然咱们学校建校比较早，但是教学成绩却一直处于全乡的下游水平，不仅与市内学校存在较大差距，甚至赶不上本乡的其他小学校。近年来，咱们学校校长更换频繁，以学生的特长培养为例，咱们学生的特长培养基本上随校长的更换而改变，先后经历了竹笛、长笛、口风琴、葫芦丝、书法等，虽然现在大家的生活条件好一些，但也不能这么折腾吧!

——I-T-冬凯

我不会让我的儿子在这里读书，毕竟咱们学校太小了，没有平行班就会缺少一种仪式感，我觉得这种仪式感对学生的成长来说特别重要。此外，我在这里教书已经十多年了，我了解咱们学校的教学质量，我想给儿子提供一个相对较好的学习与成长环境。

——I-P-冬青

虽然复程小学历史悠久，但是一直处于教育系统的底层，其社会声誉较低，具体来说，刘寨村的村民不仅对学校教学质量存在不信任的问题，还对学校管理持有诸多意见，甚至本校的教师也对学校的教育教学质量表现出不信任。研究者根据对复程小学教师的采访得知，至今复程小学教师的子女只有3人在此就读，大部分选择市区或距市区较近的学校就读，这足以表明学校教师对本校教育质量的不信任。

7. 教学质量

自建校以来，咱们学校的教学成绩一直排在全乡的末端，在全乡所有小学校中曾流传一句话——"考试不用怕，抓住复程就好了"。近年来，全区大力推进素质教育改革，结合咱们生源的实际情况，我希望多开展一些活动，开拓学生的视野，发展学生的个性与特长。再说，咱们学校的教学成绩一直都无法与市内学校的教学成绩相比。所以，自任职以来，我也没有太关注教学，以免给教师与学生带来繁重的负担。因而，我就把学校发展的重点放在提升学生的综合素质上来，着重开发校本课程，尽量让教师与学生过得开心、开阔视野。

——I-H-春玲

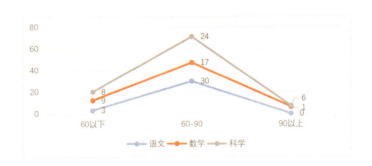

图1-16　2018年复程小学六年级全区质量检测成绩频率分布图

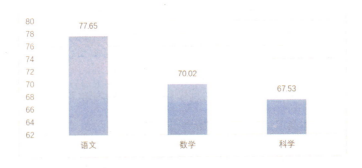

图1-17　2018年复程小学六年级全区质量检测成绩平均分分布图

综上可知，复程小学的教学质量不仅没有引起领导的高度关注，而且还在一定程度上进行有意回避。虽然20世纪末，C市在积极响应国家号召大力推行素质教育，旨在改变过去片面追求升学率的问题，但并不意味着忽视学校的教育教学质量。由图1-16、1-17中的复程小学六年级全区质量检测成绩分布图及平均分可知：复程小学的学生优秀率较低，不及格人数较多，学生的平均成绩较差，这足以说明该校的教学质量低下，同时也意味着该校的教学质量具有较大的提升空间。

六、小结

本章主要对结构、文化、能动性、薄弱学校、学校发展等核心概念进行了梳理界定，在此基础上分别从结构、文化的取径对本书的思路及内容进行了说明，并对本书中可能出现的重难点以及创新点进行了阐释。在此基础上对本书的研究方法、研究过程、资料的处理，以及本书的信效度问题进行了解释。此外，还对个案选取的过程进行了说明，并从学校位置、学校设施、学校师资、学校生源、学校管理、学校声誉、教学质量等方面对复程小学进行了简单介绍，从而为本书的后续工作奠定基础。

第二章　复程小学发展变迁的动态"呈现"

改革开放以后，中国教育事业步入健康发展的快车道，并在此过程中学校之间不断分化，进而导致学校差序格局现象的出现，并在发展过程中其"马太效应"逐步凸显。本书的个案是一所普通农村小学校，由于该校历史悠久，又缺少专门的校史及史料供研究者翻阅与考察，因而研究者以一位70岁高龄的春波教师的口述资料为主，以秋慧教师的口述资料为辅再现复程小学的发展历程。研究者在对其口述资料进行梳理、分析的基础上，希冀带领读者重返薄弱学校形成的历史现场，从而在宏观视野与微观行动中再现薄弱学校的形成过程。

一、C 市复程小学的发展变迁

春波教师，1949年出生于C市B区刘寨村，1957年就读于复程小学。1962年从复程小学毕业升入初中。1968年由于高考失利，被复程小学聘为代课教师，自此开启执教生涯。1984年被任命为复程小学校长，开始全面主持学校工作。2000年退居二线，至今仍生活在刘寨村，对复程小学的发展保持着密切的关注，并且亲眼看见了复程小学的发展变迁历程。秋慧教师，1968年出生于C市B区刘寨村，1988年高中毕业，以民办教师身份进入复程小学任教，1999年转为公办教师，至今仍坚守在工作岗位上。研究者以春波教师的口述资料为主，秋慧教师的口述资料为辅，结合中国初等教育系统的关键性事件对复程小学发展的影响，将其变迁历程大致分为五个阶段：末位徘徊（1978—1986）、步履维艰（1986—1993）、初拾自信（1993—2007）、步入正轨（2007—2013）、外强中干（2013—至今）。

（一）末位徘徊（1978-1986）："天道非酬勤"

改革开放以来，中国开启了改革开放的新篇章，教育事业也随之驶入健康发展的"快车道"。国家基于特定历史条件把"效率优先，兼顾公平"的思想开创性地运用到教育领域实行了"重点与普及"相结合的教育政策。"重点"是指实行重点学校政策，通过兴建一批重点学校来满足社会主义建设的人才需求；"普及"是指通过"分级办学"赋予地方政府更多的办学自主权，以满足人民最基本的教育需求，最终实现以重点带动薄弱、实现共同发展的目标。1978年，教育部相继颁布了《关于办好一批重点中小学的几点意见》和《关于办好一批重点中小学的试行方案》对重点中小学的建设从目的、任务、规划、招生等方面给予了详细部署，并在经费投入、办学条件、师资队伍、生源质量等方面的资源向重点学校倾斜，逐步形成国家级、省级、地级、县级层层重点的"金字塔"格局[1]。随着该政策的深入推进，我国中小学的办学质量逐步分化，并最终导致中小学差序格局现象的出现，即少量重点校与大量薄弱校并存。据统计，截至1981年，全国各省、自治区、直辖市（不包括上海市）共有重点小学5271所，占小学总数的0.6%；在校生417.7万余人，占小学在校生的2.9%，集中分布在城市地区[2]。

---

[1]　何东昌.中华人民共和国重要教育文献（共三册）[M]. 1998：1561-1562

[2]　刘英杰.中国教育大事典（1949-1990）[M].杭州：浙江教育出版社，1993：333、343.

在"兼顾公平"普及政策的影响下，复程小学通过自身的努力校舍得以重建，从过去屯子里的狭小校舍搬到村外的新校舍。1978年以前，在屯子里的校舍非常简单，仅有一排平房作为教学楼，教学楼前面是一个很小的操场，周围全是民宅，上体育课的时候，足球经常被踢到村民家里，再加上学校的作息时间与村民不符，严重影响村民的日常生活，进而引起了周边村民的不满与反感。1976年，C市有中小学校舍建设的资助政策，当时春波老师作为复程小学的后勤管理人员，便积极与村委会、乡政府、文教办及市教育局沟通，提出建设新校舍的想法。经过一年多的努力，村委会在村南头给复程小学划了一片空地，市教育局给拨了部分经费，其余的经费由乡政府、村委会补齐，有钱的拿钱，没钱的出物、出力，通过克服重重困难，新校区最终建成。1978年，复程小学整体搬入新校区，新校区有南北两排教学用房，中间是凸凹不平的泥土操场，比过去的校舍面积大很多，但是它的位置太偏僻，没有公交车到达，只有一条坑坑洼洼的小路通向复程小学，周边全是苞米地，教师上下班极其不便，"晴天一身灰，雨天一身泥"便是当时复程小学教师工作的真实写照，不过那时复程小学老师的思想觉悟很高，在极其恶劣的工作环境下仍然坚持工作。

虽然"效率优先"重点学校政策的实施重点是城市地区，但是农村地区也纷纷效仿，重点"装备"一批中心校。刘寨村的中心校与C市相距较近，现已成为C市重要的商业中心，中心校也已成为C市名列前茅的重点小学。1966年，春波老师刚入职的时候刘寨村的7所小学差别不大。到20世纪80年代，复程小学与中心校的差距逐步扩大，主要表现在以下方面：一是在办学条件上，虽然复程小学搬到了新校区，但也是小平房，并且采取"拔豆根"烧炉子的供暖方式，那时每天早上第一节课基本上由于烧炉子而导致教室内烟雾缭绕，无法进去上课，学生们在室外活动，当时中心校的校舍已经是二层楼房，并且采取学校烧煤集体供暖的方式，仅取暖方式而言中心校就比复程小学提前至少20年。二是在管理体制上，当时实行"乡村自给"的办学体制，那时乡文教办还没有实质性职能，而是由中心校组织全乡工作，并且中心校作为全乡小学教育的标杆，在业务上统领下面6所小学校，它集中了全乡的几乎所有优质教育资源。三是在教师队伍上，复程小学为解决师资不足的问题，聘请了一大批代课教师和民办教师，当时民办教师的工资由村大队负责，所以大部分民办教师是他们的亲属，学校对教师素质不再考核，代课教师大多数由村里稍有文化的人担任，进而弥补师资的不足，他们经文教办、区教育局备案聘任，其工资由财政局负责，当时复程小学主要以民办教师和代课教师为主，只有二三人是师范院校毕业的公办教师，而中心校有一半是师范院校毕业的公办教师，代课教师与民办教师也是一线退休且经验丰富的老教师，所以在师资质量上与中心校相差甚远。四是在教学上，复程小学的师资比例是一点多，而中心校的师资比例是二点多，因此复程小学的师资相对紧缺，实行的是包班制，而中心校教师充足，由专业教师担任，采取分科教学的模式，再加上教师素质的差异，所以复程小学的教学质量根本无法与中心校相比。五是在教学质量上，由于复程小学教师主要以民办教师与代课教师为主，教师学历普遍偏低，业务能力不足，也没有接受过专业的师范教育训练，所以教学质量远不如中心校。此外，由于复程小学地理位置偏僻，历年来刘寨村的经济在全乡处于垫底位置，虽然当时有校办工厂，但是收入微薄，甚至连基本的办公经费都无法满足，所以复程小学的办学条件、师资队伍、教学质量等与中心校存在明显差距，当时复程小学的办学定位比较低，即在扫除文盲的基础上尽量不给国家制造负担，主要进行简单的读写算，从而导致复程小学的教学质量逐渐落后于本乡的其他小学。

在"普及与重点"教育政策的影响下，复程小学新建了校舍，办学条件得到极大的改善，实现了C市对初等教育办学条件"一无两有"（无危房、班班有教室、人人有课桌）的要求，但仍然与中心校存在较大差距，其师资队伍更无法与中心校相提并论。那时复程小学的生源较多，每个年级都有两个班，由于教师数量不足，实行包班制，所以复程小学教师的工作负担比较繁重。在生源上，当时为了积极响应"多出人才、快出人才、出好人才"的国家号召，重点小学的招生不再受区域限制，所以刘寨村的优质生源流失严重。在教师业务能力上，虽然小学的知识较为简单，但是复程小学大部分教师是初中毕业，并没有接受过专业训练，更没有接受系统的师范教育，所以教师的业务能力普遍偏低。在教学模式上，主要采取"一言堂"的教学模式，进行简单的知识传授，忽视了对学生学习方法、思维习惯、情感态度以及价值观的培养。在教师专业发展上，当时教师教学任务繁重，学校领导也很少进入课堂进行听课、指导，那时新来的教师根本就不会讲课，专业发展主要靠自己摸索、与同事或亲属交流、学习，并且在学校20余位教师中，春波教师认为真正能够把数学教明白的也就那么二三位教师，再说老教师的水平不高，新教师的水平就可想而知，并且教师自己都没有研究明白，怎么能把学生教明白。在师德上，平心而论，那时候复程小学的老师真的很负责，思想觉悟很高，干劲十足，尤其在建立新校区之后，他们白天不仅要完成批改、备课、上课等任务，晚上还要对后进生进行辅导，有时利用周末的时间给学生辅导，有时还把自己孩子的衣服送给学生。那时在教师之间流传这样一句话"头遍筛子二遍箩剩下坷垃用手搓"，足以说明复程小学教师的师德高尚、教风淳朴。尽管复程小学老师为提升教育教学质量付出了很多宝贵的时间与精力，但是仍然无法弥补自身素质的短板，所以每次在全乡统一考试，以及在中心校组织的教师技能比赛中，复程小学的成绩总是处于末端位置。我国有句俗话说"天道酬勤"，可是春波老师表示这句话需要加上一个前提——在先天条件相差不大的情况下成立，否则，就会像复程小学的教师一样"天道非酬勤"，反而会一次次地打击教师工作的自信心，削弱其工作的积极性与主动性。

此外，1985年第六届全国人大常委会第九次会议通过了国务院关于建立教师节的议案，会议决定将每年的9月10日定为教师节。教师节的设立进一步肯定了教师为教育事业所做的贡献，有利于尊师重教的社会氛围的形成。村主任在教师节那天还专门给复程小学的教师发放了一些生活必需品表示庆祝与慰问，并且复程小学是除中心校之外唯一发放礼品的学校，足以证明复程小学教师的付出得到村领导的肯定。之后，复程小学教师工作的积极性再次被点燃。

（二）步履维艰（1986–1993）："破罐子破摔"

1985年5月27日，《中共中央关于教育体制改革的决定》明确指出把发展基础教育的责任交给地方，有步骤地实行九年制义务教育。1986年《义务教育法》的颁布为基础教育管理机制的落实提供了保障。C市为积极响应国家号召对教育管理机制进行了调整，实行了"分级分口办学"的教育管理机制，即全区小学四级办：区办实验小学，乡（镇）办中心小学、村办村立小学，屯办教学点；乡（镇）成立文教办，负责统筹全乡的教育工作，集事权、人权与财权为一体；区教育行政部门对乡（镇）教育工作起着协调作用，深入基层帮助解决实际问题。在经费使用上，实行谁办学谁负责，国拨经费包干，教育经费不足部分地方自筹。教师队伍实行教育行政部门统管、办学单位分管的管理体制，校级领导的选任，分别由县、乡（镇）考察、批准与任命；教师培训由区教育行政部门负责。由于管理职责权限明确，使区、乡两级政府在管理教育的工作中做到了各司其职、各尽其责，从而加强了对基础教育工作的领导。

新中国成立以来，我国一直重视学校教育与生产劳动相结合，特别重视开展劳动教育、勤工俭学活动，为此积极鼓励学校创办企业，在为学生提供实习机会的基础上增加学校收入。1988年，C市人民政府颁布了《关于进一步发展勤工俭学的规定》，其中明确指出：小学（含聋哑学校、工读学校）的校办企业、职业学校实习工厂、少数民族中学和经批准生产直接为教学提供服务产品（教具、教学仪器等）的校办企业，除按国家规定免征所得税、能源交通重点建设基金外，免征营业税、产品税、增值税。"分级分口办学"的教育管理机制使学校自筹经费合法化，勤工俭学相关规定为企业"减负"提供了有效路径。因此，C市众多工厂为实现利润的最大化，将其趁机挂靠在学校名下来享受税收优惠政策，学校从中获取部分经费以缓解学校经费不足的问题。当时刘寨村各个学校的办公经费都严重不足，文教办也无计可施，校长为解决经费不足的问题疲于应酬，力争更多的工厂挂靠在学校名下，从而致使校长在学校管理中缺位，极大地影响了农村教育教学质量的提升。此外，历年来，刘寨村以农业为主，村里工厂很少且效益不好，当时挂靠在复程小学的工厂也就10多所，其经费勉强维持学校的基本运转。而乡里其他小学由于地理位置较好，挂靠在他们名下的校办工厂最少的也有20多所，所以他们不仅有充足的经费来维持学校的基本运转，还可将剩余的经费用来改善办学条件（比如更新教育教学设备、修建校舍、改进学校供暖设施等）、设立教师奖励经费等。当时复程小学是唯一一所没有建立教师奖励经费的学校，所以复程小学的老师更多的是安于现状、不思进取，从而使学校氛围变得死气沉沉。

受教育管理机制调整的影响，刘寨村合并了两所相距较近的学校，复程小学由于位置偏僻得以保留，同时学校内部也发生了一系列的变化。具体来说，在生源方面，复程小学的生源逐渐减少，主要原因：一是受计划生育政策的影响，人口出生率下降，适龄人口减少；二是学校师资的原因，一方面，代课老师工资很低，流动性较强，短则半年、长则二三年就离职，村民对此极为不满，并多次到学校、文教办反映情况，不过一直没有得到解决，这也是造成生源流失的一个重要原因；三是教学质量不达标，由于学校教育经费不足，办学条件差，又缺少必要的奖惩机制，教师职业倦怠严重，胳膊里夹一本教材去讲课的现象司空见惯。在师资方面，一是在师资数量上，复程小学的教师数量基本稳定，民办教师进了三四人（高中学历），代课教师少了二三人，但是代课教师存在流动性频繁的问题，由于学校办学条件差，没有一个新毕业的公办教师来此任职，当时中心校90%以上都是公办教师，其余的教师也都是经验极为丰富的民办教师。乡里的其他小学也有一半以上的公办教师，并且他们的代课教师和民办教师的业务能力也高于复程小学；二是在师资质量上，由于复程小学的教学成绩长期徘徊在本乡的末端位置，教师的积极性与主动性逐步消失，再加上文教办比赛的影响，以及学校奖惩制度的缺失，所以教师只是为了完成自己的课时量，下课之后便忙于家务或农活，迟到早退也屡见不鲜，学校教学质量更是无从谈起；三是在专业发展上，文教办组织活动的初衷是为了促进教师专业发展，但是由于一些消极原因，学校教师不愿参与，其效果甚微。学校领导忙于社会筹资，无暇顾及学校管理及教师发展，每个教师都是按照自己的想法"闭门造车"，所以教师成长速度极其缓慢。在考核方面，一是在教案上，学校要求写教案，教师们一般都是按照教学参考书简单地抄写，主要是为了应付学校领导检查，在考核中从来也没有出现不合格的情况，所以大家也都不重视，上课也不按照教案讲授，还是停留在简单的知识传授上；二是在出勤上，由于教师少，也没有实行签到制，时间可以自由安排，如果教师有事就私下调课，完成教学任务即可，其实学校有明确的出勤制度，但只是一种形式并没有落实执行；三是在期末考评上，由于学校经费紧张，没有建立物质奖励制度，不过学校每年都有评优工作，可是大部分都是给了有"关系"的教师，也没有什么实质性的奖励，所以学校教师对此持无所谓的态度。

此外，1986年，教育部为了充分调动和发挥小学教师为社会主义教育事业服务的积极性和创造性，激励教师不断提高政治思想觉悟、文化业务水平和履行职责的能力，努力完成本职工作，特制定《小学教师职务试行条例》，该条例分别从教师的政治思想、文化专业知识水平、教育教学能力、工作成绩和履行职责等方面进行评审，将小学教师职称分为小学三级、二级、一级和高级教师，其评定对象面向公办教师[1]。那时，复程小学就有二三位公办教师，他们随即拥有了职称，随着职称等级的晋升，其工资水平也得到相应的提高，所以这几位公办教师的工作积极性相当高，同时也引起了民办教师与代课教师的羡慕与嫉妒，反而进一步加剧了他们的职业倦怠。1990年，J省为提升民办教师工作的积极性，实施了民办教师转公办教师的考试政策，该政策的出台让民办教师看到了希望，部分民办教师就此成为公办教师。复程小学的民办教师每年都报名参加考试，可能由于自身能力不足或备考方式不对，一直都没有成功考上公办教师。面对这种局面，他们并没有自暴自弃，反而表现出越挫越勇的姿态——更加努力地备考，毕竟看到了改变命运的路径。因此，他们的大部分时间用在备考上，反而在教学上表现出"破罐子破摔"的情景，这也是导致复程小学教学质量低下的重要原因。

（三）初拾自信（1993-2007）："换血增活力"

1993年，《中国教育改革和发展纲要》明确指出，发展基础教育，必须继续改善办学条件，逐步实现标准化，中小学要由"应试教育"逐步转向全面提高国民素质的轨道，面向全体学生，全面提高学生的思想道德、文化科学、劳动技能和身体心理素质，促进学生生动活泼地发展。1996年，C市为进一步整顿中小学教师队伍，提升教育教学质量，对中小学教育系统实施了一系列改革。在民办教师方面，依据国家"两委、两部"关于"民办教师整顿继续坚持关、转、招、辞、退的五字方针，不搞'一刀切、一阵风'"的

---

[1] 教育部.关于转发国家教育委员会中、小学教师职务试行条例等文件的通知 [S]. 职改 [1986] 112 号，1986-05-19.

政策采取了以下措施[1]：在民办教师方面：一是提升民办教师的学历水平，鼓励民办教师接受继续教育，在取得毕业证书以后，经考核合格转为公办教师；二是辞退一部分教学能力差的民办教师与代课教师，不断优化师资结构，提升教育教学质量。在公办教师方面：一是加大对公办教师的培训，提升公办教师的业务能力与教学技能；二是鼓励公办教师参加函授及教师进修学校，不断提升教师的学历水平与教学技能；三是扩大师范院校的招生数量，为中小学师资队伍的更新提供人才支撑。新任职的春升校长认为复程小学教学质量不高的原因不仅是教师素质问题，还长期缺少竞争机制，从而导致教师的积极性不高，所以需要"换血"来激发学校的活力。为此采取了以下措施：一方面，鼓励部分教学能力较低的公办教师提前退休（主要是民办教师转为公办教师），并辞退部分教学能力较低的代课教师，为"换血"提供足够的空间；另一方面，调整教师结构，不仅从其他小学"引进"有经验的代课教师或民办教师担任学校主任，负责学校的教育教学工作，还鼓励在职教师积极参加各种培训活动、竞赛，提升业务能力。此外，还与文教办积极协调增加招聘新毕业师范生的名额，优化师资结构。到2001年（春升校长离职时），复程小学的民办教师通过继续教育经考核合格转正9人，但大部分年迈退休（或内退），仅有2人留任；代课教师辞退7人，引进4人（后期辞退2人，转正2人）；公办教师退休2人，新入职师范院校毕业生11人。春峰校长任职期间，特别重视提升教师的学历水平，鼓励教师接受继续教育。截止到2007年末（春峰校长离职时），复程小学共有教师23人，公办教师21人，代课教师2人，所有教师均通过教师资格认证，12人通过继续教育获得大学本科学历，基本上实现了师资队伍的更新调整。

1996年，C市积极响应国家号召，开始关注薄弱学校发展，并开启了B

---

[1] 国务院法制办公室.中华人民共和国法规汇编（1997-1998 第 13 卷）[M]. 2005：337.

区一类一级校的评估工作，年末对73所一类一级中小学进行评估验收，当年中心校就通过了验收进入一类一级校行列。这一阶段，复程小学换了两位校长——春升校长（1993—2001）与春峰校长（2001—2009），他们之前都是中心校的大队辅导员。1993年，春升校长来复程小学任职，当时南北两侧的教学楼基本上已是危房，春升校长积极向文教办、区教育局反映校舍情况。虽然C市开始关注薄弱学校的发展，但是并没有充足的经费支持，况且复程小学位置偏僻且教学质量较低，所以区教育局迟迟没有批准修建校舍的申请。随着学校办学质量的好转，直到2000年区教育局才批准修建校舍的申请，不过经费需要乡、村自筹，春升校长通过个人关系从某集团获得20万元资助（建设希望小学），其余经费由乡、村负责筹资，经过各方努力完成了北侧教学楼的重建，并对学校操场进行了修缮，改善了学校的办学条件。2001年，春峰校长来复程小学任职，主教学楼刚刚投入使用，旧三室（图书室、实验室、卫生室）已投入使用，但是新三室（网络室、语音室、电教室）的设备相当陈旧，主要是市内学校淘汰的旧设备。当时复程小学是全乡唯一一所没有进入一类一级校的小学。春峰校长为了完成进入一类一级校的目标，在乡政府、村委会的协调下在学校西侧筹建了400余平方米的多功能教室，更新学校取暖设备，完善学校办学条件。直到2003年，复程小学才通过一类一级校的评估验收，标志着B区所有小学全部步入一类一级校行列。

为贯彻落实《中国教育改革和发展纲要》和《中华人民共和国教师法》，全面提高教师素质和教育质量，积极推进干部、劳动人事制度和分配制度的改革，打破分配上的平均主义，形成干部能上能下、人员能进能出、工资多劳多得、优质优酬、充满活力、激励向上的运行机制，调动广大教职员工的积极性，提高教学质量和办学效益，促进教育事业的快速发展。1996年，C市颁布了《关于在城区部分学校实施内部管理体制改革方案及意见的通知》，分别从学校领导体制、管理体制、人事制度、分配制度四个方面对学校内部管理体制进行改革。1999年，再次颁布了《关于深化我市城区中小学校内部管理体制改革若干意见的通知》。2000年，在认真总结城区中小学内部管理体制改革和各县（市）农村学校改革试点经验的基础上，决定在全市农村学校全面实施内部管理体制改革，颁布了《关于在全市农村学校实施内部管理体制改革方案及意见的通知》。2001年，《关于基础教育改革的决定》分别从教育管理机制、教学改革、教师队伍、办学体制等方面对基础教育的发展进行了规范。该阶段，春升、春峰校长都特别重视学校教学质量的提升。为此采取了以下措施：在师资方面，在维持原有教师数量的基础上，通过辞退、引进、招聘等手段，实现了师资结构的调整。在教师专业发展方面，一是引进经验丰富的代课教师为学校主任，使其负责全校教育教学工作，以此带动学校教育教学质量的提升；二是学校领导经常组织教师进行备课、听课与评课，尤其注重对新入职教师的培养，希冀通过打造一节优质课，使其对教学中的各个环节进行把握，从而形成一种稳定的教学模式；三是积极鼓励教师参加文教办组织的各种活动、比赛，当时文教办组织的活动相对公平，并且校内还有相应的奖励措施，所以教师参与的积极性相当高。1996年末，复程小学获得了全乡三等奖，打破了学校从未获奖的局面，极大地提升了教师的自信心。在奖励制度方面，由于校长的人际关系较广，1998年，复程小学名下的校办工厂就有30多所，因而学校经费相当充足，设立了各种奖励制度，那时复程小学的奖励制度是全乡种类最多且金额最高的，极大地调动了教师工作的积极性。在教学质量方面，由于学校领导以学生成绩作为衡量教师教学水平的唯一标准，并与教师奖励挂钩，虽然素质教育以及新课程改革开展得如火如荼，刘寨村的小学也经常举行各种有关素质教育的考试、比赛，但仅限于形式而已，并没有对教育教学产生实质性的影响，大家依然采用应试教育的教学模式，因为它可以有效地提升学生成绩，从而获取的奖励。总之，经过实施"换血增活力"的措施，复程小学获得了极大的发展，即学校的教学质量稳步提升，逐步摆脱了全乡倒数第一的位置，极大的激发了教师工作的自信心，后期学校教学质量基本稳定在全乡小学的中下流位置。

（四）步入正轨（2007-2013）："涅槃似重生"

2007年，C市行政区域划分进行了局部调整，刘寨村被撤销，划入B区管辖。随之，刘寨村文教办解散，复程小学由B区教育局统一管理，标志着复程小学正式步入城市教育的发展轨道。自复程小学纳入B区教育局以来，复程小学发生了以下变化：一是在校长的任命上，过去的校长由文教办从中心校调过来的副校长或主任担任，基本上都是大队辅导员出身，并没有学科背景，现在的校长由区教育局从市内学校调过来的副校长担任，基本上都是主科教师出身，并且2至3年就会更换一次校长，每个校长都有一套自己的办学理念与想法，总感觉有些不接"地气"。虽然复程小学的教师对此满腹怨言，但是也会配合校长开展各项工作。在教育经费上，校办工厂被叫停，学校的根本任务是教书育人，校长的主要精力是办学，而不是社会应酬、筹措教育经费，所有的教育经费由国家统一调拨，这为学校发展提供了物质保障。二是在教师专业发展上，区教育局为促进教师专业发展组织了各种比赛、活动、讲座以及报告，比过去乡文教办组织的活动更加正规与频繁，学校内部并未采取针对性措施。随着校办工厂政策的废止，过去学校的各种奖励制度被迫废除，教师参与活动的积极性随之受挫。三是在生源上，一方面随着城市化的发展，本地居民逐步迁往市区，生源数量不断减少；另一方面随着本地生源的流失，外地生源的增多，2000年外地生源逐步增多，并且学校生源总体数量减少，取消了平行班，外地生源也逐步超过本地生源，再加上外来务工人员忙于生计，无暇顾及子女的教育，因而生源质量远不及市内学校。为解决生源问题，学校领导还专门组织教师去幼儿园、村民家里进行调研与家访，但是仍然无法遏制生源减少的趋势。四是在学校管理上，虽然学校各项制度与城市学校实现了对接，但是在实施过程中却受到教师的抵制，比如出勤制度，虽说迟到、早退、请假有明确的制度规定，但是教师们会编织出各种合理的"理由"不断打破制度的权威性，进而使其处于瘫痪状态；再如职称评定制度，过去的职称评定确实要对教师的思想觉悟、业务水平和职责能力等方面进行综合考核，现在却有一种"论资排辈"的趋向，年龄大、教龄长的优先，极大地挫伤了年轻教师工作的积极性。五是在教学质量上，由于地处城乡接合部，学生生源较差，教师教学技能普遍低于城市学校，再加上家庭教育的缺失，所以学校的教学质量一直处于B区的下游位置，复程小学教师的子女几乎没有在此就读，这就足以证明学校教师对其教学质量的不信任。六是在师资队伍上，2007年有1位公办教师退休，2位代课教师被辞退，3位通过社会招聘考试入职，教师数量稳定在23人左右，基本实现了师资结构的调整，教师队伍更加年轻化，但面临的主要问题是如何促进教师的专业发展，落实素质教育以及新课程改革的相关要求。为此区教育局与学校采取了诸多措施，但是并未改变教师应试教育的理念，依然采取"填鸭式""满堂灌"的教学方式。七是在教学手段上，区教育局统一配置了多媒体一体机，并由专门人员进行培训，大部分教师掌握了操作一体机的基本技能，这不仅减轻了教师的工作负担，还能灵活、客观、生动地进行讲授，提升教育教学的有效性，由于学校教师的能力有限，所以教师们很少亲自制作课件，一般采用教材附带的课件，课件中也存在部分教学情境与日常生活脱节的问题，在一定程度上影响了正常的教学安排。

2008年，国务院常务会议审议并通过《关于义务教育学校实施绩效工资的指导意见》，其中明确指出：从2009年1月1日起，在全国义务教育学校实施绩效工资（分为基础性和奖励性两部分）。基础性绩效工资主要体现地区经济发展水平、物价水平、岗位职责等因素，占绩效工资总量的70%，具体项目和标准由县级以上人民政府人事、财政、教育部门确定，一般按月发放。奖励性绩效工资主要体现在工作量和实际贡献等方面，在考核的基础上，由学校确定分配方式和办法。根据实际情况，在绩效工资中设立班主任津贴、岗位津贴、农村学校教师补贴、超课时津贴、教育教学成果奖励等项目[1]。绩效工资设立的目的在于激发教师工作的积极性，提升学校教育教学质量，但是在实施的过程中，却失去了它应有的价值与意义。起初，实行绩效工资的时候，区教育局由于经费紧张，并未按月发放，而在学期末全额补发到每个教师工资卡中，教师之间的绩效工资并没有明显差别，进而使教师产生了一种错误意识——绩效工资是工资的重要组成部分。此后，学校领导也有改变"大锅饭"的想法——落实奖励性绩效工资，却遭到部分教师的坚决反对而被迫取消，所以绩效工资在复程小学只是一种形式而已，并没有实现其应有的价值。

为落实《国家中长期教育改革和发展规划纲要》的精神，进一步加强教师培训，全面提高教师队伍素质，尤其是提升农村教师队伍的整体素质，推动义务教育的均衡发展。教育部、财政部决定从2010年起实施"中小学教师国家级培训计划"（以下简称"国培计划"）。随后，各个省份又相继制定了"省培计划"。"国培""省培"计划的实施，极大地开拓了教师的视野，提升了教师的业务能力，尤其对"什么是素质教育""为何开展素质教育"以及"如何开展素质教育"有了较为清晰的认知，并在一定程度上改变了教师的思想观念。但是"国培""省培"计划也存在一些问题，比如理论与实践脱节，大部分专家由大学教授或城市名师构成，他们对农村小学或城乡接合部的学校并不了解，他们的理念具有前瞻性，可是并不符合复程小学的实际需求，缺少必要的实施条件与路径。起初，教师们学习归来还会满怀

---

[1]　本书编委会 . 2017 中华人民共和国教育法律法规全书 [M]. 北京：中国法制出版社，2017：556-557.

信心地效仿实施，但在实施的过程中会遇到各种问题与困境，经过一段时间的尝试之后而放弃。后来，大家只是将其作为学习或休假的一种"福利"，与上级主管部门的预期目标相差甚远。

随着教育的发展，城乡之间、校际之间的差距越来越大，"择校"问题愈演愈烈，"择校"的主要驱动力是"择师"。2010年，教育部印发《关于贯彻落实科学发展观进一步推进义务教育均衡发展的意见》，其中明确指出"在实现义务教育均衡发展的过程中，应该坚持以提高教育质量、促进内涵发展为重点，逐步加强制度建设，依法建立和完善推进义务教育发展的有效机制，力争在2012年实现区域内义务教育的初步均衡，2020年实现区域内义务教育的基本均衡"[1]。因此，C市为实现义务教育的均衡发展在加大教育经费投入、改善基本办学条件的基础上，着手均衡区域内的师资配置，并将其作为提升薄弱学校教学质量以及实现区域内义务教育均衡发展的重要手段。自2010年起，C市城区中小学教师实施教师交流试点工作，即从义务教育阶段起始年级开始，在同一所学校工作满6年的教师，要分批在相应学区范围内进行交流，并将其作为评聘高级职称的硬性规定，力争实现"校校有名师、校校有骨干"，各校师资水平相对均衡的目标。教师交流制度的周期分为半年、一年、三年，主要交流对象是主科教师，复程小学一般都是抽调最好的主科教师去市内参加为期半年、一年、三年的交流工作，并与他们的老师共同备课、上课与研讨，确实学到了很多东西，开阔了眼界，有时还给我们分享一些优质教育资源供复程小学使用，不过他们很少派主课教师来复程小学，进而造成复程小学主科教师不足，影响其正常的教育教学秩序。

总之，复程小学自划入B区教育局管辖以来，区教育局给予了大力支持，在教学设备、学校设施等硬件资源方面基本实现了与市内学校的接轨；在教

---

[1]　教育部.关于贯彻落实科学发展观进一步推进义务教育均衡发展的意见[S].教基[2010]1号，2010-01-04.

师专业发展、教学理念以及学校制度等软件资源方面也取得了实质性进展，虽然学校教师及管理者在此过程中经历了"阵阵剧痛"，学校发展也经历了"涅槃似重生"的发展历程，但是复程小学仍然与市内学校存在较大差距，依旧处于B区教育系统的边陲位置，并且学校教师并未改变对复程小学的定位——农村小学。

（五）外强中干（2013—至今）："新瓶装旧酒"

为进一步贯彻落实《国家中长期教育改革和发展规划纲要（2010—2020年）》的相关要求，切实改变贫困地区义务教育的面貌，优化薄弱学校的基本办学条件，力促实现基本公共教育服务均等化，吹响了"全面改薄"的号角。之后，相继颁布了《关于全面改善贫困地区义务教育薄弱学校基本办学条件的意见》《关于制定全面改善贫困地区义务教育薄弱学校基本办学条件实施方案的通知》《关于印发全面改善贫困地区义务教育薄弱学校基本办学条件底线要求的通知》《关于编制全面改善贫困地区义务教育薄弱学校基本办学条件项目规划（2014—2018年）的通知》《农村义务教育薄弱学校改造补助资金管理办法》《全面改善贫困地区义务教育薄弱学校基本办学条件信息公开公示暂行办法》《关于进一步做好全面改善贫困地区义务教育薄弱学校基本办学条件有关工作的通知》等系列文件。

近年来，受"全面改薄"政策的影响，复程小学发生了翻天覆地的变化，尤其在学校硬件设备上，校舍得以维修，操场变为塑胶跑道，学校文化长廊得以修建，电教室设备逐步齐全，微机室也实现了更新换代，已完成了学校标准化建设，并且教师外出培训与交流的机会日益增多，教师的经济待遇及社会地位也得以显著提升。从外观来说，复程小学正往"小微校"的方向发展。随着学校硬件资源的完善，学校软件资源显得更加薄弱，主要体现在以下方面：一是在教学理念上，虽然素质教育以及新课程改革实施了多年，但是语数外主科课程的教师仍受应试教育思维的束缚，"满堂灌""一言堂"的教学模式屡见不鲜；科学课程缺少专业教师，虽然有科学实验室，但是教师能力有限，很少开展实验课，通常以观看视频的方式授课；品德与法治、传统文化等课程形同虚设，基本上被班主任或主课教师占用；音乐课也有专门的音乐、舞蹈教室，但是使用率低，基本处于闲置状态。二是在管理制度上，学校的各种规章制度与市内学校一样健全，只是没有严格执行、形同虚设。比如，在教案方面，为了减轻教师的工作负担，教师不再实行手写教案，而是采用二次复备的方式，由于缺少相应的奖惩措施，所以大部分教师在临近检查时从网上下载打印，在教学过程中并没有按照教案授课；在职称评定上，由于学校教师较少，年轻教师可以快速评上中级职称，但是在评高级职称时需要"论资排辈"，年龄大、教龄长的优先，在一定程度上挫伤了中年教师的工作积极性；在出勤方面，学校的出勤考核制度是唯一与绩效工资挂钩的，每一节课时费5元钱，一般教师私下调课不扣钱（这是制度所不允许的），只有出差才报给主管校长，每次迟到早退一小时之内按照5元钱扣除，但是并未执行落实，学校组织管理相对散漫。三是在学校活动上，由于复程小学处于城乡接合部，区教育局经常举办各种活动要求各个学校参加，可是复程小学师资较少，每次需要抽调2至3人参与其中，为此学校经常"闹人荒"，正常的教育教学秩序被打乱。再加上，学校经常组织各种活动，比如接待D大学留学生、国培（省培）人员参观以及准备上级部门的各种检查，虽然可以开拓教师、学生的视野，但是以破坏教育教学秩序为代价，有点本末倒置。四是在教师专业发展上，学校领导积极鼓励教师参加区教育局组织的各种比赛、活动，使其在参与比赛、活动的过程中能够提升自身素质，但是学校内部几乎没有组织过听课、评课活动。五是在教师科研上，科研作为职称评定的一项重要指标，通常做科研应该有经费支持，但是B区没有经费，申报课题还需要交钱，结项的时候也是从网上复制粘贴一下，再交钱进行结项，区教育局才给颁发结项证书，所以复程小学很少有教师认真做科研，如果不是为了评职称更不会去申请，在一定意义上来说科研成了职称晋升的工具。六是在教师文化上，由于学校师资少，缺少相应的奖惩机制，所以大家生活得相对安逸、散漫，并且学校内部也形成了不同的圈子文化，即主文化（以校长为首的青年教师）、亚文化（以老教师为主）与反文化（与校长、管理者相对抗的中年教师），三者之间相互推诿，极大地降低了学校管理效能，阻碍学校教育教学质量的提升及学校的健康快速发展。

为进一步缩小义务教育城乡、校际师资水平之间的差距，推动优秀师资的均衡配置，加快实现义务教育的均衡发展。2014年，教育部、财政部、人力资源和社会保障部印发了《关于推进县（区）域内义务教育学校校长教师交流轮岗的意见》，该文件对校长教师交流轮岗进行了明确规定，"校长教师交流轮岗的重点是推动优秀校长和骨干教师到农村学校、薄弱学校任职任教并发挥示范带动作用，并且把到农村学校、薄弱学校任教1年以上的工作经历作为申报评审高级职称和特级教师的必备条件"[1]。校长、教师交流轮岗制是对城区中小学教师交流试点政策的进一步深化。自2013年以来，复程小学先后换了三任校长。每届校长都有一套自己的办学理念与想法，对未来学校发展都有一定的规划，并为此付出了重要努力，极大地推动了学校的发展，但是他们是市内学校的"空降兵"，对农村教育缺少必要的认知，所以总是感觉他们的想法不接"地气"。起初，学校教师还积极配合校长开展各项工作，虽然学校没有奖励制度，但是校长把外出培训作为学校的"福利"，进而调动大家工作的积极性。由于频繁的更换校长，每个校长的办学理念不同，极大地增加了教师的工作负担，学校教师内部也逐渐滋生"事不关己，高高挂起"的消极情绪，极大地影响学校的办事效率。此外，在教师交流轮

---

[1] 教育部. 财政部. 人力资源和社会保障部. 关于推进县（区）域内义务教育学校校长教师交流轮岗的意见 [Z]. 2014-08-13.

岗方面，这一时期教师交流主要采取走教式，并给予一定的经费补贴，但是更加趋于形式化，一般都是由音乐、体育、书法、美术等副科教师进行交流，主科教师几乎不参与，去交流的时候由于彼此不熟悉，交流老师一般在完成教学任务之后便返校，没有过多的交流与学习，并未达到该政策的预期目标。其实该政策设计的初衷很好，不仅可以加强校际的交流与学习，缩小校际差距，还可以带动薄弱学校的快速发展，但是在执行过程中出现了偏差，并日益成为教师工作的负担。

为让每个乡村孩子都能接受公平而优质的教育，让更多的优秀人才到乡村学校任教，稳定乡村教师队伍，提升乡村教师素质的整体水平，促进城乡教育一体化的实现。2015年，国务院办公厅印发了《农村教师支持计划（2015—2020年）》，该文件从提高乡村教师思想政治素质、拓展乡村教师补充渠道、提高乡村教师生活待遇、统一城乡教职工编制标准等方面进行了部署[1]。近年来，在该政策的影响下，复程小学发生了以下变化：在师资上，学校通过社会公开招聘新进5位老师（1位公办教师，4位合同制教师，且均为本科学历），其中4位合同制教师由于编制的问题均有离职的想法；在教师培训上，"省培""国培"以及远程培训更多地采用网上授课的方式，虽然培训内容丰富多彩，可以有效地开拓教师的视野，提升教师的素质水平，但是更加趋于形式化，教师往往同时打开多个页面以修满学时为目标，课后作业由一人负责搜集整理供大家复制粘贴，无法达到预期目标；在教师待遇上，根据不同的职称每个月增加200至500元的农村教师补助，每年发放一次，只是针对教龄在10年以上的教师，由于复程小学处于城乡接合部，当时区教育局说其不享受该政策，后来经过复程小学教师的争取才享受该政策，所以他们觉得这是对农村教师的一种补偿，这让原本应该是可以激发教师工作积极

---

[1]　国务院办公厅.国务院办公厅关于印发乡村教师支持计划（2015—2020 年）的通知 [S]. 国办发 [2015] 43 号，2015-06-08.

性的事情，反而挫伤了他们的积极性。

受"全面改薄"政策的影响，复程小学发生了翻天覆地的变化，犹如"旧瓶装新酒"。具体来说，在硬件资源方面，学校校舍得以修缮，校园环境不断美化，教学设备实现更新换代，已实现学校标准化建设。在软件资源方面，虽然教师的整体素质水平与以往相比得以提升，但是在学校管理、思想观念、学校文化等方面并不能与其硬件资源相匹配，存在严重的文化堕距问题，整个学校暮气沉沉、老态龙钟、毫无活力，亟须整合复程小学的既有的资源、激活办学活力、提升其教育教学质量。随着城市化进程的加快，复程小学正面临着拆迁问题，周围村民已经搬离，学校附近也被拆迁，整个村落唯独复程小学屹立不倒，犹如世外桃源一般，但是学校生源急剧减少，校内教师仍然安于现状，毫无危机意识，复程小学正在城市化的洗礼中艰难求生。

二、复程小学发展变迁之反思

改革开放以来，中国基础教育步入健康发展的快车道，在此过程中我国基础教育学校出现差序格局的分化——少量优质校与大量薄弱校并存，复程小学作为中国基础教育中的一所极为普通的薄弱学校而存在，起初也怀有成为名校的梦想，伴随着教育政策的变迁以及城市化的影响，它试图摆脱薄弱学校的标签走向优质学校之列。但是，在激烈的教育变革、恶劣的办学条件、紧缺的教育经费、冰冷的政策制度以及低效的学校管理等面前，复程小学在此发展过程中的弱势不断积聚。诚如费尔南·布罗代尔所述，"今日世界的百分之九十是由过去造成的，人们只在一个极小的范围内摆动，还自以为是自由的、负责的[1]。"复程小学在政策的变迁下大致经历了末位徘徊、步

---

[1] 张芝联. 费尔南·布罗代尔的史学方法 [J]. 历史研究，1986（02）：30-40.

履维艰、初拾自信、步入正轨、外强中干的发展阶段，在此过程中不仅感受到了国家与社会的支持、努力付出获得自信的喜悦以及改善办学条件之后的欣慰，还有政策制度的执行偏差、痛苦体验之后的抵制与逃避等。一言以蔽之，复程小学在教育政策的持续变迁与学校行为主体持续性互动的过程中使其弱势不断积聚，并在其动态的发展过程中被贴上薄弱学校的标签。

（一）政策的变迁：复程小学发展的关键性事件

"关键性事件"指历史中的某个事件或情景，在一个人或一个组织的生命中、或在某些社会现象中标志着重大的转折点或变化[1]。虽然我们身边每时每刻都发生着不同的事件，但关键性事件是我们对事件意义阐释的基础上产生的。它既不独立于我们的意识之外，也不是有待于我们去发现的"未知物"，而是需要我们对其进行有意义的建构。学校发展中的关键性事件主要指发生在教育系统中，对学校的发展产生促进或阻碍作用，需要学校领导及教师对其做出重要决策，并在其意义阐释与建构的过程中凸显其重要性的事件。简而言之，学校发展中的关键性事件并不是指学校本身所发生的关键性事件，而是需要经过深入分析和意义建构之上的且对学校发展具有关键性意义的事件。研究者通过对春波教师、秋慧教师口述资料的分析，从中抽离出对复程小学发展具有深远影响的事件，并以此为线索按图索骥地再现复程小学沦为薄弱学校的动态过程，从而发掘结构与文化取径下薄弱学校的形成机制。

事件一：从改革开放后的重点学校政策到义务教育的均衡发展政策。改革开放以后，为满足"多出人才、快出人才、出好人才"的社会需求，教育主管部门实施了"重点与普及"相结合的教育政策。1978年，教育部制定《关于办好一批重点中小学的试行方案》，标志着"重点与普及"相结合的

[1]　大卫·特里.教学中的关键事件[M].邓妍妍，郑汉文，译.石家庄：河北人民出版社，2007：25-34.

教育政策正式实施。受该政策的影响，复程小学经过了一番努力，从屯子里迁往新校区，改善了基本办学条件，提高了教师工作的积极性。同时，全乡的优质教育资源逐渐往中心校集聚，从而造成中心校与其他小学校的差距日益扩大。早在1986年薄弱学校问题就已引起教育主管部门的关注。1993年《中国教育改革和发展纲要》就明确指出要加强薄弱学校假设，优化其办学条件。2006年，《义务教育法（新）》的颁布，明确从法律层面上废除重点学校政策。尽管国家从法律层面废除了重点学校政策，但是重点学校政策的后续影响并未戛然而止，而是以各种形式（尤其是符号资本）继续制约着我国义务教育的均衡发展。2011年，中国全面普及了城乡义务教育，从根本上解决了适龄儿童少年"有学上"的问题，但区域之间、城乡之间、校际之间在办学水平和教育质量等方面存在明显差距，人民群众不断增长的高质量教育需求与供给不足的矛盾依然突出。2012年9月，《国务院关于深入推进义务教育均衡发展的意见》指出，推进义务教育均衡发展，着力提升农村学校和薄弱学校办学水平，全面提高义务教育质量，努力实现所有适龄儿童少年"上好学"。在此政策的影响下，复程小学的校园环境不断美化，学校校舍得以修缮，教学设备得以更新，教师素质逐步提升，正往优质学校队列迈进。

事件二：从唯分是从的应试教育政策到全面发展的素质教育政策。1978年，正式恢复高考制度，并将此作为人才选拔、实现社会阶层流动的重要方式。受功利主义思想的影响，学校教育逐步沦为考试的"竞技场"，考什么教什么，不考的不教，评价上唯分数、唯升学率是从，并将考试成绩作为评价学生的唯一标准，考分排名是评价教师的重要标准，升学率是评价学校的根本指标。因此，人格养成、个性发展、社会关怀乃至音体美等无法考试的内容被架空虚置，从而背离了教育树人、育人的基本内涵。20世纪80年代，复程小学位置偏僻，办学条件较为恶劣，再加上教师素质整体水平偏低，复程小学的教学质量在全乡的统一评价中一直处于末端位置，进一步扩大了与中心校、市内学校的差距。自20世纪90年代以来，素质教育经历了酝酿尝试、实验推广、全面实施三个阶段，1997年国家教委发布了《关于当前积极推进中小学实施素质教育的若干意见》，标志着素质教育得以全面实施[1]。2001年，《关于基础教育改革的决定》再次对基础教育阶段素质教育的发展进行了部署。尽管素质教育推行了二十余年，并在学界掀起了有关应试教育与素质教育的三次论战——"钟王之争"[2]，至今有关素质教育与应试教育的争论尚未休止。在素质教育政策的影响下，20世纪末中心校与市内学校的硬件设备得以快速配备，并配有专业的任课教师，更加注重学生个性的发展以及素质的提升。近年来，复程小学的各种硬件设备才逐步配齐。若从硬件资源来说，复程小学才开始逐步落实素质教育的相关要求，但至今仍缺少专业的美术、科学等专业教师。尽管复程小学在落实素质教育的过程中还存在某些问题，但是与以往相比，复程小学的素质教育已取得了实质性进展。

事件三：从以乡镇为主的教育管理体制到以县统筹为主的教育管理体制。1978年7月，教育部修订并颁发了《全日制小学暂行工作条例（试行草案）》和《全日制中学暂行工作条例（试行草案）》，其中明确规定"全日制小学由县（市属区）教育行政部门统一领导和管理，社队办的小学，可以在县的统一领导下，由社队管理"[3]。1985年，《中共中央关于教育体制改革的决定》明确提出"基础教育应贯彻到地方负责、分级管理的原则"。1986年，《义务教育法》的颁布，从法律层面上赋予该管理体制以合法性。在以乡镇为主的教育管理体制下，复程小学的师资通过大队、乡文教办以及

---

[1]　康宁 . 试论素质教育的政策导向 [J]. 教育研究，1999（04）：31-40.

[2]　"钟王之争"是指 21 世纪初，以北京师范大学王策三教授为代表与华东师范大学钟启泉教授为代表的学者关于"知识观""课程改革方向""课程理论基础"等学术观点的论战。

[3]　熊明安，曾成平，黄培松，杨淑佳 . 教育学名词浅释 [M]. 西宁：青海人民出版社，1982：389.

区教育局以代课教师、民办教育的形式得以补充，校办工厂弥补了教育经费不足的问题，极大地调动了乡政府及社会力量办学的积极性，保证了学校的基本运转。此外，复程小学的校舍在乡、村政府的帮助下得以重建，并为完成"普九"工作做出了重要贡献。世纪之交，我国基本实现了义务教育的普及工作，但面临着严重的义务教育发展不均衡问题，区域、城乡、校际之间存在显著差异。2001年，国务院明确提出"在国务院领导下，由地方政府负责、分级管理、以县为主的体制，……县级人民政府对本地农村义务教育负有主要责任，要抓好中小学的规划、布局调整、建设和管理，统一发放教职工工资，负责中小学校长、教师的管理，指导学校教育教学工作[1]。"2006年，《义务教育法（新）》从法律层面上明确了"县级人民政府为主"的管理体制，并指出"国务院和县级以上地方人民政府应当合理配置教育资源，促进义务教育的均衡发展"。随着义务教育管理体制的调整，校办工厂政策被废除，教育经费由国家及地方财政部门统一划拨，学校重新回归到教书育人的根本任务上来，并且学校的各种硬件资源得以更新换代，民办教师逐步转为公办教师，代课教师退出历史舞台，教师培训日益增多，教师学历水平逐步提升，极大地提高了教师队伍的整体水平，激发了教师工作的积极性，城乡、校际之间的差距逐步缩小，为实现区域内义务教育的均衡发展做出了重要贡献。

事件四：从优化办学条件的片面改薄政策到新时代的全面改薄政策。1986年，国家教育委员会首次使用"薄弱学校"一词，即要求各地特别要注意采取有效措施搞好薄弱初中建设，使这些学校的校舍、办学经费、师资水平、教学设备等有较大程度的改善和提高[2]。起初，薄弱学校特指初中学校，

---

[1] 国务院.关于基础教育改革与发展的决定[J].人民教育，2001(07)：4-9.
[2] 国家教委.关于在普及初中的地方改革初中招生办法的通知[S].[86]教中002号,1986年3月.

后期这一概念的外延逐步扩大，小学也被纳入其中，但对小学的影响力极为有限，复程小学在办学条件上并没有明显改观，只是保证了学校的基本运转。1998年，教育部首次对"薄弱学校"一词给予了明确界定，即指在大中城市的一些中小学校中，或因办学条件相对较差，或因领导班子力量不强、师资队伍较弱以及生源等方面的原因，使得学校管理不良，教学质量较低，社会声誉不高，学生不愿去、家长信不过的学校[1]。随着教育管理体制的调整，教育主管部门制定并实施了一系列的薄弱学校改进政策，主要侧重于优化薄弱学校的办学条件，并且开始关注薄弱学校的师资问题，相继实施了民办教师转公办教师的政策、公办教师进修政策，以及职称评定政策等，在此背景下，复程小学的代课教师逐步退出历史舞台、民办教师转为公办教师，教师的学历水平得以提升，且均通过教师资格认证。2013年以来，教育部及相关部门在以"保基本、补短板、兜底线"为原则的基础上，着力改善薄弱学校的基本办学条件，缩小校际差距，推进义务教育的均衡发展[2]，吹响了"全面改薄"的历史性号角。2015年，国务院办公厅印发了《乡村教师支持计划（2015—2020年）》，旨在提高农村教师的整体素质水平以及农村教育的教学质量，推动城乡教育一体化的实现。近年来，复程小学在"全面改薄"政策的影响下发生了天翻地覆的变化，在硬件资源方面，学校校舍得以修缮，校园环境不断美化，教学设备实现更新；在软件资源方面，随着"国培""省培"计划的相继实施，学校教师外出交流与培训的机会逐步增多，学校教师的面貌也发生了巨大变化，教学质量也正逐步提升。

基于以上对复程小学发展关键性事件的叙述，展现出了复程小学发展的

---

[1]　教育部 . 教育部关于印发关于加强大中城市薄弱学校建设，办好义务教育阶段每一所学校的若干意见的通知 [S]. 教基〔1998〕13 号，1998-11-02.

[2]　教育部 . 教育部 国家发展改革委 财政部关于全面改善贫困地区义务教育薄弱学校基本办学条件的意见 [S]. 教基 [2013] 10 号，2013-12-31.

过程性特点。那么复程小学的行为主体何以利用自身及周围的规则与资源与学校发展相关联的？其中是否蕴藏着薄弱学校形成的动态机制？诸多类似问题将在后续章节中进行详细论述。

（二）弱势的积累：复程薄弱校形成的动态呈现

随着我国义务教育政策的变迁，它们对复程小学的发展产生了重要的影响，并从不同层面塑造着复程小学的实践样态与文化景观。上文通过对复程小学发展关键性事件的回顾，可以发现关键性事件不仅在促进复程小学发展的过程中产生了重要作用，同时，也使复程小学的弱势不断积累，并使其沦为薄弱学校之列的动态过程得以呈现。

呈现一：受"普及与重点"相结合教育政策的影响，虽然复程小学建立了新校区，改善了基本办学条件，但是在师资水平、生源质量、教学设备以及学校管理等方面均与中心校存在较大差距，并且随着重点学校政策的深入推进，进一步加剧了复程小学与中心校的"马太效应"。具体来说，在教学质量上，复程小学长期徘徊在全乡的末端位置；在生源上，无论生源质量还是生源数量均与中心校存在较大差距，且本校的优质生源不断外流；在师资水平上，教师的学历水平以及教学能力普遍低下，教师自信心不足；在学校文化上，复程小学暮气沉沉，老态龙钟，课程实施存在诸多问题，尤其是小科课程流于形式；教师安于现状、不思进取、职业倦怠问题突出；学生消极无为、自信心不足。随着义务教育均衡发展政策的实施，复程小学的硬件资源发生了天翻地覆的变化，教师的整体素质水平不断提升，学校的各项管理制度逐步健全。尽管学校各个方面与以往相比有所改善，但由于位置偏僻，生源质量较差，学校内部缺少必要的竞争机制，所以复程小学的教学质量不高、管理松散，教师散漫，与市内学校相比存在明显差距。

呈现二：20世纪七八十年代，复程小学不仅面临办学条件恶劣、教育经费不足、教师素质整体偏低的困境，而且学校办学定位低下，即在不给国家制造文盲的基础上，简单地进行读写算，进而导致复程小学的教学质量在应试教育的背景下长期处于全乡教育系统的边陲位置，教师自信心普遍不足，职业倦怠问题突出，从而使复程小学逐步陷入薄弱学校的"泥潭"。20世纪末，虽然国家全面启动并实施了素质教育改革，但是由于复程小学地理位置偏僻、教师综合素质较低，教学理念落后，再加上素质教育教学设备不足，缺少专业的任课教师，进而导致复程小学出现"素质教育轰轰烈烈，应试教育扎扎实实"的现象。近年来，由于复程小学被划入B区，学校各种教学设备逐步齐全，但是仍然缺少专业的任课教师，比如科学、书法、美术等小科由班主任任教，这与中心校、市内学校相比有较大差距，并且"一言堂""填鸭式"的教学模式依旧盛行，因而，复程小学的素质教育有待进一步落实。此外，素质教育的推行并不等于忽视教学质量，而是改变过去片面追求分数的局面，当前复程小学开展活动极为频繁，并且把教学置于活动之后，这不仅干扰了正常的教育教学秩序，还严重影响着学校教育教学质量的提高，更制约着学校社会声誉的提升。

呈现三：在乡镇为主的教育管理体制下，虽然复程小学的学校校舍得以重建，师资队伍得以补充，维持了复程小学的基本运转，摆脱了被撤并的命运。但是复程小学仍然面临着教育经费不足的问题，校长为筹措教育经费忙于应酬（校办工厂），忽视了学校的管理工作，并且学校师资队伍以民办教师和代课教师为主，教师的整体素质水平低下，与中心校以及市内学校存在着明显差距，从而导致复程小学在全乡统一教育评价中长期处于末端位置，极大地降低了教师工作的积极性和自信心。此外，复程小学的一位代课教师由于师德问题被捕，对学校声誉造成了恶劣影响，进一步加剧了生源的流失。步入21世纪以来，随着教育管理体制的调整，复程小学的各种硬件设备得以更新换代，但是存在严重的教育资源闲置问题，如图书馆、音乐教室、舞蹈室、实验室等仅在上级部门检查时开放使用，平时几乎处于关闭状态。与以往相比区教育局组织的各种活动、比赛等明显增多，教师精力更多地用于迎检、准备材料，而忽视了教师的本职工作——教书育人。此外，受校长、教师交流轮岗政策的影响，学校校长频繁更换，教师疲于配合、怨言四起，学校内部逐步分化、圈子文化得以形成，极大地影响学校管理效能的提升。总而言之，当前复程小学的教师安于现状、不思进取、职业倦怠问题突出，整个学校暮气沉沉、老态龙钟，因此导致复程小学的教育教学质量与市内学校存在明显差距。

呈现四：20世纪70年代和80年代，复程小学由于地处偏僻，交通不便，当地经济落后，校办工厂较少，学校经费不足，复程小学的办学条件极为恶劣，"晴天一身灰，雨天一身泥"是其真实写照。自20世纪80年代以来，受国家薄弱学校改进政策的影响，其硬件资源有所改善，但复程小学的总体办学水平与中心校、市内学校的差距相当明显。21世纪初，政府为改善薄弱学校的办学条件不断加大对薄弱学校的投入力度，并开始关注薄弱学校的师资问题。近年来，复程小学的硬件资源逐步齐全，教师的整体素质水平与以往相比得以提升，但是仍然有较大的提升空间，比如"国培""省培"计划以及远程培训等，复程小学的教师将其视为一种负担，并没有认真对待；校长交流轮岗引起他们的极大不满，并滋生了圈子文化，导致学校管理低效；职称评定论资排辈，教师工作积极性严重不足；绩效工资形同虚设，极大地挫伤教师工作的积极性等。总之，当前复程小学在学校管理、思想观念、学校文化、教学质量等方面与其硬件资源并不匹配，整个校园暮气沉沉、老态龙钟，存在严重的文化堕距问题，亟须进一步整合复程小学的既有办学资源、激活办学活力。

通过以上对复程小学发展史的回顾，研究者得出以下启示：一是，薄弱学校的形成机制是在教育结构性环境持续变化的动态过程中使其弱势不断积累的产物，它并不是一个简单的结果呈现，所谓的结果不过是其动态发展过程中的一个事件或镜像，当前学界对薄弱学校的界定依旧是对其结果的客观化表述，其实薄弱学校的形成机制是学校行为主体与结构性环境持续互动的产物；二是，复程小学的行为主体在面对结构的制约、文化的辖制时，并不是作为"傀儡"而存在，而是积极地利用自身的资源和规则应对结构的制约性与文化的辖制性，并在此过程中彰显学校行为主体的能动性。因此，本章结合国家以及C市基础教育相关的政策文本，以春波教师对复程小学发展的口述资料为主、秋慧教师的口述资料为辅，再现复程小学发展的动态过程，并对影响复程小学发展的关键性事件进行梳理，从中探寻结构与文化取径下薄弱学校形成机制的历史线索。不过，在此过程中所呈现出的关键性事件不仅被复程小学的其他行为主体反复提及，还对中国地处贫困地区以及城乡接合部的薄弱学校而言同样具有一定的普适性与解释力。

三、小结

本章结合新中国成立以来我国基础教育的政策文本以及C市与基础教育相关的政策、措施，以一位70岁高龄春波教师的口述资料为主，以秋慧教师的口述资料为辅，采用叙事的方式动态地再现了复程小学的发展变迁历程，即末位徘徊、步履维艰、初拾自信、步入正轨、外强中干，希冀带领读者重返复程薄弱校形成的历史现场，从而在宏观视野与微观行动中再现复程薄弱学校的形成过程。在此基础上分别从横时态与纵时态两个维度对复程小学发展变迁过程中的关键性事件进行梳理，从中挖掘结构与文化取径下薄弱学校形成机制的历史线索，从而为结构与文化取径下薄弱学校形成机制的解释以及整合性阐释框架的建构奠定基础。

第三章　结构中的能动

上一章通过复程小学春波、秋慧教师的日常叙事，展现了一幅薄弱学校形成的动态过程，且呈现了结构与文化取径下薄弱学校互动交融的形成机制。在此基础上，本章将对复程薄弱校的实践样态进行呈现，并在此基础上运用吉登斯的"结构化理论"（又称社会行动理论）来审视薄弱学校行为主体是如何与结构进行互动交融的，从而实现结构取径下薄弱学校形成机制的理论阐释。

一、结构取径下薄弱学校的实践样态

本书以全面、客观、系统且合乎理性地揭示结构取径下薄弱学校的形成机制，研究者对复程小学的实践样态进行了全面考察，进而发现复程小学的实践呈现以下样态：横——对结构的冲击、钻——对制度的突破、行动——对机会的渴望。研究者为更加客观、生动地呈现复程小学的实践样态与学校行为主体之间的关系，从中挖掘薄弱学校实践样态背后的深层根源，从而为结构取径下薄弱学校形成机制的阐释奠定基础，借助Nvivo 12.0 PULS软件的"查询"功能生成了"复程小学实践样态各子节点的资料来源图"（见图3-1）。

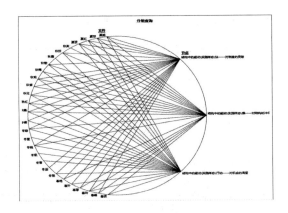

图3-1 结构取径下复程小学实践样态中各子节点的资料来源图

（一）横——对结构的冲击

"横"在现代汉语中具有"蛮横""专横跋扈""横行霸道"之意[1]，在东北方言中具有使用暴力或不正当手段使人妥协满足个人利益之蕴。对于薄弱学校的教师而言，他们的教学技能及业务能力不足，信息渠道相对闭塞，自我认知偏低，主动改变现状的动力不足。基于宿命主义的心态，他们在面对无法改变的结构性环境面前采取"横"的行动策略，并在对结构冲击的基础上满足自身的利益诉求。

20世纪80年代初期，咱们学校还没有厕所，一般都是自己找"地方"解决。我曾多次向文教办、村委会反映该情况，但由于经费紧张，一直没有给修建。后来，把我惹急了，我就去村委会找村主任了，当时村主任也只是许诺给修建，不过我说话比较"硬"，如果再不给修建，我就组织学生去村委会的厕所（位于学校附近）。之后，村里并没有马上给修建，我们就组织一个班级去村委会上厕所，就这样修厕所的事情马上就给解决了。

——I-H-春波

---

[1] 杨兴发，王发国，等.汉语熟语词典[M].成都：四川辞书出版社，2005：251.

学校并没有严格执行绩效工资，因为最初绩效工资是直接发给老师的，我们都认为绩效工资是自己工资的一部分。如果管理者想打破既有规则严格实行绩效工资的话，那么咱们大多数老师都会跟管理者"干仗"，只会激发学校内部的矛盾，根本不可能实施。

——I-D-夏波

咱们学校的校长更换太频繁了，每个校长在这任职也就二三年的时间，并且每届校长都有一套自己的办学理念，起初咱们学校教师还积极配合校长的各项工作，后来教师也疲于应对。但是校长交流政策是上面要求实施的，我们也没有办法改变上面的决定，可是我们可以选择不执行或者象征性地执行，反正现在都是正式编制，也不可能被辞退，并且咱们学校也没有相应的奖惩制度。

——I-T-秋峰

20世纪80年代，复程小学春波校长为了给学校建设厕所，在通过正规渠道反馈无效的前提下，最终通过一些非常规手段而快速对学校厕所进行了修建，从而实现了预期目标。此外，由于复程小学的校长更换过于频繁，历届校长为了促进复程小学的发展而采取了不同的措施，但是学校教师并没有全力配合管理者的工作，而是采取不执行或象征性执行的行动策略，并以"正式编制不能辞退"或"没有实行绩效工资"为由抵制管理者的工作，并在此过程中延续传统的行动惯性与经验。虽然复程小学并没有改变绩效工资的想法，但是学校教师已经准备好用"干仗"来进行应对与抵制。由此观之，学校管理者在面对教师"反制"时，为了维护学校的和谐与稳定而采取了息事宁人的行动策略，从而使"会哭的孩子有奶吃"成为部分教师的行动逻辑，并成为提升学校管理效能的影响因素之一。

关于"农补"的讨论

"农补"是对咱们过去工作的一种鼓励与认可，在一定程度上可以激发教师工作的积极性。不过这是我们自己去教育局争取过来的，咱们不是无

112

理取闹，事实在这摆着，咱们就是农村小学，你有"农补"，为啥不给我们？教育局的说法是"条件好了，全区没有农村小学了，咱们顶多是城乡接合部"，可是咱们学校一直享受农村待遇，学生课本减免，并且学校位置偏僻，无论生源、办学条件、师资等方面均与城市学校存在较大差距。后来，教育局妥协了。不过，最近又听说马上要取消了，我觉得到时候咱们教师可能还会继续去找。

——I-T-秋花

"农补"是我们教师努力争取的结果。起初，B区教育局以我们不是农村学校为由拒绝发放"农补"，我们给校长反映了情况，校长没有办法，也不同意我们去找。后来，我们教师又私下去找教育局，最终结果是工作十年以上的教师享受"农补"政策。

——I-T-秋英

我希望这个政策一直实行下去，之前都是一年一次性发放，但是今年的还迟迟没有发，前段时间又填了从教十年的登记表，据说这是要取消"农补"的前奏。我就不明白了，为什么我儿子在三环以内的学校上学，他们老师就一直享受"农补"，并且是按月发放，咱们学校比他们学校还偏僻，在四环之外却不是农村小学。这怎么说得过呢，肯定让我们心里不平衡啊。

——I-D-夏红

其实，"农补"这个事情，我并不认同咱们学校教师的做法，当时他们给我反映了一些具体情况，不过我觉得咱们学校自2007年就划入B区管辖了，这就意味着咱们不是农村小学校了，教育局给的说法是合理的。可是咱们学校教师并没有听从我的劝阻，后来去找了，结果是从教10年以上的享受"农补"，但是这对咱们学校影响不好，不仅领导批评了我，还取消了咱们学校当年评先进的资格。

——I-D-春琴

复程小学的教师为了享受"农补"自发组织起来去教育局表达自己的想法与诉求，最终教育局选择妥协。其实，复程小学在2007年就被纳入B区管辖，所以B区教育局的说法也有一定的合理性，但是复程小学的教师利用"横"的行动策略质疑"农补"政策，向主管部门提出诉求，从而满足个人的利益。虽然这种做法满足了教师的利益诉求，但也取消了当年学校参评先进的资格，对复程小学的发展带来了严重的负面影响。

从表面上来说，复程小学貌似突破了结构的束缚，实际上恰好是为了维护结构的稳定而满足其利益诉求，取消其当年的评优资格即是明证。一言以蔽之，复程小学对结构的冲击和主管部门对固有结构的维护是其背后的行动逻辑。

（二）钻——对制度的突破

当前中国教育改革正处于攻坚期、深水区，学校教育的转型不仅意味着育人理念的转变、教学模式的变革、评价制度的转换等，可能还会出现制度建设的滞后与执行不力的情况，这不仅为部分教师的行动提供了可"钻"之机，还侵蚀了学校正规制度的实施效果，从而阻碍学校的快速发展。

咱们学校的教案制度大致经历了"手写教案—扉页—电子教案—二次复备"的变革历程。2010年之前，校长几乎每月都要对教案进行检查。近年来，为了减轻教师工作负担，领导对教案的要求也没有之前那么严格了。现在基本上是每学期末由教学主任检查一次，咱们老师一般在学期前或学期末在网上下载一个电子教案打印上交，极少数教师进行二次复备，学校也没有什么奖惩措施，大家都在一起工作那么多年了，教学主任最后都给考核合格。总之，感觉咱们学校越来越不重视教案了，所以大家也越来越不认真对待了。说实在的，现在的教案就是为了应付检查而已，平时也基本上不按照教案上课，主要参考教辅资料。

——I-T-秋慧

学校好像按照上级要求制定了一套职称评定制度，具体怎么规定的我还真的不是很清楚，因为咱们学校主要按照教龄进行职称晋升，如果下一个轮到你晋升了，你在晋升之前查阅相关文件，把上级规定的"硬指标"达标，比如科研证书、荣誉证书等。如果你有哪项指标不达标的话，你可以向领导寻求帮助，他们也会在你评职称之前让你各项指标都达标的。比如，过去秋慧教师在职称晋升的时候，由于缺少一个荣誉证书，校长就帮助她补了一张证书，帮助她顺利地完成了职称晋升。

——I-T-秋红

我负责咱们学校的人事、会计工作，几乎每周都需要去教育局或银行办理业务。咱们学校太小了，一直没有实行签到制，只是外出请假需要扣钱，所以每次我都以各种工作的名义外出，再说校长也不知道我去做什么了。尽管我经常外出，但是我在出勤上从来没有什么问题。这学期咱们学校开始实行刷脸或按指纹签到了，不过实行的第一天，咱们学校教师就在网上查到了破解方法，一周之后该制度就不再实施了。

——I-T-秋花

现在B区教育局要求，"在职教师每年需要完成不低于72学时的继续教育远程培训的学习任务"。可是，咱们学校教师基本没有人坐到那里认真学习，通常是同时打开多个页面挂学时，作业部分也是有一人负责整理答案，然后传到群里分享给大家。尽管上面要求认真学习，可是他们又没有摄像头进行实时监控，这么多年大家也都是这么做的，从未出现过不及格的问题。

——I-T-秋欣

复程小学的各项制度基本健全，但是存在执行不力的问题，在此过程中教师也养成了"钻"制度空子的行动惯性。具体来说，一是在教案考核上，由于实行"二次复备"的教案模式，无论教师的教案好与差，学校管理者都评定为合格，从未出现过不合格的情况，学校教师看到了该制度的"空子"，从而使教案成为应付上级检查的材料，逐步偏离了其存在的价值与意义；二是在职称评定上，由于实行论资排辈的职称晋升制度，学校教师通过"计算"，可以提前预知自己何时职称晋升，并在晋升前期做好各项准备工作以达到晋升要求；三是，在出勤制度上，秋花教师由于担任学校会计、人事工作，常常以工作的名义外出请假，并未在出勤上出现过任何问题，在实行刷脸或按指纹签到制度以后，学校教师及时对其进行破解，快速找到该制度的"空子"，使该制度在实行一周后趋于形式被迫废除；四是在远程教育上，由于缺少必要的监控措施，学校教师采取同时打开多个页面修学时、集中完成并相互抄作业的策略，使远程教育失去应有的价值与意义。总而言之，复程小学的教师以一种特殊的行动方式使其成为事件的主导者，并在各种制度之间来回穿梭，更加倾向于采用不合理的方式争取或维护个体利益，在此过程中又滋生并扩大了学校亚文化的影响力，进而形成指引教师行动的行动惯性与实践文本，从而对学校主流文化产生冲突，不断侵蚀学校正规制度的运行，制约着复程小学的发展与变革。

综上所述，对复程小学的教师而言，他们面临的不仅是学校物质资本的匮乏，还面临精神资本和文化资本不足的束缚，他们为了保障其本体性安全，在薄弱学校的场域中创造了一种生存亚文化以应对学校的各种事件。一言以蔽之，对复程小学的教师而言，"钻"空子不仅意味着制度本身有空子"可钻"，还滋生并扩大了学校教师亚文化的影响力，并对教师的行动产生影响，从而形成了复程小学行为主体的实践文本，不断侵蚀学校正规制度的运作。正如美国社会学家斯科特所述，"生存伦理"是以生存和安全为核心的，为了规避风险而不去追求利益最大化，其'生存理性'表现为'安全第一'的生存原则[1]。"所以说，"钻空子"的行动策略与斯科特的"生存伦

[1] 詹姆斯·斯科特.农民的道义经济学：东南亚的反叛与生存 [M].程立显，刘建，等，译.南京：译林出版社，2001：14.

理"在此实现了对接,它不仅为深入理解薄弱学校行为主体的行动策略提供了分析视角,还为当前薄弱学校改进政策及措施实施效果不佳的原因提供了有力解释。

(三)行动——对机会的渴望

复程小学的教师并非在学校生活中都选择"横""钻"的行动策略,仍有部分教师不仅作为"循规者"积极响应学校号召,落实学校管理者的各种安排,还通过自身的积极行动来改变学校现状,如制订自我专业发展规划、积极寻求各种资源提升自身业务能力等方式为学校教育教学质量以及学校声誉的提升积极贡献自身力量。此外,个别教师积极联络社会资源,即参与名师工作室、通过聆听名师以及专家的讲座来提升个人的业务能力,希冀在促成自身改变及能力提升的基础上推动学校的发展与变革,并在此过程中不断提升学校的影响力与社会声誉,希冀使复程小学摆脱薄弱学校的标签,逐步步入优质学校之列。

我是本科班级里第一个考上正式编制的,当时非常地兴奋与自豪。我的家人也为我感到骄傲。可是,当我来到咱们学校报到以后,我竟然不敢相信我会在这样一个偏僻、破旧的农村小学工作。当时我真的很想离职,但是我没有那个勇气,毕竟是一份正式工作,也不敢跟家人说怕他们担心,所以经常一个人偷偷地哭泣。那时学校管理者对我们要求不是很严格,也没有组织教师对我们听课、指导,可是我对自己有一个明确的职业规划——未来要成为骨干教师或J省名师。所以,我经常去听老教师的课,慢慢地形成了自己的教学风格。近年来,国家政策对农村小学校有所倾斜,所以我们参加培训和外出学习的机会逐渐增多。不过说真的,上天是公平的,尽管我的成长之路充满波折,但是我觉得是值得的,因为去年我顺利通过J省骨干教师考试,完成了我职业生涯中的第一个目标,现在正往J省名师的目标迈进。为了实现该目标，我已经加入了××名师工作室，并以工作室的名义参与各种活动、比赛，希望从中结识更多的名师、学习宝贵的经验、积累更多的资源等，不仅为我的名师之路奠基，还希望提升咱们学校的知名度。可是，现在我已经结婚且有两个孩子了，总感觉有点力不从心，我也很纠结，不知道如何在家庭与职业之间如何进行平衡。

——I-T-冬婷

虽然冬婷教师看到了复程小学的部分教师通过"横""钻"等非正常手段满足个体的利益与诉求，但是她并没有采取同样的策略，而是通过自身的积极行动去改变不利的处境，即对自身发展具有明确的专业规划——希望成为"骨干教师或J省名师"。在访谈中，她不仅表达了未来的职业目标，还将其付诸实施，现已加入××名师工作室，但由于家庭的原因使其陷入矛盾之中。尽管如此，我们至少可以看到她为了改变自身处境以及学校现状而做出的积极努力。虽然该过程充满了艰辛，但是她经过不懈努力已成为骨干教师，正往J省名师的发展目标迈进。换而言之，她通过自身的不懈努力不仅改变了自身处境，还对复程小学的教师以及学校发展来说具有重要意义——她在工作过程中所表现出来积极改变现状、对自身以及学校发展权利的争取，这恰好揭示了一个深层的教育结构问题，即在学校教育系统中，薄弱学校是长期缺席的，其发展权利处于被剥夺状态。尽管他们被各种客观条件所束缚，取得成功的机会不大，但是薄弱学校里确实有一部分教师通过自身的努力改变了自身的处境，提升了学校的知名度，促进了学校的发展与变革。

我是去年通过参加B区教师招聘考试进来的，可是没有正式编制，只是属于合同制。入职以来，我只去市内学校参加过一次培训，其余时间都在学校，与我一起进来的几位老师她们经常出去开会、学习。虽然我是合同工，可是我在工作中的表现比他们正式教师还要积极、主动，我只想多出去参加一些培训或学习，开阔自己的视野，却没有给予我这样的机会，所以我正在

118

准备教师编制考试，希望考进一所"大校"，毕竟他们的机会更多。

——I-T-冬锐

我18岁参加工作，到现在已经工作20年了，可是从来没有派我出去学习过。之前领导开会说，按照教龄分配，新来的教师两年内不会让他们出去。可是，在实际操作过程中却作为一种福利措施进行分配。前段时间，学校领导让一位刚入职不久的教师出去学习一周，所以我非常生气，不仅与管理者通过微信、电话进行沟通以表达不满情绪，还打算去教育局反映情况，后来也就不了了之了。从此之后，我开始变得消极，不仅以身体为由从数学教师转为科学教师，还经常请病假、事假。现在我与领导的关系非常不好，只是"面子"上还过得去。

——I-T-秋峰

通过以上两位教师的叙述可知，复程小学由于优质教育资源的紧缺而导致教师之间对机会的激烈争夺，并激发了教师与管理者之间的矛盾。具体来说，冬锐教师由于外出培训机会少而准备编制考试，打算进入"大校"工作，使复程小学出现潜在的师资流失问题；秋峰教师由于从未被派出去学习而变得消极，并逐步走向管理者的对立面（后来与春玲校长沟通得知，秋峰教师只是想利用外出培训的机会出去旅游而已）。一言以蔽之，对于复程小学的教师而言，由于他们处于B区学校系统的最底层，各种优质资源基本被排斥在外，为了维持教育结构的稳定给予其极少数外出学习或培训的机会，校长为激发教师工作的积极性将其作为一种福利待遇来分配也有其合理性，但也引发了学校教师之间的矛盾，造成彼此之间缺少必要的信任。不过这也折射出复程小学的教师对机会的渴望和追求。在结构的重压下，复程小学的教师为争夺稀缺的优质教育资源而不断诱发出矛盾与冲突，并形成了不同的利益群体与圈子文化（在后文进行论述）。由此可见，复程小学的教师在寻求优质教育资源或机会的征程中充满着艰辛与坎坷。

二、结构取径下薄弱学校的形成机制

从吉登斯的结构化理论来分析薄弱学校的形成问题，薄弱学校并不是一个"预先设定"的客观存在，而是长期政策预期之外的产物。薄弱学校的行为主体在其场域中进行着无数的实践活动，他们并不是作为一个"傀儡"而存在，而是一个积极的能动者，他们在薄弱学校的场域中运用自身的规则、资源与教育系统进行着持续性互动，这种互动的实践结果直接与学校的发展密切相关。因此，薄弱学校的行为主体在进行反思性监控的基础上不断调整自身的行动方式，从而在此过程中获得本体性安全。一言以蔽之，薄弱学校在结构的制约性与使动性相互博弈的过程中所形成的实践文本与例行化的行动使其弱势不断积累，从而导致薄弱学校的产生，显然这种结果是预期之外的产物，与政策的初衷与设想并不相符（见图3-2）。正如威利斯所言："社会行动者并不是意识形态的被动承载者，而是积极的占有者，只有通过斗争、竞争以及对那些结构的部分洞察，才能将现存的结构生产出来"[1]。

---

[1]　Willis, Paul 1977, Learning to Labor: How Working Class Kids Get Working Class Work. New York: Columbia University Press (Morningside Edition 1981): 175.

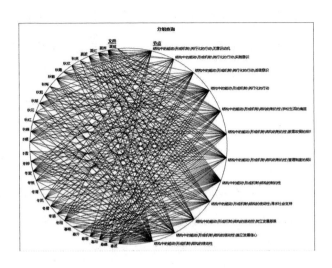

图3-2 结构取径下复程小学形成机制中各子节点的资料来源图

（一）结构的制约性

薄弱学校的形成并不是静态的、一蹴而就的，而是一个动态的、多元的、长期的积累过程，即结构的制约性与使动性在具体场域中所进行的相互博弈，并在此过程中使其弱势不断积累。结构的制约性是在结构性环境或学校真实场域中的单个或多个因素对学校行为主体以及学校发展具有阻碍作用。就薄弱学校的形成机制而言，薄弱学校所面对的结构性环境本身就是动态的、多元的，学校行为主体在结构性环境中通过运用自身的权威性资源、配置性资源以及解释性规则进行实践，在此过程中所形成的经验、行动惯性及实践文本又对其行动进行指引与规范，但也使学校的弱势得以积累，从而导致薄弱学校的产生。具体来说，对复程小学的教师而言，其结构的制约性主要体现在以下方面：教育政策的排斥、管理制度的规训和学校生活的痛楚。

1. 教育政策的排斥

改革开放以后，我国政府在"多出人才、快出人才、出好人才"理念的指导下，颁布并实施了重点学校政策。该政策的初衷主要在城市实施，不过在落实的过程中出现了泛化，农村地区也纷纷效仿，即集中力量办好中心校，从而导致农村小学校与中心校的分化。当时，咱们学校与中心校存在较大差距，主要表现在以下方面：在教师方面，中心校大部分是正规师范院校毕业的教师，部分民办教师也是从咱们乡的各个村小调过去的经验丰富的教师；咱们学校的教师只有二三人是正规师范院校毕业的，大部分是民办教师或代课教师，教师整体素质并水平不高。在生源方面，中心校的生源在全乡范围内进行选拔，全乡大部分优质生源集中于此；咱们学校的生源基本上都是本地生源，由于经济条件较差，家长并不重视教育。在教育经费方面，虽然当时由村委会、乡政府共同出资，并且可以通过校办企业、勤工俭学来筹措。但中心校地理位置较好，校办工厂多，经费相对充足；咱们学校由于校办工厂少，村里经济落后，所以经费不足，有时连买粉笔的钱都没有。在办学条件方面，中心校集中了全乡所有的优质教育资源，比如取暖设备，他们那时已经是烧煤集体供暖，咱们学校还是"烧豆根"，几乎每天早上第一节课都无法上课。所以导致咱们学校的教学质量根本无法与中心校的相比。后来，随着重点学校政策的废除，国家相继实施了普及九年义务教育政策、薄弱学校改进政策，以及"全面改薄政策"。当前，咱们学校与中心校在硬件资源方面相差不大，但是在别的方面仍有较大差距，尤其在师资、生源方面。

——I-T-冬堂

1985—2001年之间，咱们区实行的是"分级分口办学"的教育管理机制，即全区小学四级办：区办实验小学、乡（镇）办中心小学、村办村立小学、屯办教学点。当时咱们村以农业为主，经济在全乡处于末端位置，所以咱们学校的办学经费极为不足。为了筹措办学经费，校长忙于应酬，争取更多的校办工厂"挂靠"在学校名下，无暇顾及学校管理，教师迟到早退的现象也是司空见惯，组织纪律散漫、工作积极性不高，所以当时咱们学校的教学质量一直处于全乡的末端位置。此外，文教办负责统筹全乡的教育教学工作，经常组织一些促进教师专业发展的比赛、活动，由于比赛本身存在的问题，咱们学校教师几乎从未获奖，严重挫伤学校教师参与的积极性、降低了教师的自信心。后来，都是校长指定教师参与其中，没有人愿意参加。2000年以后，随着教育管理机制的调整，校办工厂政策的废除，校长开始关注学校的发展，着力抓学校管理工作。与以往相比，无论是教师素质，还是教学质量都取得较大改善，但是教师们已经习惯了散漫的工作状态，总感觉校长管得太多，也难免出现不适应性问题，时常出现教师与校长"干仗"的现象。2007年以后，咱们学校由B区教育局直接管辖，学校各项工作逐步与市内学校接轨，办学条件、外出培训的机会更多了，但是也感觉教师更忙了，经常需要准备迎检材料，有时正常的教育教学秩序被打乱，虽然我们不愿意，私下也就和几个关系好的同事发发牢骚，但是也不能不配合学校的工作啊！

——I-T-冬君

虽然咱们学校是农村小学校，但是与市内学校、中心校在评价标准上却是一致的。过去咱们乡每学期至少举行两次统考，全乡所有小学校都在同一时间考试、集中到中心校批卷，考试结果代表学校成绩进行统一排名。咱们学校的成绩一直处于全乡的末端位置，每次排名出来以后，不仅学校教师的情绪低落，甚至还降低了咱们学校的社会声誉，从而影响上级部门对咱们学校教育资源的配置。直到20世纪90年代末，随着素质教育的实施，咱们乡不再组织统一考试及排名，取而代之的是各种特长比赛。由于咱们学校位置偏僻，家长的教育意识淡薄，缺少音体美等学科的专业教师，所以每次在特长比赛中，咱们学校的成绩还是处于末端位置，对学校社会声誉带来严重的负面影响，并进一步阻碍学校各种资源的配置。近年来，随着教学条件的改进与完善，小科教师逐步配备，素质教育在咱们学校才算真正地落实，可是市内学校的发展水平令咱们望尘莫及，并且至今咱们学校还缺少专业的书法、计算机、科学等小科教师，我相信随着国家相关政策的完善，解决该问题也是早晚的事情。

——I-T-秋慧

上文以重点学校政策、教育管理机制以及统一评价制度为例重点考察排斥性政策作为结构性环境对复程小学发展的制约作用。具体来说，一是始于改革开放初期的重点学校政策，其实质是特定历史条件下的一种教育分化政策，在其作用下把学校名正言顺地分为重点与非重点，该政策在对学校身份进行区分的基础上实现了符号化与污名化，从而具有不可动摇的制度刚性。基于重点学校政策对复程小学发展带来的制约性，不仅体现在对复程小学配置性资源和权威性资源的配置上，还体现在教师的行动与内心感受上。虽然20世纪90年代中期，重点学校政策被废除，但其影响并未完全退出历史舞台，仍以符号资本的形式（如实验校、示范校等）持续发挥作用[1]，至今复程小学的发展仍受该政策的制约。二是在教育管理机制上，一方面，2001年以前实行"分级分口办学"的管理机制，教育主管部门在重点学校政策的影响下，将优质教育资源以配置性资源的方式集中于中心校，而复程小学的配置性资源极为有限，在村委会的协助下勉强维持其基本运转；另一方面，由于复程小学的教学质量，以及在乡文教办所组织的活动、比赛排名中一直处于末端位置，进而导致复程小学难以获得权威性资源，从而使复程小学的教师在此场域中滋生一种安于现状、宿命主义的心态及行动惯性。21世纪以来，虽然我国实行"以县为主"的教育管理机制，但是复程小学的教师仍受传统经验与行动惯性的制约，进而导致复程小学至今深陷薄弱学校之列。三是在统一评价制度上，由于复程小学的教师学历水平普遍偏低、业务能力低下，所以导致复程小学的教学质量以及在全区学校的排名中长期处于末端位置，

---

[1] 董美英."名校"身份获取的路径分析兼论薄弱学校的改造——符号资本的视角 [J]. 教育学术月刊，2016（09）：47-52.

进而导致复程小学教师无法将该制度的配置性资源与权威性资源纳入其日常教学的实践之中，从而使复程小学在发展的过程中弱势不断积累，逐渐沦为薄弱学校。

虽然重点学校政策、教育管理机制以及统一评价制度原本可以使复程小学从中获取必要的发展资源，可是由于教师素质、生源质量以及教学质量等问题，反而使其成为制约复程小学发展的结构性因素。一言以蔽之，重点学校政策、教育管理机制以及统一评价制度等排斥性政策以合法性的制度形式不仅实现了对不同学校的资源配置，而且还将教师置于不同的学校生活的实践空间之中，这对复程小学的同类校而言，只能为其提供维持基本运转的配置性资源，而难以获得权威性资源，从而导致学校出现差序格局的现象。正如鲍曼所述，"隔离区把空间的限制与社会的封闭结合起来，即隔离区通过把物质亲近、疏远与精神亲近、疏远融合起来，并将'限制'与'封闭'缺乏第三个要素的补充将显得毫无意义，人群对立为隔离区提供了第三种要素，给予同质性、异质性的对立注入隔离区需要的稳固性、持久性和可靠性的能力[1]。"

基于重点学校、教育管理机制和统一评价制度等排斥性政策对复程小学行为主体在学校生活中的实践是否构成制约性，取决于以上政策所形成的配置性资源和权威性资源是否阻碍了复程小学的发展。复程小学的行为主体在日常教学实践中面对排斥性政策所赋予的资源时，由于缺少与其资源、规则互动的能力，而处于一种被剥夺状态。一言以蔽之，以上排斥性政策给予复程小学的行为主体更多的是一种被剥夺感，即在某种程度上被学校教育系统所疏远，因为这些排斥性政策所带来的资源无法融入其学校的具体实践活动之中，反而使该资源更多地集中于中心校或同类校，不断降低复程小学教师

---

[1]　齐格蒙特·鲍曼.共同体[M].欧阳景根，译.南京：江苏人民出版社，2013：142-144.

工作的积极性。正如吉登斯在结构化理论中所述，符号以隐喻的方式发挥着作用，并在此过程中形成一种符号秩序。将此论述置于复程小学的特定时空场域中，即复程小学的行为主体在对排斥性政策反思性监控的基础上创造了一套符号系统，该符号系统不仅无法促进复程小学行为主体的行动，还延续了过去复程小学行为主体的经验及行动惯性，进一步加剧了复程小学的弱势积累，从而成为制约复程小学发展的结构性因素。

2. 管理制度的规训

20世纪70年代，空间研究成为社会学研究中的一个新兴领域。齐美尔将空间的社会特质总结为：排他性、分割性、对社会关系的固定效应、空间接触对行动者之间关系的改变、行动者空间流动与社会分化的相关性[1]。亨利·列斐伏尔在《空间的生产》中提出空间实践、空间之表征和表征性空间构成了三位一体的概念组合，并成为进行空间社会分析的重要理论工具[2]。福柯在《规训与惩罚》一书中指出，"纪律首先要从对人的空间分配入手，通过规定出一个与众不同的自我封闭的场所，并且在该场所中按照单元定位或分割原则使每个人都有一个相应的单元位置，进而在相对封闭的空间范围内制定空间成员的共同行为准则，从而规范成员的行为"[3]。"权力的空间化"将现代人的生产生活方式、组织方式等深深嵌入到各种规训与惩罚机制作用下的空间序列之中[4]。吉登斯在对福柯空间政治思想批判继承的基础上不再把空间视为社会行动发生的背景或舞台，而是将其作为进行社会建构的核心要素之一，进而指出时间和空间不仅是构成社会秩序的基础，还是实现社会性

[1] 齐美尔.社会学：关于社会化形式的研究 [M].林荣远，译.北京：华夏出版社，2002：461-511.

[2] 叶涯剑.空间社会学的方法论和基本概念解析 [J].贵州社会科学，2006（01）：68-70.

[3] 米歇尔·福柯.规训与惩罚 [M].刘北成、杨远婴，译.上海：生活·读书·新知三联书店，2012：180

[4] 包亚明.权力的眼睛：福柯访谈录 [M].上海：上海人民出版社，1997：205.

整合和系统性整合的媒介，它改变着现代社会中的人际关系、组织方式和资源配置模式[1]。因此，学校作为教师的日常教学实践活动的主要场所，学校的管理制度是其空间政治的具体化，并对学校教师的日常实践活动进行指引与规范。

> 1993年之前（春升校长任职前），咱们学校师资不足、生源较多，实行的都是包班制，但是学校各项管理制度并不明确。具体来说，在考勤上，咱们学校教师本来就少，大部分教师居住在村里很少迟到，学校没有实行签到制，如果老师有事情私下调课就可以了，也没有什么课时费。在备课上，起初是没有教案的，后来要求教师手写教案，只是为了应对期末检查。在评奖评优上，当时学校很多老师是村主任、村支书以及文教办等领导家的亲属，所以每年的奖项基本上都给了他们，只是一个证书而已，并没有实质性的物质奖励，所以在教师之间并没有引起多大的争议。说实在的，那些老师的业务能力和教学成绩真的不行，还不如我们这些没有获奖的老师。此外，由于文教办举办的各种活动、比赛存在问题，所以教师参与的积极性不高，学校教师工作的积极性普遍偏低。
>
> ——I-T-冬雪

> 刚入职的时候，咱们学校教师就是"一盘散沙"，组织纪律涣散，大部分民办教师为转正式教师进行备考，工作重心出现偏离，为了提升教育教学质量。一方面，我积极与工商协会联系，争取更多的校办工厂挂靠在咱们学校名下，从而获取充足的教育经费；一方面逐步健全学校各项管理制度，提升学校教育教学质量。为进一步提升学校教育教学质量，还建立了各项管理制度。具体来说：一是建立教案考核制度，积极引进外校经验丰富的民办教师做教学主任，每月我和教学主任对教师的教案、作业批改情况进行检查考

---

[1] 安东尼·吉登斯.社会的构成 [M].李康，李猛，译.上海：生活·读书·新知三联书店，1998：26.

核；二是建立听课、评课制度，组织教师相互听课、评课，并将其结果作为年末考核的重要指标；三是建立出勤考核制度，主要是规范教师请假问题，并与教师工资挂钩；四是建立评奖评优制度，根据教师的工作业绩、教学成绩等进行综合考评，并给予相对丰厚的物质奖励。刚开始执行的时候确实遇到一些阻力，增加了教师的工作负担，但是由于物质奖励相当丰厚（最高是3000元），所以获得大部分教师的支持，不仅激发了教师工作的积极性，也使咱们学校的教学质量得以明显提升。

——I-H-春升

其实，我觉得对咱们学校教师压力最大的就是全乡统一考试，因为需要给学校进行排名，严重影响学校的社会声誉和教师的"脸面"。虽然咱们学校的成绩一直处于全乡的末端位置，但是每次考试学校领导还是相当重视的，希望与别的小学校差距不要太大。考试前夕，学校管理者都会给我们压力，由于咱们教师整体业务能力偏低，一般采用题海战术，再加上实行包班制，所以教师的工作负担相当繁重，经常加班加点，甚至周末都要给学生进行辅导。

——I-D-夏红

我1998年毕业，是最后一批通过分配过来的，由于不是从师范类院校毕业，所以根本就不会上课。刚入职的时候，春升校长管得特别严，经常组织教师听我的课，甚至连对错号的大小都有要求，有事请假不仅需要写假条，还扣我们的工资。此外，领导还经常派我出去参加比赛，由于我是非师范毕业的新手，所以除了在学校工作以外，还经常加班写教案、备课、批改作业，那时真的很累。后来，学校大力推广实施素质教育的时候，校长就给我们发文件，让我们去学习，并且以考试的形式组织素质教育知识竞赛，考试结果与年终考核挂钩，直到现在那些考试材料我还保存着呢。

——I-T-秋英

自从咱们学校被划入B区管辖，各项管理制度逐步健全，只是存在是否落实的问题。具体来说，在出勤制度上，学校要求每迟到一个小时扣5元，请假一节课5元、一天30元，可是在执行的过程中，只有请假在一天以上的才扣钱；在教案制度上，为了减轻教师的工作负担，不再实行手写教案，现在实行二次复备，不过要求没有以前严格了，每学期教学主任检查一次，毕竟同事那么多年了，给谁评不合格呢；在职称评定上，主要是按照教龄晋升，我们自己也都清楚什么时候该晋升了，然后提前准备好各项晋升材料，比如荣誉证书、科研证书等；在奖惩制度上，由于校办工厂的取消，学校没有专项经费用于奖励，所以各种奖励制度基本取消；在外出培训上，在学校工作中认真负责且积极配合学校管理者各项工作的教师优先，新教师两年内不外派，但也出现了例外。总之，我的感觉是学校内部的管理与过去相比宽松很多，由于实行素质教育，学校也不再把重心放在学生成绩上，只是需要我们参加的活动多了，比如每年需要完成不低于72小时的远程教育、参加区教育局各个部门组织的活动与会议等。说实话，每天感觉都很忙，但是不知道在忙什么。

——I-T-秋慧

学校作为教师日常实践活动的基本空间单元，其各项管理制度作为一种奖励与惩罚的规训手段而存在，学校的权威性资源在此空间中与教师所进行的实践活动紧密相关，并在此过程中彰显着解释性规则与规范性规则的互动作用。具体来说，学校的权威性资源具有强烈的控制作用，而学校教师作为被控制的主体，管理者通过工作时间、教学计划、教学质量、任务安排以及奖惩措施等方面实现对学校教师的控制，并在此过程中不断规范学校教师的行为，充分发挥规范性规则对学校教师的规训作用。此外，在学校教师的日常教学实践中，还存在着一种除正式规则之外的一种实践文本，并以解释性规则对其行动的合理性进行辩护，不断侵蚀着规范性规则和学校正规制度的运作。总之，学校教师的日常实践活动是在学校权威性资源与解释性规则、规范性规则互动交融的过程中开展的，并在此过程中决定了学校的发展质量与水平。

在1993年之前，复程小学由于学校经费紧张，学校权威性资源不足导致管理者对学校教师的控制能力极其有限，致使复程小学的管理松散、教学质量一直处于该乡教育系统的最底端。1993年以后，复程小学在春升校长的带领下，学校经费变得相对充足，逐步建立了学校各项管理制度，并将教师的日常行为表现与学校的权威性资源相关联，即作为年终考核及奖惩的重要依据，从而通过规范性规则对学校教师的日常实践活动进行指引与规范，使复程小学的教学质量得以明显提升，即由全乡的最低端上升到中下流位置。21世纪以来，随着教育管理体制的调整，校办工厂政策的废除，学校各项奖惩制度被迫终止，学校的权威性资源仅以外出培训、请假考核的形式发挥作用，其对教师的控制能力明显减弱，进而在日常教学实践中形成与规范性规则相悖的实践文本，比如论资排辈的职称晋升制度、趋于形式的出勤考核制度以及被迫终止的奖惩制度等，从而影响学校教师工作的积极性，并对学校发展产生不利影响。

此外，除了对复程小学教师的日常实践活动起规训作用的管理制度之外，还存在一些不成文的实践文本，不断地侵蚀着学校正规制度的运作，诸如评先进看"关系""毕竟是同事怎么评不合格呢""对新教师外出培训的不满"等，这也表明基于地缘关系而形成了一种差序格局的关系网，并且作为一种权威性资源与学校教师的日常实践活动相关联，他们以解释性规则看待这些权威性资源，并将其"意义"置于具体行动之中，这种基于地缘的关系网逐步生产出一种空间霸权，即复程小学行为主体之间逐步形成一种不平等的关系，从而导致复程小学的教师对学校管理者产生不信任，严重影响学校规范性规则的运行，不断降低权威性资源的控制力，进而转化为一种制约复程小学教师行动的结构性因素。总之，复程小学教师在具体实践场域中，由于受学校管理制度以及权威性资源的制约与控制，使其在规范性规则与解释性规则之间不断地进行选择，在此过程中生产着新的实践文本，并对学校教师的行动产生规训作用，从而使复程小学的弱势不断累积，最终被贴上薄弱学校的标签。

3. 学校生活的痛楚

随着城市化的发展，复程小学由传统的农村小学校向现代化的城市小学校转变，而复程小学的教师在结构性环境的影响下，不仅体验着来自学校不同层面的"痛楚"——"弱者"的体验和"局外人"的困惑，还将此"痛楚"融入复程小学行为主体的具体实践活动之中，在此过程中所形成的行动惯性不断侵蚀着学校正规制度的运作，进而使复程小学的弱势不断积累，从而成为制约复程小学发展的重要因素。

（1）"弱者"的体验

最初咱们学校在屯子里的时候，校舍都没有围墙，教室也特别破旧，窗户也只是一层玻璃，冬天的时候寒风从玻璃缝往教室里呼呼地刮，好多学生的手都冻破了，看着都让人心疼。后来，虽然咱们学校从屯子里搬了出来，建了新校舍——小平房，但是条件依旧很艰苦，教室的地面和操场都是泥土地，还没有厕所，教师的办公条件也特别简陋，并且交通不便，"晴天一身灰，雨天一身泥"是学校生活的真实写照。此外，由于咱们学校的办学环境简陋，好多正规师范院校毕业的新教师来咱们学校看一圈就走了，这也是导致咱们学校师资断层以及教育教学质量长期低效的重要原因。

——I-T-冬堂

咱们学校位置偏僻，过去大部分是民办教师和代课教师，教师学历普遍偏低，业务能力低下，所以导致学校的教育教学质量长期处于全乡的末端位置。20世纪末，虽然咱们学校的师资进行了"换血"，但是这些年轻教师由于家庭、孩子的原因而分散精力，并不能完全将精力用于教育教学上，从而影响教育教学质量的提升。

——I-H-春波

在文教办成立前，咱们乡的活动主要是由中心校负责，所以中心校操纵着整个比赛规则，其他的小学校很少获奖。后来，文教办成立，统筹全乡小学的管理工作，可是文教办的领导也都是从中心校调过去的，所以文教办组织的各种比赛、活动存在问题。起初，咱们学校教师还积极参与文教办举办的各种活动、比赛。由于长期遭受区别对待，教师的积极性严重受挫，对自我认知变得更加消极。后来，教师们都不愿参与，基本上都是校长指派人员参加，但是也很少获奖，所以咱们学校的教师在文教办以及全乡小学教师之间感觉很没"面子"。自从纳入B区教育局管辖以来，比赛变得相对公平了，并且新入职的年轻教师参与的积极性相当高，每次不管大奖还是小奖，总会获得一些名次。

——I-T-秋慧

在春升校长任职前，咱们学校的教学成绩一直处于全乡的末端位置，那时咱们学校的教师和领导在文教办相当没有尊严与面子，比如咱们学校的粉笔不够了，去跟文教办申请，也是经过三番五次的申请才给批下来。学校教师外出培训或学习也很少说自己是复程小学的教师，因为会受到其他学校教师的嘲讽与歧视。此外，咱们学校的学生升入初中以后，由于自信心不足，所以经常受到其他学校同学的欺负而辍学。不过自从春升校长来到以后，咱们学校的教学质量得以明显提升，管理部门也对咱们学校有所重视，教师和学生的精神面貌也逐步好转。

——I-T-冬刚

我刚入职的时候，咱们学校还是实行的包班制，校长给我安排了三年级，因为我不是师范类毕业，所以我根本上不会上课。那时学校管理者的主要精力在于筹措教育经费，无暇顾及学校管理和教师专业发展。当时教师之间也较为保守，彼此之间很少相互听课。幸好，我姐姐是教师，所以在教学上不懂的我就回家向她请教，就这样慢慢摸索着形成了自己的教学风格。不过我从来没有想过未来多少年达到什么样的水平，比如骨干教师、名师等，我只想把我该做的事情做好。

——I-T-秋英

2010年以来，咱们区开始实行校长教师交流制度，一方面，咱们学校的校长更换过于频繁，虽然可以给我们带来新的想法、开拓教师的视野，但是每个校长的办学理念并不一致，比如咱们学生的特长课程，大致经历了竹笛、竖笛、葫芦丝、书法等，还引起了家长的不满，不利于和谐家校关系的构建，并在一定程度上增加了我们的工作难度；另一方面，咱们学校的主科教师去市内大校交流时，他们不仅不让我们上课，而且还让一些小科教师过来交流，明显地看不起咱们学校。该制度在执行过程中的偏差不仅难以实现交流制度的预期目标，还使咱们学校的师资出现短缺，严重影响学校正常的教育教学秩序。

——I-D-夏威

复程小学教师的"弱者"体验主要体现在以下方面：办学条件的恶劣、业务能力的不足、教学质量的低效、比赛规则的不公平、专业发展的受挫以及外出交流的歧视和不公平对待等方面。复程小学的教师在自身业务能力、办学条件、专业发展等配置性资源方面表现出的无助，以及在教学质量、外出交流、比赛规则等权威性资源方面表现出的无奈，在此过程中他们产生了一种消极的情感体验。换而言之，复程小学被教育主管部门置于刘寨村学校系统的最底层，复程小学的教师不仅为学校管理制度所规训，还为教育主管部门以及其他学校的教师所歧视。基于学校发展的视角来说，复程小学的教师在学校生活中的"弱者"体验也成了阻碍其发展的重要因素。

复程小学的教师无论在自身专业发展上，还是为学校发展争取资源和权利上，都处于"弱者"的地位。基于结构与意义的视角进行审视，复程小学教师的弱者"体验"，不仅与他们所处的学校级别的配置性资源紧密相关，也与他们缺少对比赛规则、教学质量等权威性资源的控制能力相关联，他们在面对这种"弱者"的体验时，又往往采用埋怨、抵制的解释性规则进行应对，在此过程中所形成的一种与学校正规制度相悖的实践文本，不仅对复程小学教师的行动进行指引与规范，还使其弱势不断积累，从而成为制约复程小学发展的重要因素。

（2）"局外人"的困惑

现在咱们学校的所有教师都居住在市内，过去户籍在刘寨村的教师大约有12名，不过他们毕业成家以后就去了市内，在一定意义上来说也不是本地人了。由于咱们学校处于城乡接合部，大部分生源是流动或留守儿童，所以每天学校七点半上班，老师一般需要六点多从家出发，中午学校供应营养餐，下午放学以后就返回市内，进而导致他们脱离了本地的乡土文化，但是也没有实现与城市教育的接轨，所以在一定程度上导致学校教师教育观的混乱，对学校的发展产生不利影响。

——I-H-春玲

我差不多早上五点半就要起床、洗漱，大约六点就要出发，需要坐30分钟左右的公交车，然后再换乘咱们学校一位教师的车，七点左右到学校吃早饭。七点半就要在教室看着学生上早读，八点开始上课、听课、批改作业等。中午十一点四十到十二点四十之间有一个小时的吃饭时间，有时还可能临时开会，基本没有午休时间，并且学校经常让补写各种材料，真的很烦人，我只想教学。下午如果没有"蓓蕾计划"，一般三点或三点半放学，如果有"蓓蕾计划"，那就是四点或四点半放学。到家后，还要做家务、辅导孩子功课等，幸好有老人帮忙处理家务，反正一天下来也挺累的，每次寒暑假都需要休息一周左右才能缓过来。

——I-T-秋英

我从小生活在市内，入职以后只是来上班而已，上完班我就开车回家。虽然在这里上班将近20年了，可是我对这里的乡土文化并不了解。现在各个学校都在开发校本课程，我都不知道咱们这里到底有什么，总是感觉自己是一个"局外人"。由于我从小接受城市教育，所以我在教学过程中基本采用城市学校的教学模式，希望扩大学生的知识面、开拓学生的眼界，可是这里家长的思想观念依然停留在应试教育阶段，注重学生学习成绩的提升。所以，我与他们的教育理念存在一定冲突，这也导致我与家长之间的关系不是很和谐。

——I-T-秋莉

现在咱们学校的教师基本上都在市内生活，他们对咱们农村教育的情况不是很了解，以开阔学生视野的名义整天领着孩子忙各种活动，不太重视学生的成绩。高考就是看成绩，咱们农村的教学质量与城市相比本来就存在较大差距，如果咱们再不重视成绩的话，以后怎么考大学，再说学生的视野等考上大学以后再开阔也不迟，我总觉得咱们学校的一些教师"不接地气"，对农村教育缺少必要的认知。

——I-P-冬青

随着城市化的发展，复程小学由农村小学向城市小学转变，学校教师的居住地由乡村迁到了市内，他们每天穿梭于城乡之间，进而成为城市和农村教育的边缘人，并在教学过程中深刻体验着"局外人"的痛苦与困惑。具体地来说，他们虽然受城市教育的影响，却无法将城市教育的相关理念落实到教学实践之中。诚如巴特所述，"族群边界是一种社会边界，其实他们在文化、语言、宗教等方面并不存在差异，只是人们会认为他们与本地人有所不同，并把这种边界视为文化差异"[1]。对于复程小学的教师而言，由于长期居住在城市、工作在农村，这种居住工作两地分化的状态，使他们逐步脱离乡土文化，更多地接受城市教育的熏陶，进而使其在"农村教育的边缘人"与"城市教育的局外人"之间来回穿梭，其教育理念与教学方式并未被学生家长所认同，并为其贴上"不接地气""局外人"的标签。这恰好与姜超的相关研究不谋而合，"教师工作生活两地化容易使教师产生疲惫感，不利于提振教育教学精神、城乡两种教育思维冲突，容易扭曲教师的乡村教育观、村校被压缩成单一的'生活工具'，教师缺乏教育归属感[2]。"复程小学教师所体验到的"局外人"的困惑，又作为其在教学过程中的一种权威性资源，他们又通过解释性规则对该资源进行"意义"的生产与再生产，并对"局外人"形成自我认知，进而在日常教学实践中更加脱离乡土文化的根基，从而影响和谐家校关系的构建，阻碍学校社会声誉以及教育教学质量的提升。

综上可知，复程小学的教师以开阔学生的视野、扩大学生的知识面为目标组织开展教育教学活动，他们拥有独立于农村教育观念之外的一套教育理念，并具有了一套指导其实践的知识体系，从而成为其解释性规则的核心内容。复程小学的教师之所以具有"局外人"的困惑，是因为他们与学生家长所期望的提高学生教育教学成绩的目标相冲突，进而使家长为其贴上"局外人"的标签。在此过程中，两种不同的教育观念相互摩擦与冲突使其文化差异得以呈现。在此层面上，复程小学教师的教育理念并未实现与农村教育的融合，他们在"局外人"的困惑中踌躇不前，不仅导致复程小学的发展落后于其他学校的发展速度，还逐步成为制约复程小学发展的结构性障碍。

---

[1] 徐大慰. 巴特的族群理论述评 [J]. 贵州民族研究，2007（06）：66-72.

[2] 姜超. 工作生活两地化：城镇化背景下乡村教师职业新样态 [J]. 中国教育学刊，2018（07）：94-99.

（二）结构的使动性

1.确立发展信心

1993年，《中国教育改革和发展纲要》明确指出，发展基础教育必须继续改善办学条件，逐步实现标准化，中小学要由"应试教育"转向全面提高国民素质的轨道上。该纲要的颁布与实施，不仅改变了学校的硬件环境，比如重建了教学楼、修建了多功能教室等，还使教师们对未来学校的发展充满了信心。

——I-H-冬堂

1993年之前，咱们学校内部是没有奖惩制度的，由于学校教育质量一直处于全乡的末端位置，所以整个学校死气沉沉。后来，春升校长来了之后，随着校办工厂的增多，学校教育经费相对充足，逐步建立了奖惩制度，最高可以奖励3000元，那时对我们来说是一个不错的收入，教师工作的积极性瞬间高涨，学校的教学质量也由末端上升到中下流位置。不过后来该制度取消了，建立的绩效工资制度并没有严格执行，在一定程度上失去了其应有的价值与意义。随着年龄的增长，工作的积极性也逐渐消失，现在我只希望能够早点退休。

——I-T-冬堂

起初学校教师是没有职称评定的，到20世纪80年代中期才逐步建立职称评定制度，当时咱们学校就有两三位公办教师就有了职称，随着职称的晋升，其工资水平也会得到相应地提升，这使公办教师有了"盼头"。后来，为了激发民办教师工作的积极性，实行民办教师转公办教师制度，这让民办教师看到了希望，也有利于咱们学校师资队伍的稳定。

——I-H-冬刚

近年来，随着国家对农村学校扶持力度的加大，学校的办学条件得以不断改善，教学设备也逐步实现更新换代，教师外出学习培训的机会也日益增多，伴随着"国培""省培"计划的相继实施，咱们学校无论是学校面貌，还是教师精神状态都发生了很大变化。以校长交流制度为例，近年来，咱们学校的校长大部分是从市内大校调任过来的，他们见多识广，为咱们学校教师的发展提供了诸多机会和平台，尤其是新入职的年轻教师，并且极大地提高了咱们学校的知名度。此外，"农补"政策是国家对咱们过去工作的认可与肯定，极大地激发了教师工作的积极性，我相信咱们小学的发展会越来越好。

——I-D-夏红

时间过得真快，从入职到现在已经过去20年了。其实，现在我不想做老师，感觉很没有意思，就挣那些"死工资"。我的闺蜜都没上大学，反而比我过得还好、挣得也多。有时我都有离职的冲动，想出去闯一闯，可是又不舍得这个编制，再说年龄也大了，也没有那个"拼劲"了，就这样"混日子"吧！现在我对这个职业的感受就是"食之无味，弃之可惜"。

——I-T-秋花

年轻的时候，我经常想要辞职不干，可是我需要生活、需要生存、需要养活自己，作为一名女性，我能做什么呢，就这样一直在坚守着。直到现在我还有离职的想法，可是我没有那个勇气，毕竟40多岁了，我还能出去做什么，就这样慢慢退休就好了。

——I-T-秋莉

复程小学的教师在面对"结构性环境"时对自身及学校发展表现出两极分化的状态：一是，充满信心；二是，缺乏信心。从访谈资料中发现绝大部分教师对自身和学校发展缺乏信心，他们改变现状的主动性弱、自我认知消极悲观，具有宿命主义的心态。他们在学校生活中所经历的"弱者"的体验和"局外人"的困惑，不仅与他们在学校生活中的各种配置性资源有关，还与隐含各种比赛、外出培训以及社会关系中的权威性资源有关，这两种资源深深地嵌入到复程小学教师的学校生活之中，他们对此采取何种解释性规则进行应对，则直接反映了他们对自身及学校发展的信心。复程小学教师的信心与能力在他们日常实践的过程中得以形成，同时在此过程中也形成了一种实践意识和自我认知，并构成了他们的行动惯性或例行化的行动，这不仅对学校行为主体的行动进行指引和规范，还在一定程度上影响着复程小学发展的方向、速度与水平。

复程小学教师的实践意识和自我认知的形成需要一个过程，虽然他们处在同一时空场域中，但形成了不同的实践意识和自我认知。研究者将通过对复程小学的教师在日常教学活动中资源与规则的不同组合所形成的"结构"，以及个体的能动性进行考察分析。具体来说，一是，部分教师对自身以及学校发展充满信心，过去学校奖励制度的建立使学校的教育教学质量得以提升、职称制度的建立使公办教师有了"盼头"、民办教师转为公办教师的政策使民办教师看到了"希望"，当前办学条件的改善、外出培训机会的增多以及"农补"政策的实施使教师相信"学校发展会越来越好"，这些教师在对日常教学实践活动反思性监控的基础之上产生了改变现状的想法，并对自身和学校发展充满信心。二是，部分教师对自身以及学校发展缺乏信心，奖励制度的取消使教师的积极性降低、绩效工资的执行偏差使教师安于现状、与朋友生活状态的对比使其对教师职业发出"食之无味、弃之可惜"的感慨、基于对自身的保护滋生了"逃避"的心态，这些教师在对日常教学实践活动反思性监控的基础上形成了悲观消极的自我认知，并养成了安于现状的行动惯性。

总而言之，复程小学教师的"信心"是建立在日复一日、年复一年的连续性的日常教学实践活动的反思性监控的基础上，他们不仅关注自身的日常教学实践活动，还关注周围其他人的日常教学实践活动，并将其实践活动与个体的反思性监控相关联，从而形成自身的知识库存与自我认知。由于复程小学教师在学校生活中对各项规则与资源的不同组合，以及对自身行为反思性监控结果的差异，进而导致学校教师对自身以及学校发展的"信心"出现两极分化的结果。因此，复程小学的发展历程就是以上两种"势力"相互博弈的过程，由于复程小学的少部分教师对自身以及学校发展充满信心，并为之付出艰辛的努力与行动，从而使复程小学摆脱了被撤并的命运，维持了复程小学的基本运转。然而，复程小学的大部分教师对自身以及学校发展缺乏信心，在此博弈的过程中使其弱势不断积累，并在长期发展的过程中被贴上"薄弱学校"的标签，至今仍是制约复程小学发展的重要因素。

2. 树立发展愿景

（1）树立学校发展愿景

1985年，《中共中央关于教育体制改革的决定》明确指出把发展基础教育的责任交给地方，有步骤地实行九年制义务教育。该文件的发布赋予了地方办学的自主性，并逐步建立了分级管理、地方负责的教育管理机制，在一定程度上有助于改变过去办学经费不足的问题，激发了教师教学的积极性，并对未来学校发展充满了希望。

——I-H-冬堂

我在刘寨村中学上班的时候，我就听说咱们学校的老师通过联合签名列举证据把校长告了，所以，我来这里工作的时候也是特别小心，争取和大家做到和平相处。我在做校长的那几年特别担心自己做错事，再惹得大家去上级部门"告状"，所以我把学校和谐稳定作为工作的首要目标，基本上就是维持过去的教学秩序和教学习惯。尽管那时好多民办教师的业务能力偏低，根本就不会教学，我也很少干涉，"睁一只眼闭一只眼"与大家和谐相处就好。

——I-H-春波

　　那时文教办对各个小学的发展没有明确的要求，只是负责统筹全乡的教育工作，集事权、人权与财权为一体。那时我们对学校的要求就是要维护学校的稳定与安全，不要出现安全事故，其余的事情不做过多要求。至于小学的发展规划，由各个小学根据自己的实际情况而定，我们文教办不干涉，也不用给我们报备。

——I-G-春艳

　　任职之前，我就听说咱们学校的管理者与教师之间的关系不是很和谐，经常由于利益问题"干仗"。任职后，我以"不告状"作为工作的首要目标，所以在管理上我很少触及他们的切身利益。但是我也不能无所事事，毕竟我需要业绩，最终我选择与教师利益关系不大的方面着手，提出建设"农村小微校"的目标，希望通过开发校本课程、建设学校文化、加强学校宣传等来实现。在人员使用上，主要以年轻教师为主，老教师安分守己地教学就可以了。

——I-H-春玲

　　咱们学校频繁地更换校长，每个校长都有自己的一套办学理念需要实践，可是他们之间并没有一脉相承的东西。去年中心校校庆的时候人家展出了好多过去的发展事迹、图片等，如果咱们搞校庆活动，我都不知道咱们学校给别人展示什么。

——I-D-夏波

　　由以上教师对学校发展愿景的叙述可知，学校校长在对教师"干仗""告状"等行动惯性反思性监控的基础上将自己任职后工作的首要目标定为"维持学校的和谐与稳定"，并在此基础上结合个人的办学理念以及可使用的资源与规则采取了不同的发展措施。具体来说，在资源上，主要通过外出培训等配置性资源激发教师工作的积极性；在规则上，以不触及学校教师的个人利益为原则，延续学校传统的经验、习惯及行动惯性。复程小学的管理者在以上资源与规则的相互组合下确立了"不告状""农村小微校"的发展愿景，并以此对学校教师的行动进行规范与指引。一言以蔽之，复程小学的管理者由于受到"结构"以及反思性监控的影响而确立的学校发展愿景——维持学校的和谐与稳定，虽然在实践过程中初步实现了预期目标，但是并未突破复程小学教师安于现状的束缚，在一定程度上成为复程小学发展的制约性因素，并进一步维护了固有差序格局的教育结构。

（2）确立职业发展目标

20世纪80年代中期，教育系统开始实施职称评定制度，可是我是一名民办教师没有评定资格，所以当时真的很迷茫与失落。后来，国家实行民办教师转公办教师制度，最初是需要通过考试才能转正，可是咱们学校好多年都没有人通过。尽管如此，我们仍然保持着希望，继续努力备考。后来，国家政策进行了调整，即通过继续教育提升学历水平以后可以转为公办教师，咱们学校的大部分民办教师都是通过该途径实现了身份的转变。当时职称评定制度不像现在这样按照教龄晋升，而是严格依照上级文件执行，所以大家工作还是相当认真的，也许是因为学校教师的教学方法或自身素质的原因，导致咱们学校的教学质量一直不高。

——I-T-冬刚

2001年，教育部颁发了《关于基础教育改革的决定》，该文件分别从教育管理机制、教学改革、教师队伍、办学体制等方面对基础教育的发展给予了规范。当时我作为复程小学的校长，为了落实素质教育改革的相关要求，经常组织大家学习素质教育的相关理论，在一定程度上改变了教师的教学方式和育人理念，教师们也对未来学校教育的发展充满期待。

——I-T-春升

我是咱们学校的第一位英语教师，过去咱们学校的英语课基本没有人上。我的性格比较内向，上班的时候不爱说话。所以无论在学校还是在家里，我都喜欢研读不同版本的教材，慢慢形成自己的教学风格，经过自己的努力我成了一名骨干教师。此外，第二年B区颁布了骨干教师直接评到了高级职称的绿色通道，所以我非常荣幸地具有了高级职称，现在我的目标就是做好自己的工作。

——I-D-夏萍

过去我的职业目标是成为J省骨干教师，去年这个目标我已经实现了，现在我制定了新的目标——J省名师。可是咱们学校太小了，我需要结识更多的优秀教师，所以我现在已经加入了××名师工作室，不过我现在已经是两个小孩的妈妈了，需要照顾家庭，这个目标对我来说可能遥不可及，可是我会努力的。此外，我也希望咱们区再次出现绿色通道，早点评上高级职称，如果按照教龄晋升的话，恐怕我还要等上十几年。

——I-T-冬婷

我没有职业发展目标，因为我可能一辈子都成不了名师，现在的好多名师要么有关系，要么有背景，我只是一个普普通通的农村教师，我把自己该做的做好就行。

——I-D-夏波

刚入职的时候，我想过成为骨干教师、名师，可是工作几年之后，发现咱们学校太小了，资源十分有限。再加上我又结婚生子、照顾家庭，成为骨干教师、名师就成了一个不切实际的梦想，现在我就想照顾好自己的家庭，处理好同事关系，教好自己的学生。

——I-D-夏红

"公办教师""骨干教师""名师""职称"是衡量教师水平的重要因素，它不仅与教师工资、福利等配置性资源直接挂钩，还可以获得与其相关的权威性资源，也可以使其在教育系统中获得面子、树立尊严。通过访谈可知，复程小学的极少数教师（主要是年轻教师）把职称、名师作为其职业发展的目标，那是他们在学校生活中运用自身的资源、规则与学校场域持续互动的结果，在此过程中，他们所掌握的配置性资源与权威性资源发挥了主导作用。比如，夏萍老师经过自己的努力获得了"骨干教师"称号，继而获得高级职称。一言以蔽之，复程小学的部分教师之所以确立"职称""名师"的发展目标，是因为她们对日常教学实践活动反思性监控以及与"结构"持续互动的结果。然而，复程小学的大部分教师并没有明确的职业发展目标，同样也是基于他们自身的处境对"结构"以及学校生活进行反思性监控的结果，诸如"骨干教师、名师可以涨工资吗""成为骨干教师需要付出很多""我一辈子也成不了名师""骨干教师、名师是不切实际的梦想"等，则表现出他们对自身职业的一种迷失与自我认知的悲观消极，从他们对自身职业发展目标的叙述中可以清晰地看出他们对所处场域的一种理解，即反思性监控的结果，进而影响他们对自身职业发展的规划，并融入了他们的日常教学实践活动之中，这种消极的职业认知必然会影响复程小学的发展。

复程小学教师在学校生活中的表现对新入职教师的日常实践活动也产生着重要影响，且表现出日常教学实践活动的结构化特征。虽然复程小学教师对职业发展目标的看法是复程小学日常教学实践活动的一个简单片段或镜像，但是它却反映了复程小学教师与"结构"进行持续性互动后所形成的一种精神状态。虽然复程小学教师处于同一时空场域之中，但在职业发展目标上却存在较大差异，这主要取决于他们在运用自身资源的基础上选择何种解释性规则与"结构"进行互动。吉登斯认为，在"结构"中权威性资源与配置性资源同等重要，权威性资源主要通过对社会时空的组织、对身体的生产（再生产）和对生活机会的把握等发挥作用。对于复程小学的教师而言，他们受复程小学各项管理制度的规训，并在此过程中影响他们对身体的生产（再生产），"骨干教师""名师""职称"不仅是他们进行身体再生产的一种体现，也是他们在职业发展机会上运用权威性资源的一种表现，还是他们对自身行动和他人实践活动的反思性结果。

因此，复程小学教师在运用自身资源、规则的基础上，通过发挥自身的能动性在学校生活中确立了不同的职业发展目标，如果这些发展目标有助于使其获得更多的配置性资源和权威性资源，那么将会激发其工作的积极性，对复程小学的发展来说则具有使动性。反之，则对复程小学的发展产生制约作用。

3. 寻求社会支持

最初，咱们学校在屯子里，周围全是民宅，学校又小又旧，连个围墙都没有。后来，我积极向村委会、乡政府以及教育局反映，经过一年多的协调，最后村里给划拨了一块地，建设经费需要自己筹措。乡政府拿出一部分建设资金，其余的由村委会出资，经过多方努力咱们学校建了新校舍，从屯子里搬了出来。

——I-H-春波

1985年《中共中央关于教育体制改革的决定》的颁布确立了"分级分口办学"的管理制度，那时的教育经费主要来自社会集资和学杂费。为了获得充足的办学经费，各个学校都忙于创办工厂。说实在的，咱们小学能创办什么工厂呢，大部分工厂只是挂靠在学校名下以享受税收优惠政策，他们每年给咱们学校一点利润来维持学校的基本运转。校办工厂的多少与校长的社会关系有关，由于我的社会关系广泛，咱们学校的校办工厂就多，学校经费相当充足，并建立了各项奖励制度，进而使学校的教育教学质量有了明显的提升。此外，由于我与某集团有点关系，当时某集团在咱们市建立首个××广场，他们对社会进行捐助，我从那里获得20万资助，然后在乡政府、村委会的帮助下对咱们学校的主教学楼进行了重建。直到2001年《关于基础教育改革的决定》的颁布才废除了"以乡为主"的教育管理机制，使学校真正回归到教书育人的本职工作上。

——I-H-春升

为了提升学校的教育教学质量，促进教师的专业发展，通过我的个人关系（朋友关系）使咱们学校与B区的同类校建立了"小微联盟"，并聘请了J省教育学院立夏教授为专家顾问，以"主题研修"作为着力点带动教师的专业发展。

——I-H-春玲

乡政府、村委会、朋友或家人是复程小学获取社会支持的主体。诸如通过校办工厂获得教育经费、通过与乡政府和村委会协商修建校舍、通过个人关系争取更多的校办工厂和获得企业资助、通过朋友关系建立小微联盟等。这对于复程小学的发展来说，虽然它无法从结构性环境中获取相应的配置性资源和权威性资源，但学校的管理者却通过发挥自身的能动性——积极利用自身的社会关系网从中获取维持学校基本运转的必要资源，从而使复程小学在结构性环境的辖制下摆脱被撤并的命运，从该层面上来说，管理者自身在社会上所形成的差序格局的社会关系网为复程小学的发展提供了获取社会支持的渠道与可能，对复程小学的发展来说则具有使动性。

我是非师范类院校毕业，刚入职的时候我根本就不会上课。那时学校管理者的主要精力在于筹措教育经费，无暇顾及学校管理和教师专业发展。当时教师之间比较保守，彼此之间很少相互听课。幸好，我姐姐是教师，所以在教学上有不懂的我就回家向她请教，她对我的职业发展具有重要影响。此外，由于学校事务太多，我把主要精力放在学校事务上，有时我的爱人也帮我批改作业，幸亏我离父母比较近，他们经常帮我照看孩子、解决家务，为我减轻了不少负担。

——I-T-秋英

我家是外地的，大学毕业之后就考上了咱们学校的编制了，在本市举目无亲，刚开始工作的时候不适应，我总是哭，但是我不敢跟家人说，怕他们担心。所以在工作上遇到不开心的事情，我就会找我的师父聊天，虽然她比我大很多，可是她却把我作为忘年之交，对我特别好，无论在生活上还是工作中总是给我安慰与支持，让我有了坚持下去的勇气和动力。有的同事私下说我坏话，她总会站在我这边保护我。这么多年了，真的非常感谢她对我的包容与照顾。

——I-T-冬婷

咱们学校更换校长特别频繁，每个校长都会把自己的办学理念付诸实施，可是他们对咱们学校实际情况并不了解，所以他们的办学理念或管理措施一旦触及教师的利益时，教师们就会"抱成一团"去找校长谈，很多时候校长都会做出让步，否则管理者的工作将很难开展，轻则不执行，重则"干仗"。

——I-T-秋峰

咱们学校教师之间的关系表面上感觉很和谐，其实内部也存在不同的利益群体，比如车友、师父、兄妹等关系网，基于这种关系形成了不同的小圈子。虽然咱们学校小，但是也会涉及利益分配问题，比如外出培训、出去交流、小科教师等，如果利益分配不均，那么各个小圈子之间就会出现矛盾，不过也有好处，他们可以利用这些小圈子进行"吐槽"来缓解压力，并在相互制衡的过程中推动学校管理措施的落实。

——I-D-春琴

"家庭""师徒""圈子中的姐妹"等构成了复程小学教师社会支持网络的主体。"我不会上课都是我姐帮我""我爱人会帮我批改作业""父母帮我做家务、带孩子""我有事会找师父聊""各个圈子之间的相互吐槽"等皆是复程小学教师在此社会关系网中的切身体验，在此过程中不仅形成了获得安全感与归属感的"结构"，还从中获取支撑日常教学实践活动的配置性资源和权威性资源，并且对其实践活动进行指引与规范。此外，这种"结构"具有较大的封闭性和较高的同质性，即在利益相关或相近的个体之间自发组成的圈子而形成了"结构"，并且与别的圈子相互排斥，这也是他们进行自我保护的一种手段。一言以蔽之，复程小学的教师基于自身的利益需要、业缘、地缘等关系而无意识地在学校生活中形成了不同的且具有较大封闭性和较高同质性的社会关系网，他们不仅从中获取必要的配置性资源和权威性资源，还在日常教学的实践活动中获得必要的支持与帮助，进而有助于解决个体在学校生活中的困难和挫折。在此意义上，该社会关系网不仅是个体能动性的产物，也是维持学校稳定的重要因素。

总而言之，家人、"师徒""圈子中的姐妹"构成了复程小学教师的社会关系支持系统，该"结构"不仅源于复程小学教师的日常教学实践活动，还对其具体实践活动具有使动作用。进而言之，复程小学教师将此"结构"不仅置于具体学校生活之中，还嵌入到复程小学的发展过程之中，即在具体的学校活动中所形成的实践文本不仅对复程小学教师的行动进行指引与规范，还影响着复程小学的发展轨迹。因此，家人、"师徒""圈子中的姐妹"在"结构"意义上是复程小学教师在运用资源和规则的过程中所形成的"结构"，该"结构"不仅对复程小学教师的行动提供指引与规范，还为其提供情感上的支持与帮助，进而有利于缓解与不同利益群体（圈子）或管理者之间的冲突，从而维持学校的和谐与稳定，在此意义上，它对复程小学的发展来说具有使动作用。

（三）例行化的行动

从吉登斯看来，区域化和例行化的行动是个体社会实践活动的典型性特征。区域化的行动是指行动者的社会实践活动轨迹总是以特定的时空交织方式呈现出来的，并与更加广延的社会系统联系在一起[1]。例行化的行动是指行动者在社会实践活动中总是延续着一套固定的行为方式，与其他行动者

---

[1] 安东尼·吉登斯.社会的构成 [M].李康，等，译.上海：生活·读书·新知三联书店，1998：525.

的社会交往相联系。"例行化的行动"的功能不仅在于维护个体的本体性安全，还对个体的生存环境具有可预见性。"本体性安全是大多数个体对其自我认同之连续性以及对他们行动的社会与物质环境之恒常性所具有的信心，是一种对人与物的可靠性感受"，"本体性安全"的功能在于控制和排解焦虑，使个体持续获得可靠和安全的感受[1]。在吉登斯看来，"基本安全系统无法充分地遏制焦虑，以防止焦虑'浸没'习惯性的活动方式，这是紧要情境的一个鲜明特征"[2]。他进一步指出"本体安全是个体稳定而正常生活的基础"[3]。此外，例行化的行动主要通过无意识动机、实践意识和话语意识进行呈现。具体来说，无意识动机源于行动者的本体性安全，是激发行动者动机的源泉。实践意识是一种潜意识和支配日常教师实践活动的行动惯性，它使行动者依据特定的时空情境做出相应的行动。话语意识指那些形成了概念、判断和推理，行动者可以用于言传的意识。不过，行动者的大部分日常实践活动的行为都以实践意识为指导，呈现出明显的例行化的行动特征。

关于学校管理制度的讨论

咱们学校的职称评定制度基本上是按照教师的教龄或年龄晋升的，几乎很少出现特殊情况，这是多年来大家约定俗成的规则，该规则如何形成的我也不知道，并且我入职以后就这样了，别人都认同它，凭我自己的能力也无法改变，只有按照过去的规则行事。虽然该规则与相关政策不符，但是无论哪个校长任职都会延续原有的规则和传统，如果破坏该规则就会引起部分教师的反对，从而导致学校不和谐，甚至出现"干仗"等问题，影响管理者的业绩。

——I-D-夏红

---

[1] 安东尼·吉登斯.社会的构成[M].李康，等，译.上海：生活·读书·新知三联书店，1998：110.

[2] 安东尼·吉登斯.社会的构成[M].李康，等，译.上海：生活·读书·新知三联书店，1998：138.

[3] 安东尼·吉登斯.现代性的后果[M].田禾，译.南京：译林出版社，2000：138.

学校并没有严格执行绩效工资制度，因为最开始实行绩效工资的时候，由于区财政经费问题，导致绩效工资直接下发到教师个人账户，从而使教师形成一种错误认识，即绩效工资就是个人收入的重要组成部分。后来，只是将考勤制度（代课、请假）与绩效工资挂钩，大部分教师的绩效工资相差不大。我任职以后，部分教师也向我建议按照多劳多得的原则落实绩效工资制度，为了改革绩效工资制度激发教师工作的积极性，我还专门组织了一场专题会议进行讨论，可是遭到了绝大部分教师的反对，自此打消了改革绩效工资的想法。

——I-H-春玲

起初学校实行手写教案、校长检查制度，基本上每月需要检查一次，并且与期末考核挂钩；后来，为了减轻教师的工作负担，实行"教案扉页"制度，基本上期中和期末由教学主任和副校长检查。2010年左右，开始采用电子教案二次复备制度，一般期末时由教学主任负责检查。由于我年龄比较大，电脑也不太会使用，所以一般我让年轻老师帮我下载并打印一套教案出来，那么多年了一直使用那个，也没有出现什么问题，反正再过几年我就退休了，就这样凑合着用吧。

——I-T-秋慧

学校的大部分教师基本上都参加过"省培""国培"计划，每年都需要接受不低于72学时的远程教育，并且需要完成课后作业。刚刚入职的时候，我感觉压力特别大，后来就跟着老教师去做，发现他们都是同时打开多个页面挂学时，在作业部分也是有专门的教师负责整理答案分享给大家进行作答，很快就能完成任务，并且从未出现不及格的问题。直到现在，大家也仍沿用这种方式。

——I-T-冬媛

虽然咱们区做课题没有经费资助，申报和结项还需要自己交钱，但是咱们学校的大部分教师每年都会申请课题，毕竟评职称的时候需要结项证书。其实，咱们教师做课题纯属形式，一方面，现在教师的事务很多，根本没有时间和精力去做；另一方面，课题做得好与坏都可以顺利通过结项，并颁发结项证书，缺少必要的奖励制度。所以，学校教师逐步养成了一个习惯——在临近结项的时候从网上下载相关论文稍加改动上交结项。虽然我是科研主任，负责通知大家申请和结项，但是无权干涉大家如何去做。所以，我觉得这样做科研没有什么意义，对咱们教育教学以及学校发展也没有实质性的推动作用。

——I-D-夏萍

每次在工作中遇到了困难，或者被领导批评了，我们就会在各自的小圈子里相互吐槽，并在同事中获得归属感与认同感而达到心理平衡。虽然我们知道这样做不好，并且影响同事与管理者之间的关系，但是我们需要渠道进行发泄，不可能跟家人抱怨、诉苦，只有这样心理才会舒服些。有时领导把我说急了，我就请至少一周的病假在家休息，以表达对领导的不满。

——I-T-秋峰

近年来，虽然咱们学校新进了一批年轻教师，但是仍以老教师为主，他们大多采用传统的填鸭式、满堂灌的教学模式，期末备考也通常采用题海战术，并潜移默化地影响年轻教师的专业发展。为了改变老教师的教学观念，咱们学校与同类校之间建立了"小微联盟"，并聘请J省教育学院立夏教授作为专家顾问开展主题研修，可是大部分教师以加重了工作负担为由反对实施，使集体的主题研修被迫成为个人的自愿选择，其效果也可想而知。

——I-D-春琴

复程小学的教师在学校生活中通过运用自己对规则的理解和资源所形成的实践文本，不仅侵蚀着学校管理制度的运作，还通过例行化的行动将其呈现。诸如，职称评定制度按照教龄晋升、严格执行绩效工资遭到反对、教

151

案制度趋于形式、"省培""国培"计划以及远程进修成为教师负担、科研制度沦为职称晋升工具、受到领导批评在各自圈子里相互吐槽寻求安慰、变革教学理念遭遇抵制等。复程小学的教师在例行化的行动过程中所形成的实践意识给予其日常教学实践行动以合理性解释，比如"这是约定俗成的规则无法改变""绩效工资是工资的重要组成部分""做科研是为了结项评职称""主体研修增加工作负担"等，诸种学校教师的实践意识不仅对学校教师的日常实践活动进行支配与规范，还形成了一种行动惯性，从而确保个体的本体性安全；在此过程中所生成的实践文本不断侵蚀着学校正规制度的运作，进而使其成为一种虚设的制度，从而导致复程小学在传统与现代、污名与荣誉之间不断徘徊，在此过程中其弱势不断积累，并影响其社会声誉、教育教学质量的提升，最终被贴上薄弱学校的标签。

近年来，虽然国家实行了一系列薄弱学校的改进政策与措施，并给予了其制度、政策的倾斜与扶植，在此基础上使其办学条件得以不断提升与优化，但是学校教师在其长期学校生活中所形成的知识库存、行动惯性，以及在薄弱学校改进政策下所养成的"等""靠""要"的思维习惯，现已成为制约当前复程小学发展的主要障碍。诚如刘易斯在研究社会贫困时所述，"贫困文化一旦形成，就必然倾于永恒，由于他们吸收了贫困亚文化的基本态度和价值观念，所以他们在心理上也不接受那些可能改变他们生活的种种变迁的条件或改善的机会，这是一种极为稳定的均衡现象，只有在强大的外力作用下才能发生改变"。因此，复程小学之所以未在薄弱学校改进政策的影响下完成"脱薄"的发展使命，其主要原因在于复程小学教师受传统的知识库存以及例行化的行动的影响与束缚，进而导致薄弱学校改进政策的实施效果不佳，并成为制约当前复程小学发展的重要瓶颈。

三、结构取径下薄弱学校形成机制的理论阐释

（一）"结构化理论"：结构与意义的互嵌

吉登斯的结构化理论（又称社会行动理论或结构二重性理论）将结构视为一种可转换的社会关系，它充满了灵活性与转换性，并且作为具体情境中的重要组成部分而存在，在此情境中赋予了行动者创造新行动模式的可能性。

1. 结构

吉登斯的结构化理论试图超越西方社会学史上主观与客观、宏观与微观二元对立的思维方式。吉登斯对结构的界定打破了传统社会学的固有认知，认为结构是使社会系统中的时空"束集"在一起的那些结构化特征，正是这些结构化特征使得在千差万别的时空维度中存在着相当类似的社会实践活动，并显现出"系统化"的特征。结构式转换性关系的某种"虚拟秩序"，表明作为被再生产出来的社会系统并不具有什么"结构"，只不过体现着"结构性特征"，同时作为时空的结构只是以某种具体的方式出现在实践活动中，并作为一种记忆痕迹，对行动者的行为具有指引作用[1]。同时，"结构可具象化为行动者在时空的互动情境中所使用的资源和规则，行动者在这些规则与资源的相互作用中维持或再生产了结构"[2]。

综上所述，吉登斯把结构视为规则和资源的统一体。具体来说，规则是行动者在各种环境中理解和使用的"程序"。这些规则具有以下特性：一是，它们经常被使用在日常话语和行动惯性之中；二是，它们被策略性地运用和理解，并作为行动者的"库存知识"而存在；三是，它们以非正式的、

---

[1] 安东尼·吉登斯. 社会的构成 [M]. 李康，等，译. 上海：生活·读书·新知三联书店，1998：79-80.

[2] 乔纳森·特纳. 社会学理论的结构 [M]. 邱泽奇，译. 北京：华夏出版社，2001：170.

言语的形式而存在；四是，由于人际交流技术的使用，人们并未感受到约束[1]。简而言之，吉登斯的规则在一定程度上作为行动者的一种"知识库存"而存在，在实践中又转化为一种区域化或例行化的行动。资源是行动者用以开展行动的工具，它主要包括配置性资源和权威性资源。权威性资源是指行动者所拥有的权威、社会资本等，即各种形式的转换能力；配置性资源是指各种物质的实体性资源，是行动者可支配的转换能力[2]。

2. "结构化理论"

吉登斯将结构视为规则和资源的统一体，他眼中的"结构"是被行动者所运用或支配的事物，而不是被外界所辖制的客观实在，它可以通过某种程序而转化为行动者在具体情境中所利用和支配的规则和资源。详而言之，规则可以通过以下两个程序发挥作用：一是规范性规则，即在具体情境下进行权利和义务的创造；二是解释性规则，即在具体情境中建构并形成合理的知识库存。资源通过权威性资源和配置性资源进行相互转化，权威性资源是在具体情境中对该互动模式的组织能力进行掌控；配置性资源是在具体情境中对该互动模式的物质资源进行控制与利用。基于此，吉登斯把行动者的认知能力与结构性特征相关联，用规则与资源的互动（即"社会系统"）模态对"结构的二重性"进行了阐释。在吉登斯看来，行动者在互动的再生产中运用了结构化模态，并在此过程中维持和形成了结构性特征。行动者不仅在日常行为中对自己或他人的活动进行监控，还在话语意义上对其行动进行监控，这是基于他们自身既有的"知识库存"而进行的。此外，行动者在意义的形成过程中，还融入了时空要素[3]。

---

[1] 乔纳森·特纳. 社会学理论的结构 [M]. 邱泽奇，译. 北京：华夏出版社，2001：171.

[2] 乔纳森·特纳. 社会学理论的结构 [M]. 邱泽奇，译. 北京：华夏出版社，2001：98.

[3] 安东尼·吉登斯. 社会的构成 [M]. 李康，等，译. 上海：生活·读书·新知三联书店，1998：93-94.

在吉登斯看来，结构和行动之间的关系并非一种非此即彼、二元对立的关系，而是一种彼此交融、互为表里的关系。任何个体都处在一个特定的社会关系结构之中，同时这些关系结构通过行动者的区域化或例行化的行动进行着生产和再生产。区域化或例行化的行动不仅维护了行动者的本体性安全，使个体的日常实践活动得以有序进行；还使行动者在运用各种规则和资源的同时可以跨越时空的限制呈现出结构化的特征。具体来说，结构和行动之间的关系主要表现在以下方面：一是，结构不仅对行动具有制约作用，同时也有使动作用；二是，结构是行动的产物，唯有通过行动者的行动，才使结构得以延续。一言以蔽之，结构与行动在此过程中形成了一种彼此交融、互为表里的关系。吉登斯将这种关系称为"结构化理论"（又称社会行动理论或结构的二重性），他明确指出："社会系统的结构性特征对于它们反复组织起来的实践来说，既是后者的中介，又是它的结果"[1]。

综上所述，吉登斯"结构化理论"的结构性特征是存在于行动者个体活动之外的，如果缺少行动者的能动作用，那么整个社会系统将不复存在，这并不是说行动者创造了社会系统，而是说行动者在社会的互动过程中创造和再生产了规则和资源，从而实现社会系统与社会结构的互动。此外，吉登斯还指出，"人类能动行为的领域是受限制的，人类并非在他们自己选择的条件下开展的，而是在具体历史情境中进行的"[2]。进而言之，随着时空的改变，时间和空间要素深深地嵌入到了社会系统之中，并改变着个体的经验及行为模式，甚至为开启新的行动模式提供了可能。

---

[1]　安东尼·吉登斯.社会的构成[M].李康，等，译.上海：生活·读书·新知三联书店，1998：189.

[2]　安东尼·吉登斯.社会学方法的新规则[M].田佑中，刘江涛，译.北京：社会科学文献出版社，2003：53.

（二）"结构化理论"与薄弱学校的形成机制

薄弱学校的形成是学校行为主体在面对教育系统变化以及社会变迁时，其行为主体与结构性环境所进行的持续性互动。在此过程中，个体与结构性环境之间相互影响，进而使学校的弱势不断积累，并导致薄弱学校的形成。详而言之，学校行为主体在面对教育系统的变化时一般产生两种行为：结构的制约性与结构的使动性，结构的制约性是指行为主体面临的压力或困难不断变大，对行为主体的行动产生阻碍作用；结构的使动性是指可以缓解外部结构对行为主体所产生的不良影响，进而对行为主体的行动产生积极作用。基于薄弱学校行为主体与结构性环境的互动过程进行分析，结构的制约性与使动性是结构性环境与学校行为主体持续互动的结果。一言以蔽之，薄弱学校的形成机制是一个动态的形成过程，是学校行为主体与结构性环境互动交融的过程，即薄弱学校是结构的制约性与使动性持续性博弈的产物。

吉登斯的结构化理论或行动理论特别重视"实践"的作用，他明确指出，唯有在实践中，规则与资源才能充分发挥作用，才能实现其动态性的转换，其转化过程主要体现在以下方面：一是当行动者实践时，会以自己的领悟为规则而进行新的组合；二是行动者会因知识不足而产生意外性后果；三是行动者会在实践中创造新的资源，即有机会改变配置性资源与权威性资源；四是配置性资源与权威性资源在实践中以不同形式进行组合，由于个体在此过程中发挥不同的作用，继而导致不同的结果[1]。由此观之，吉登斯的结构化理论或行动理论的实质——社会结构既是人类行动自身建构的结果，也是人类行动得以建构的中介与桥梁。

基于以上论述，薄弱学校的形成机制是以行动者与结构性环境持续互

---

[1] 周怡. 解读社会：文化与结构的路径 [M]. 北京：社会科学文献出版社，2004：18.

动交融的结果，而"结构化理论"是基于实践的过程对"结构"进行的解读，从而使薄弱学校的形成与"结构化理论"在该层面上找到一个契合点，因此，吉登斯的"结构化理论"（或社会行动理论）在结构面向上对薄弱学校形成机制的阐释提供了新的研究取径。在此取径下，薄弱学校的形成机制与此过程中的"结构"紧密相关，"结构"不断卷入由学校行为主体在特定时空场域的行动系统之中，并在此过程中实现"结构"的生产与再生产。同时，在薄弱学校行为主体的实践中产生新的规则与资源，并形成新的"结构"，不同"结构"的相互组合又导致行动者例行化的行动，在此过程中所形成的与学校正规制度相悖的实践文本使其弱势开始不断积累，从而沦为薄弱学校之列。

上文运用吉登斯的"结构化理论"分别从结构的制约性、结构的使动性两个方面进行了阐释，并从例行化的行动对薄弱学校行为主体的行动逻辑进行了解读。易言之，薄弱学校的形成机制在学校行为主体与结构性环境持续性互动的过程中得以呈现，并在此过程中结构的制约性、使动性与薄弱学校的规则与资源相关联，进而使其与薄弱学校行为主体有关的规则与资源形成一种动态的互动结构，而不同规则与资源的相互组合恰好促成了结构的制约性、使动性以及例行化的行动，即结构取径下的薄弱学校形成机制。

四、小结

本章通过对复程小学教师日常实践样态的考察发现，复程小学的行为主体在学校实践中表现出"横""钻""行动"的实践策略，基于此借鉴吉登斯的"结构化理论"（又称社会行动理论），从结构的制约性（教育政策的排斥、管理者制度的规训和学校生活的痛楚）、结构的使动性（确立发展信心、树立发展愿景和寻求社会支持）和例行化的行动（无意识动机、实践意识和话语意识）对结构取径下薄弱学校的形成机制进行了理论阐释，并在此过程中充分彰显了薄弱学校行为主体在结构中的能动性。此外，还对吉登斯的"结构化理论"进行了论述，反思其理论的不足，从而为文化取径下薄弱学校形成机制的阐释奠定了基础，即过于强调"结构"的作用，而弱化了"意义"（或文化）的作用，进而为文化取径下薄弱学校形成机制的解读奠定基础。

第四章　文化中的行动

　　上一章基于吉登斯的"结构化理论"的制约性、使动性以及例行化的行动对结构取径下薄弱学校的形成机制进行了理论阐释。然而，在薄弱学校的形成过程中，文化的作用也是不可忽视的因素。吉登斯的"结构化理论"重点关注结构的作用，并没有对文化给予足够的重视，而是把文化（解释性规则）纳入结构之中进行探讨，这种"强结构弱文化"的研究范式在一定程度上削弱了"文化"的作用。因此，本章在对刘易斯"贫困文化理论"分析框架借鉴、改造的基础上，对薄弱学校的文化景观进行呈现，并在此基础上运用格尔兹的"文化解释理论"（强文化范式）重点考察薄弱学校行为主体在选择行动时所呈现出的文化符号及意义，从而实现对文化取径下薄弱学校形成机制的理论阐释。

一、文化取径下薄弱学校的文化景观

　　20世纪中叶，刘易斯的《贫困文化：墨西哥五个家庭实录》[1]、班费尔德的《一个落后社会的伦理基础》[2]、哈瑞顿的《另类美国》[3]，通过来自墨西

---

[1]　奥斯卡·刘易斯.贫穷文化：墨西哥五个家庭月生活的实录 [M].丘延亮，译.台北：巨流图书公司，2004；13-17.

[2]　Banfield , Edward C. (1958). The Moral Backward Society, New York: The Free Press.

[3]　Harrington, Michael (1962). Cultural Complexity: Studies in the Social Organization of Meaning, New York: Columbia University in The United States, New York: The Macmillan Company.

哥、意大利和美国等不同社会的经验资料共同构筑起贫困文化的概念体系。美国人类学家刘易斯认为贫困的源头不仅在于经济，更多在于文化，这种文化表现为：人们有一种强烈的宿命感、无助感和自卑感，他们目光短浅，视野狭窄，不能在广泛的社会文化背景中去认识他们的困难[1]，并进一步指出"贫困文化"是一个拥有自己结构与理性的社会亚文化，它表达着在既定的历史和社会的脉络中，穷人所享有的有别于主流文化的一种生活方式，也表达着在阶层化、高度个人化的社会里，穷人对其边缘地位的适应或反应[2]。基于此，刘易斯从社会、社区、家庭以及个人四个层面进行了探讨：从社会层面看，穷人阶层形成了一种特有的亚文化，即穷人往往较少参与社会活动、不求进取，使其更加贫困；从社区层面来看，贫民窟主要是穷人生活工作的场所，并进一步形塑了穷人的生活习惯和思维方式；从家庭层面来看，家庭结构松散是贫困文化的主要体现，儿童辍学率高，贫困局面代代相传；从个人层面来看，贫困者大多存在学识短浅、着眼于自身而非他人和社会等不良性格[3]。刘易斯的贫困文化理论的研究思路恰好与法国年鉴学派（又称"地理结构主义"）布罗代尔的长时段理论不谋而合，即"历史无非是人在一定的时间、空间内的活动，空、时、人三者构成一个有机体[4]。"在此基础上提出了"历史三分法"，即长时段——地理时间——结构，中时段—社会——时间——局势，短时段——个体时间——事件，以此作为"解释工具"来确定各种物质与非物质的因素对历史发展的不同程度的作用[5]。

当前学界大部分学者基于结构主义取径对薄弱学校开展了相关研究，并

[1] Lewis, Oscar. (1966). The Culture of Poverty[J]. Scientific American,1966: 219.

[2] 周怡 . 贫困研究：结构解释与文化解释的对垒 [J]. 社会学研究，2002（03）：49-63.

[3] 李强 . 贫困文化之研究 [J]. 天津社会科学，1989（01）：74-77.

[4] 金塞尔 . 费尔南·布罗代尔的地理一历史结构主义是年鉴学派的范式吗?[J]. (Paradigm ? The Geo — Historieal Strueturism of Fernand Braudel)，1981：68.

[5] 张芝联 . 费尔南·布罗代尔的史学方法 [J]. 历史研究，1986（02）：30-40.

提出了改进措施，实践证明其效果并不理想，即当前薄弱学校改进主要侧重于增加薄弱学校的办学资源、优化其办学条件，但是教学质量依旧低效，教师素质整体水平偏低，并未激活薄弱学校既有资源的办学活力，其原因可能在于缺少文化取径对薄弱学校的相关研究。进而言之，长期处于社会资本、文化资本、符号资本不足的学校场域中的行为主体必然会在学校生活中滋生某些特有的文化符号，这些文化符号为其行为主体的行动提供指引与规范，因此，刘易斯的"贫困文化理论"为文化取径下薄弱学校形成机制的阐释提供了新的分析框架。具体来说，刘易斯的"贫困文化理论"从社会、社区、家庭以及个人四个方面进行了建构：社会方面是指所处的社会文化环境，与薄弱学校形成的外部社会环境相对应，主要指城郊文化；社区方面是指所处的小环境，与薄弱学校的具体场域相对应，主要指学校文化；家庭层面是指学生的家庭教育环境，与薄弱学校学生的家庭文化相对应，主要指家庭文化；个人层面是个人的行为方式、情感态度、价值观念等，与薄弱学校的行为主体相对应，他们属于学校文化的范畴，在此不再单独论述。因此，本书在对刘易斯"贫困文化"理论框架借鉴、改造的基础上，对复程小学所处的文化景观进行了考察（见图4-1），希冀从中发掘对薄弱学校行为主体起指引与规范作用的文化符号系统，从而为文化取径下薄弱学校形成机制的文化解释奠定基础。

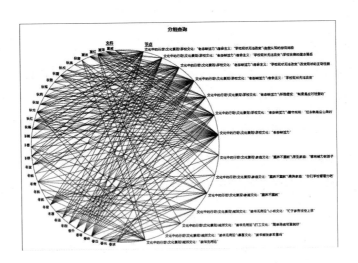

图4-1 文化取径下复程小学文化景观中各子节点的资料来源图

（一）城郊文化："读书无用论"

刘寨村位于C市南部，经济主要以农业为主。随着城市化的发展，2009年6月刘寨村委会撤销，组建刘寨街道办事处，辖刘寨村和新立城社区，由于地处城乡接合部，生活成本较低，大量进城务工人员迁入。2015年，刘寨村土地被征收建设湿地公园，本地村民在"上楼"的同时也获得了大量的土地赔偿款，实现了"一夜暴富"的梦想。与此同时，刘寨村的文化伴随着城市化的发展也经历了多次变革，且对复程小学的发展产生着深远而持久的影响。为了解刘寨村的文化状态，研究者在一次家长会中随机选取了10位家长进行访谈，其中3位来自离异家庭，7位来自原生家庭，在结合相关教师访谈资料的基础上对其文化景观进行考察分析。

1. 小农文化："忙于家务没空上学"

刘寨村位于地广人稀的J省，人均耕地3亩。直到20世纪八九十年代，刘寨村仍然以种植苞米为生，典型的农业经济，每当农忙季节复程小学的部分学生就会出现缺课、请假现象，影响正常的教育教学秩序。再加上复程小学教师业务能力整体偏低、教学质量不高，这里的学生大部分小学毕业或初中毕业，极少数进入高中读书，进而使刘寨村形成了不重视学校教育的氛围。

　　过去咱们村的家长对教育根本不重视，那时候有一半以上的孩子对学校不是不上心，而是无所谓。比如，我班里的一个学生，他好多天没来上课，我就找人给他家长捎信问问怎么回事，后来他家长来学校了，原来是家里在修房子，孩子需要去砖厂捡砖头，没空来学校。我听到这种理由真的是哭笑不得，我说你们应该是有空上学没空干别的才对，当时这样的家长要占一半以上。不过也有部分家长对学校有所期待，跟老师配合督促学生学习，但是这样的家长真的很少。

——I-H-春波

　　我是家里的老大，下面还有一个妹妹和弟弟，当时家里穷，没有多余的钱供我们上学，父母忙于农活或打工挣钱，他们没有办法照顾弟弟和妹妹。如果妹妹或弟弟生病了，我就要在家陪着他们，并且每天放学回来，我根本就没有时间做作业，不仅要忙着给父母做饭，还要照看弟弟和妹妹，就这样我的成绩一直不好，仅仅上完小学就不上了。

——I-T-冬凯

　　过去农业机械化水平低，耕种、除草、施肥以及收割都靠人工，咱们村里地比较多，每到农忙的时候，孩子们就会缺课、请假，尤其是年龄较大的学生。有时家长也会来给学生请假，毕竟那段时间大家都忙，正常的教学秩序就会被打乱。

——I-T-冬雪

　　咱们学校的教学质量一直不高，在全乡是倒数，并且当时的大学升学率特别低。虽然大家知道读书有用，想让孩子们上大学，可是咱们村那么多年了真正考上大学的也没几个，考上的也是去了中师，并且受毕业分配政策的限制，毕业后还要回来工作，再加上老师的社会、经济地位不高，所以大家并不太重视教育。

——I-P-春光

从春波校长、冬凯保安以及学生家长春光的叙述中可知，当时刘寨村的村民往往以"没空上课""没钱""捡砖头""忙农活""照顾小孩"等作为不去上学的正当理由，这不仅说明他们自身的文化水平低、目光短浅，还严重影响其子女的受教育水平。虽然也有部分家长意识到读书的重要性，但是基于"高考录取率低""毕业分配"等现实因素的考虑，而失去供子女上学的动力，所以全乡逐步被"读书无用论"的消极氛围所笼罩，并为村民不重视教育提供了"合理"的借口，这也是导致复程小学的教学质量长期徘徊在全乡教育系统末端位置的重要原因。

2. 打工文化："简单地读、写、算就好"

随着经济的发展、社会的转型，刘寨村的人员构成结构发生了重要变化，部分村民开始外出经商、务工，其子女成为留守儿童；同时，部分外地务工人员（周围县区和外省人员）为降低生活成本选择在刘寨村居住生活，其子女成为流动儿童。自2010年以来，本地村民陆续去市内买房，外来务工人员的人数逐渐超过本地村民。虽然他们面对不同的生活境遇，但是对学校教育却持有相似的看法。

我和孩子的父亲在南方打工，孩子跟着他爷爷奶奶一块生活，每个月我给他们邮寄一些生活费，他爷爷奶奶也没有文化，孩子从小就"没人"管，每次我回来就会去学校了解孩子的学习情况。可能疏于管教，孩子特别皮，成绩也一直不好，当时我就给老师说，只要不学坏就行，我也不指望他考大学，以后能认识几个字，别像我这样"白纸黑字"不知道是什么就好。

——I-P-春花

我从事蔬菜买卖已经十多年了，我对孩子上学的期望不高，他们能顺利读完小学或初中即可，主要想让他们掌握一些简单的计算，以后来"接班"把账算明白就行。再说，我也不想让他们出去上学，一直陪在我身边挺好的。

——I-P-冬惠

　　我的户籍是山东的，我和妻子跟随亲友来C市务工，我们有四个孩子，现在家里老人都年迈多病，所以他们四个一直跟着我们在这里上学。由于没有J省的户籍，他们不能在这里参加高考，再说他们都上学我们也负担不起，所以我想让他们读完初中，掌握读、写、算的基本技能，初中毕业后快点打工挣钱缓解我们的经济负担。

——I-P-春山

　　现在就算考上大学能怎么样，不也是毕业就失业。现在好多大学生都在家待业，即使找到工作了，还不一定有我们农民工挣得多。再说，上那么多年学还要花很多钱，还不如早点出来打工挣钱呢。

——I-P-秋莹

　　这些外来务工人员眼里只有钱，有的家长竟然把学校作为一种赚钱的手段。我们班里有一个学生自己不小心摔在废弃的足球门上结果下巴摔破了。学校及时把他送医，不过留了一个小疤，结果家长向我们索赔20万。学校没钱给，后来把学校给告上了法庭，并强制执行，最终学校赔了一万多才解决。

——I-T-冬婷

　　由此可知，留守儿童的父母对其子女的教育期望是"不学坏""识字"就行；本地经商的父母基于"经济理性"对其子女的教育期望是"接班别算错账"；流动儿童的父母由于经济压力较大或者受高考政策的束缚对其子女的教育期望是"简单地读、写、算""赶紧毕业挣钱缓解家庭经济负担"；功利性比较强的家长从投入与产出的视角进行计算，认为"读书还不如早点出去打工挣钱"；更有甚者把学校作为"赚钱"的场所。因此，刘寨村的打工者在"一切向钱看"的"经济理性"价值观的指引下，他们把学校教育作为一种获取基本技能的手段，而没有看到学校教书育人的本体价值，并且对学校教育的期望普遍偏低，不仅不利于营造尊师重教的社会氛围，还弱化了学校教育的育人功能。

3. 暴富文化："读书能发家致富吗"

2015 年，刘寨村的土地被征收建设湿地公园，本地村民不仅实现了"上楼"的梦想，还由于拆迁赔偿创造了一夜暴富的神话，从而形成了一个特殊的群体，有些村民进入市内买房享受城市生活，有些村民继续在附近周边小区，其子女依然在复程小学就读。本地村民由于失去了土地而变得无所事事，并滋生了挥霍浪费、好吃懒做、游手好闲的恶习，对学校发展带来不良影响。

过去本地村民每学期还来学校几次打听一下孩子的学习情况，哪里需要家长配合。自从完成拆迁以后，一学期下来也很少能见到他们一次。有时即使见到，也是简单地聊两句，只是说别让孩子在学校受欺负，对孩子在学校的表现闭口不问。现在的孩子与以往不同了，他们怕吃苦，变得懒惰，一旦遇到稍微有难度的试题就会放弃。

——I-D-夏红

现在周围的人抱着一种读不读书都无所谓的想法，他们觉得读书对未来影响不是很大，他们没有读书一样吃喝不愁，这样的社会氛围也把孩子带坏了，让他们产生一种错误认识——读书无用，干吗还要辛苦地去读书。

——I-T-秋花

上学有用吗？我一点文化也没有，不也生活得挺好，现在有车有房有存款，当时比我学习好的同学现在混得还不如我呢，所以上学并不能实现发家致富。

——I-P-秋果

我们孩子在学校学不学习无所谓，只要健康快乐就好，我不希望他考大学，我想把他留在身边，再说现在大学生遍地都是，初中毕业后让他去经商、创业。

——I-P-夏洋

随着城市化的发展，刘寨村的"拆二代"对学校教育并没有形成正确的认知，只是以是否可以实现发家致富作为衡量学校功能的重要标准，带有浓厚的功利主义及经济理性的色彩。本地村民受拆迁政策的影响，其家庭条件得以改善，实现了"一夜暴富"的梦想，并滋生了挥霍浪费、好吃懒做、游手好闲的恶习，其子女受其影响也不再认真学习，并养成了懒惰的习惯，学校教师对此现象也是无可奈何，并已成为制约复程小学发展的重要因素。

综上可知，无论是过去的小农文化，还是当前的打工文化、暴富文化，在刘寨村学校教育并不被重视，通过各种形式表现着读书无用论，极大地削弱了学校教师的权威，影响学校教育教学质量的提升，弱化了学校教育的功能，这也是导致复程小学长期低效发展的重要原因之一。

（二）家庭文化："重养不重教"

2018年，习近平总书记在全国教育大会上指出，"家庭是人生的第一所学校，家长是孩子的第一任教师"。所以，家庭教育在孩子成长的过程中起着重要作用。随着社会的转型、城市化的发展，刘寨村的外来务工人员越来越多，不仅改变了本村的人员结构，也促进了人们思想观念的解放，离异家庭逐渐增多。研究者在一次家长会中随机选取了10位家长进行访谈，其中有3位是离异家庭，7位是原生家庭，在结合相关教师的访谈资料，通过梳理分析发现刘寨村的家庭教育极为薄弱，"重养不重教"的问题尤为突出。

1.原生家庭："哪有能力教育孩子"

我在工地上干活，小学都没有毕业，对教育一点都不懂。有时我连二年级的数学题都整不明白，根本没有办法对孩子的作业进行辅导，这个应该由学校来负责。再说，我每天辛辛苦苦出去干活，回来以后只想早点休息。我希望孩子能取得好的成绩，但是我真的无能为力，没有更多的钱为他补课，他学好学坏就听天由命吧。

——I-P-春山

我不仅没有能力，也没有时间辅导孩子，白天一直拼死拼活地挣钱来维持生计，根本没有心思关心孩子的教育问题。现在都说知识改变命运，我们也都知道，但是我真的没有这个能力啊！

——I-P-春光

这里的家庭教育确实存在太多问题了，二三十岁的年轻人都出去上班挣钱，把孩子留给老人，老人也不管孩子，他们娇惯着、得过且过，并且也没有能力去管，我一般建议他们送托管班。

——I-T-秋红

现在人们的思想观念也发生了变化，不再把读书作为人生的唯一出路，倒是觉得读不读书无所谓了。我也尝试跟家长沟通过，但是这里的家长真的很忙。有时他们把孩子送过来，我就跟他们聊聊孩子的情况，他们就说"老师咋整，我也管不了，你们看着办吧！"你说家长都已经放弃了，你让我们学校怎么办。

——I-T-秋花

现在的教育真的越来越难了，有的时候老师心有余而力不足，因为你想把孩子教好，但是家长不配合，所以说家庭教育也是影响孩子发展的重要因素。

——I-T-秋霞

我们班有一个小男孩特别调皮，有一次我让他叫家长，结果他姥爷来了把他揍了一顿，可是这事情远远没有结束。据说，回到家之后，他姥爷与他爷爷吵起来了，就是因为打了孩子，好像吵了好多天。现在我基本上也不太管这个学生了，听之任之吧，免得引发他们的家庭纠纷。

——I-T-秋红

现在农村仍有一部分家长不懂教育，他们心有余而力不足，整天恨铁不成钢，急了就踢两脚，考试差了就焦虑、着急。其实，农村与城市之间家长的观念相差还是挺大的，城市好多家长特别关心教育，注重孩子学习成绩，还把孩子送到各种辅导班、特长班；咱们这里的学生主要去托管班。就学生成绩而言，农村、城市的家长都很重视，但是咱们城乡接合部的家长倒表现出一副无所谓的态度。

——I-H-春玲

受访的7位原生家庭的父母，其中5位小学毕业，1位初中毕业，1位高中毕业，他们不重视学校教育的主要原因在于：一是，囿于家长的文化水平普遍较低，根本没有能力辅导孩子；二是，他们忙于生计，不仅没有时间和精力对孩子进行辅导，而且经济拮据没有更多的钱用于补课。此外，部分村民还把家庭教育的责任外推，认为这些应该由学校教育来完成。同时，对教师的访谈也进一步印证了刘寨村的家庭教育较为薄弱，确实存在没有能力辅导、责任外推的问题。在此文化背景下，缺少家庭教育配合的学校教育则显得"势单力薄"，变得"孤军奋战"，也必然影响学生成绩以及学校发展水平的提升。

2.离异家庭："你们学校看着办吧"

虽然刘寨村处于城乡接合部，但是这里的离婚率特别高，每个班级大约有4至8人是离异家庭，可能疏于管教，这些离异家庭的问题儿童较多。研究者在进行田野调查的四个月里，几乎每天都会在办公室看到学生补作业的情况。经与班主任沟通，离异家庭子女的比重高达90%以上。这些孩子不仅学习成绩不好，而且还是班级里特别顽皮的孩子，并且经常破坏班级的管理秩序。

前几年我带的那个毕业班，离异家庭比较多，总共30个学生，有8个是离异家庭。对我印象最深的是小明（化名），他特别聪明，开始学习成绩特别好。后来，他的作业总是完不成，上课也不在状态，经了解才得知原因——他的父母总是闹矛盾、打架，最后离婚了，他跟着爸爸一起生活。可是他爸需要挣钱，也没时间管他，后期他也自我放弃了。有一次他对我说，"老师，你也别管我了，我就这样了，顶多把初中念完。"升入初中以后，可能在学校不受待见，家长也不管，觉得在学校没有意思，初中一年级就辍学了，这么小的孩子就步入了社会，真的担心他以后的发展。

——I-D-夏红

他爸妈离婚了，孩子跟着爸爸一块生活，可是他爸为了维持生计出去打工了，把孩子留给我和爷爷了，我们只能保证他吃喝不愁，但是对他的学习无能为力。我每次都跟班主任老师说，"我们没有文化，根本辅导不了，希望你们老师多费心"。

——I-P-冬梅

之前，她爸每天都早出晚归出去挣钱，我在家辅导她的学习。后来，由于脾气不和，我们离婚了，现在我需要出去挣钱，没时间辅导她的学习，我就告诉学校老师多多关照一下，他们建议我送托管班，现在每天放学以后就在托管班待着，只能保证每天能够完成作业，但是成绩并没见好转。

——I-P-冬青

随着城市化的发展，刘寨村的村民大多忙于生计，无暇顾及子女的教育问题，离异家庭尤甚，要么隔代教育，要么放任自流。总之，这里的家长对子女的情感投入极为欠缺。部分家庭也意识到家庭教育缺失的问题，而将其送到托管班或者恳请学校教师给予照顾，但是这并不能弥补离异家庭对孩子心灵的创伤，以及家庭教育缺失对其成长的不良影响。

综上所述，无论是原生家庭的"哪有能力教育孩子"，还是离异家庭的"你们学校看着办吧"，都存在着家庭教育缺失以及责任外推的问题。对于人的教育而言，家庭、学校和社会任何单一的力量都无法承担起教育的全部任务。诚如马卡连柯所述，"一个人不能够一部分一部分的来教育，而是由人所经受的种种影响的全部总和综合地教育出来的。[1]" 换而言之，家庭教育、学校教育和社会教育是一个教育的有机整体，唯有三者形成合力才能促进学生的全面发展。然而，从目前研究者对刘寨村的城郊文化以及家庭文化的考察来看，刘寨村并未形成尊师重教的社会氛围，学校教育的功能出现明显的弱化。

（三）学校文化："老态缺活力"

20世纪末，为消除重点学校政策的后续影响，中共中央站在历史的新征程，致力于为适龄儿童提供公平而优质的学校教育，提出了义务教育均衡发展的战略目标。经过多年的攻坚克难，复程小学在"全面改薄"政策的影响下发生了天翻地覆的变化。具体来说，在硬件资源方面，学校校舍得以修缮，校园环境不断美化，教学设备实现更新，现已实现学校标准化建设；在软件资源方面，随着"国培""省培"计划的相继实施，学校教师外出交流与培训的机会逐步增多，学校教师的面貌发生了巨大变化。但是复程小学在学校管理、思想观念、教学质量等方面也存在诸多问题，整个校园暮气沉沉、老态龙钟。正如美国社会学家奥格本所述，"在社会变迁的过程中，物质文化与科学技术的变迁速度往往是很快的，而制度与观念等部分的变化则较慢，这就产生了一种延迟、错位现象，并把这种现象称为文化堕距"[2]。美国管理学家埃德加·沙因在《组织文化与领导力》一书中明确指出组织文化的概念，并对组织文化的内涵与层次进行了界定，他认为组织文化应从物

---

[1] 陈大忠，夏如波 . 学前儿童家庭教育 [M]. 南京：南京大学出版社，2014：154.

[2] 威廉·菲尔丁·奥格本 . 社会变迁——关于文化和先天的本质 [M]. 王晓毅，陈育国，译 . 浙江人民出版社：1989：26-29.

质、精神与制度三个层面着手开始分析[1]。基于此，研究者在对刘寨村社会文化以及家庭文化进行考察的基础上，借鉴埃德加·沙因的组织文化理论重点从价值观念、制度规范、行为方式等方面对复程小学的文化景观进行呈现，并从中挖掘为复程小学的行为主体提供如何选择与行动的文化符号，从而为文化取径下薄弱学校形成机制的阐释奠定基础。

1. 宿命主义："学校现状无法改变"

学者李沛良认为，中国人的宿命主义是一种"宿命能动观"：①不否定宿命因素的存在；②强调以个人的主观意志和力量在社会中争取成就；③尽力将宿命因素转化为进取的助力、增强自信心[2]。如果用宿命主义来解释薄弱学校的话，那么对薄弱学校的行为主体而言，他们在教育系统的结构性环境面前表现出了宿命主义的心态，即薄弱学校是由社会结构造成的，个人的改变是极其有限的，与其把主动性、进取心理解成为抗争，不如将其看作是认可和接受结构性环境的安排更加合适。所以说，薄弱学校的形成不仅有社会结构的作用，也有行为主体自身的作用。正如沃特斯所述，"个体不是社会世界的产品或摆布的对象，而是创造周边世界的主体，他们在思考着、感觉着、行动着[3]。"因此，欲科学合理地对文化取径下薄弱学校的形成机制进行阐释，那么对薄弱学校行为主体价值观念的考察则显得极为必要。

（1）学校发展的理念落后

随着教育改革的持续深化，中国学校教育的发展理念也在持续地更新与变革，它要求人们以新的发展理念引领学校教育的发展与变革。但是改变薄弱学校行为主体的观念并非易事。相对而言，复程小学教师的整体素质偏

[1] 埃德加·沙因.组织文化与领导力 [M].章凯，等，译.北京：中国人民大学出版社，2014：51-65.

[2] 乔健，潘乃谷.中国人的观念与行为 [M].天津：天津人民出版社，1995：240.

[3] 马尔利姆·沃特斯.现代社会学理论（第二版）[M].杨善华，译.北京：华夏出版社，2000：58.

低，获取新知识和信息的能力较弱、对新事物的认知能力、融入教育变革的适应力以及在变化的教育系统中调整办学定位的能力显得不足，发展理念的守旧、故步自封的心理、闭塞的信息通道，影响了他们对未来学校教育发展趋势的研判，难以精准地把握改变学校现状的机会，从而阻碍学校的发展。

2016年，我从市内学校调过来担任复程小学的校长。从小到大我一直在市内长大，从来没有去过农村，对农村教育更是一无所知。当时为了顺利开展工作，还专门研读了几本有关农村教育的书。后来，我的工作思路逐步明晰：以"打造农村精品校"为目标，以"为孩子的幸福人生奠基"为办学宗旨，遵循"以爱育爱·倾听花开"的办学理念，坚持育人为本、质量为先、管理为重、特色为亮的工作策略，扎实推进校本课程开发，促进学生的全面发展、个性成长。为此，采取了以下措施：一是开发校本课程，由于地处城乡接合部，在办学上既不同于城市教育体系，也不属于农村教育范畴，需要给这里的文化寻"根"，为此开发了种植园、腌酸菜、包饺子、制作糖葫芦等校本课程。二是积极举办活动，由于咱们学校位置偏僻，学校教学质量一直不好，不仅与市内学校无法相提并论，与本乡其他小学校相比也存在较大差距。再加上，咱们的生源大多是外来务工人员子女，教师基本都是本地村民，他们寡见少闻、视野狭隘，为开拓教师与学生的视野，促进学生的个性发展，我把工作重心放在开展活动上，教学质量并没有给予太多关注。所以，我积极与区教育局、市内学校以及D大学合作，争取更多举办、参加活动的机会。三是加强宣传力度，由于学校位置偏僻，教学质量低效，社会声誉低下，生源也在持续减少，为了积极宣传学校活动、提高社会声誉建立了学校微信公众平台，对学校活动、事迹及时进行宣传报道。四是促进教师专业发展，但新老教师区别对待，一方面，积极推动年轻教师的专业发展，鼓励新入职教师参加各种比赛，给予更多外出交流与培训的机会，使其在工作中得以快速成长；另一方面，由于老教师安于现状、不思进取的习惯已经养成，并且教学观念也很难扭转，教学上仍然采取"一言堂""填鸭式"的模式，练习及备考上运用"题海"战术，教案上采用"二次复备"的形式等，我作为一名"空降兵"，他们也不太服从我的管理，所以我对他们也没有太多的要求，只要不出事、不惹事、不上访，维持学校的和谐与稳定就好。

——I-H-春玲

春玲校长通过自身的学习、结合自身的办学经验，提出了打造"农村精品校"的口号，希冀通过校本开发、举办活动、加强宣传、促进年轻教师专业发展等方面推动学校的整体发展与变革，其实这是对城市学校办学理念的简单移植，但是她忽视了复程小学的实际情况，所以部分教师对其做法的评价是"不接地气"，并对此持抵制态度，在一定程度上影响学校管理效能的提升。此外，春玲校长也意识到了复程小学教学质量低下以及管理效能低效的问题，她不仅没有直面问题寻求解决措施，反而对此进行了有意回避，希冀通过开展活动、加强宣传来提升学校的社会声誉。这种急功近利、本末倒置的做法，虽然可能在短时间内取得一定成效，但它忽视了学校教育教学质量的提升，不利于学校的长远发展。

为改变学校教师的教学观念，缩小与市内学校的差距。2018年11月，春玲校长联合周边四所小学校创建了"小微联盟"，并且邀请J省教育学院语文教研员、全国优秀教师、全国教育系统劳动模范、全国劳动模范、"国培计划"专家库首批专家——立夏教授进行一次"主题研修"培训，恰好研究者在此期间进行田野研究，有幸参与其中。立夏教授在讲座中分别对"主题研修"的意义、含义、形式、过程、优势以及主题研修手册的特点及方法进行了介绍。最后，春玲校长对立夏教授的讲座进行了总结点评，并给予其J省"农村教育第一人"的美誉，将其聘请为复程小学的专家顾问。

关于一次"主题研修"的培训[1]

如果每一个教师都能在"问题——探索——问题"这条路上走几个来回，那么一个不合格的教师就会成为一个合格的教师，一个合格的教师就会成为一个优秀的教师，一个优秀的教师就会成为一个杰出的教师，主题研修是引领广大教师走向自我发展的必要道路。所谓主题研修，就是教师在有目的地解决自己教学中的实际问题或弥补自身素质缺欠的探索过程中，进行一系列促进自我提高、自我发展的教研活动。主题研修的形式主要包括团队形式和个人形式，团队形式分为主分题、学科年段主题、自愿组合式主题、综合性主题、同题异科式主题、学科共同主题；个人形式分为特长主题、针对性主题。主题研修的过程：提出问题与确定主题（主要包括明确任务、群体研讨与领导把关、针对性地学习与搜集资料、制定计划与主题填表、合理安排主动探索和团队互培的时间）、主题探索与团队互培（在个人主动探索中指出，教师自主探索的基本流程是问题——学习上课——反思；在团队互培中给出了教研组集体行为、几个人合作的具体形式）、总结评估与提出问题（主题研修的重要一环）。主题研修的优势：将多种力量聚焦在一起，使教师的发展由被动转为主动、有利于改进课堂教学，催生教学方法、有利于形成良好的学习氛围与教研风气、规范学校的校本教研、校本科研、实现对教研、科研和师培的有效整合。此外，还对主题研修手册的特点及使用方法进行了简单介绍。

——L-E-立夏

立夏教授通过自身的从教经历和对教育的执着追求，总结出了一条以"主题研修"促进教师自我发展的实现路径，该主题讲座是一线教学名师对教学经验的总结，而不是一种学术性研讨，对中小学教师的自我发展具有重

---

[1] 以上资料来自立夏教授"主题研修"的课件内容。

要的指导意义，并提出了可行性的实践建议。但是无论是研修理念还是研修设计方面均忽视了以生为本——以学生的需求为基本导向的素质教育理念，过于强调教师的主导作用，并以中考成绩和小升初成绩为例作为衡量该研修模式及教学效果的唯一标准，这与国家所提倡的全面发展的育人理念是相悖的。此外，自2007年起，主题研修在城市学校便已实施，如今复程小学在创建"小微联盟"的重要场合还以首场讲座的形式出现，并将其作为指引复程小学教师自我发展以及教学改革的未来方向，足以表明当前复程小学在教学理念上，已落后城市学校至少10年。

关于对立夏教授"主题研修"培训的讨论

立夏教授的主题研修确实让我开阔了眼界，为教师的自我发展提供了一条新路径，但是主题研修有团队与个人两种形式，主要以团队形式为主，咱们学校的教师人数太少，没有平行班，怎么采用团队的形式。如果采用个人形式，那么对个人要求太苛刻，需要付出很多的精力与时间，所以我觉得不适合咱们小学校。

——I-D-夏萍

立夏教授在报告中指出，"优秀教师成长在8小时之外"，这就意味着咱们下班以后需要认真去研究教案、科研与培训。白天我们上班本来就已经很累了，晚上回去还要加班批改、写教案、忙学校的工作，并且我们都有自己的家庭与孩子，根本就没有太多的时间去做这些。

——I-T-秋花

立夏教授的主题研修活动无疑会加重教师的工作负担，开展主题研修活动需要认真填写《主题研修过程手册》，《手册》还包括教案、听课笔记、读书随笔、教学反思等内容。近年来，咱们为了减轻教师负担而采用了"二次复备"的教案形式，如果采用主题研修，那么又要重新回到手写教案了，

176

这必然加重了我们的工作负担，这也是我们所不希望出现的。

——I-T-秋峰

虽然"主题研修"在市内学校已实施多年，实践证明它是推动学校教师专业发展以及学校发展的重要途径之一。尽管"主题研修"的理念与市内学校的教学理念相比稍显陈旧，但是对于复程小学的教师来说却是一种崭新的教学理念，它必然有助于提升复程小学的教学质量、促进教师的专业发展。然而，复程小学的教师由于安于现状，不愿突破原有的"舒适区"，并以"不认同该理念""没有团队""加重负担""没有时间"为由反对主题研修的实施。最终，春玲校长迫于教师的压力，主题研修事宜也就不了了之了。所以说，复程小学教师封闭自守的思想观念、拒绝变革的抵制策略、安于现状的庸常行为，不仅侵蚀着学校制度的正常运行，迫使学校管理者做出妥协，还严重制约着学校的发展，影响新时代中国教育高质量发展目标的达成。

（2）改变现状的主动性弱

主体的能动性是改变现状的前提和基础，只有能动地认识客观世界，才能在认识的基础上发挥自身的能动性来改造客观世界。积极能动地预示着人们认识的深化，是主体积极健康价值观的外化。价值观是指引现实行动的路线图，所以只有改变薄弱学校行为主体的价值观才能突破薄弱学校的桎梏、摆脱薄弱学校的标签，步入优质学校的队列。研究表明，愿意主动探寻改变薄弱学校现状的行为主体更加倾向于破解发展困境。相反，那些安于现状的行为主体则不愿或者不能找到改变现状以及促进学校发展的机会。

咱们学校自纳入B区管辖以来，两三年就会更换一个校长，所以咱们学校具有"校长的试验田""校长的摇篮"之"美誉"。每个新来的校长都有自己的一套办学理念，他们需要取得业绩才能完成升迁。起初，咱们学校老师还都积极配合校长开展各项工作，慢慢也累了，这么"折腾"不是办法。后来，我们也不是全力配合校长开展工作了，尤其是老教师没有那么多精力跟着折腾，每次校长布置任务，我们也就是象征性地传达或配合，现在主要是那些新入职的年轻老师在做，反正学校的事情你不做总会有人去完成，也不要求所有人去做。

——I-D-夏波

历届校长基本上是市内学校的副校长调过来的，他们来咱们学校就是为了"镀金"，在这二三年就会调入市内学校做校长，他们对咱们学校的实际情况并不完全了解，总感觉不接"地气"。他们特别重视开展学校活动，按理来说，举办活动就是应该以学生为中心、促进学生的发展，但是现在的活动已经"变了味"成了"面子工程"。比如包饺子、腌酸菜、制作糖葫芦等，如果学生都学也好，关键是每次活动都是那几个会做的学生参加，名义上是促进学生全面发展、个性成长，其实就是为了发发朋友圈，写个宣传稿，让校长有业绩、快点升迁，并且我们老师也要跟着参与，一次活动大约需要准备二三天，这么做不仅失去了活动应有的价值与意义，还干扰了学校正常的教育教学秩序。

——I-T-秋霞

学校培训、开会的事情太多了，每天专门派两位教师出去培训、开会都不一定能应付过来。再说，咱们学校无论是市、区教育局组织的会议，还是D大学组织的讲座都需要参加。校长说，让我们开阔视野、增长见识，但是他们讲的并不符合咱们学校的实际，我们去了也是凑人数，就是为了"捧个场"，让校长有"面子"。这样的活动总感觉有点得不偿失，记得有一周我只上了一节数学课，严重扰乱了我的教学计划，但是也没有办法，作为新入职的教师不敢不服从领导的安排，所以每次也都忍着去做。

——I-T-冬涵

以上三位老师并未表现出主动改变现状的积极性，反而对校长的办学理念持怀疑、抵制态度，并将安于现状作为抵制校长管理的理由，比如将参加开会、培训视为校长升迁、拉拢关系、给上级面子的手段；把举办活动视为一种"面子工程"，并没有意识到这是提升他们自身素质、业务能力以及学校社会声誉的机会。此外，复程小学过于频繁地更换校长，长期使教师处于配合工作的繁忙状态之中，进而使教师内部出现了不同的利益群体。具体来说，一方面，他们为了维持"本体安全"及校长的权威，采取忍的策略——象征性地服从与配合；另一方面，为了表达自己的不满，往往在自身所在的利益群体内相互吐槽，进而获取情感支持，在此过程中降低了学校的管理效能。

自"国培""省培"计划启动以来，咱们学校的部分教师参加了"国培"计划，所有教师都参加过"省培"计划，并且每年需要完成不低于72学时的继续教育远程培训的学习任务。其实，这些培训的内容都挺好的，尤其对改变教师的教育教学观念，但是现在咱们学校的教师可能是太忙了，根本就没有人愿意去学习，通常同时打开多个页面挂学时，作业部分也是有一人负责整理答案，然后传到群里分享给大家。起初我还提醒他们这样做很容易不及格，可是根本没有人听，并且也从来没有人出现不及格的情况。后来，我也不那么认真了，只负责下达通知，具体怎么操作我就不管了。

——I-D-夏萍

每年咱们教师都会申请区教育局的科研课题，一般研究周期为一年。其实咱们教师并不是对科研感兴趣，而是带有明确的功利性目的——为了满足评职称的要求。咱们区的科研课题无论是立项还是结项都是要收费的，他们一般会在网上下载一个申请书稍加修改提交，申请下来以后也不做，只是在年末统一上交结项材料的时候，在网上下载一篇与之相关的论文略加修改提交结项。科研对咱们来说纯属形式，它对咱们教育教学并没有什么作用，甚至有时还是一种负担。我作为科研主任也是没有办法，我深知这样不利于学校发展，但是我也无能为力，只能听之任之了。

——I-D-夏萍

咱们学校教案实行"二次复备"，即在网上下载一个电子教案，将其打印出来装订成册，在此基础上写教学反思。每学期我负责检查两次教案，主要看一下大家有没有准备，期末考核也是给出合格与不合格的评定，不过咱们学校就这几个人，怎么好意思给不合格呢！现在大家的教案基本上都是上一年度老师给的，每次检查的时候都是临时打印，虽然要求"二次复备"，但是并没有几个老师认真对待，上课也几乎不参考教案，毕竟都教那么多年了，知识点也都掌握了，看一下教材就可以了，教案主要是应对上级检查的。

——I-D-夏红

虽然咱们学校的教师居住在市内，但是他们的家乡有一半是本村的，受过去农村文化的影响，他们普遍视野狭隘、寡闻少见，安于现状、不思进取。我作为学校校长，虽然他们不积极地配合工作，但我又不能和他们"撕破脸"，为了维持学校的正常运转、保持学校的表面"和谐"与"稳定"，我也只能"睁一只眼闭一只眼"，力争学校教师之间的平衡。关于学校的工作，老教师能做多少是多少，让新入职的教师尽量去做，这样不仅能给他们提供更多锻炼的机会，还有助于落实我的办学理念。

——I-H-春玲

其实，复程小学并不是没有改变现状的机会和资源，只是其行为主体被惯常的思维习惯所束缚，将"国培""省培"计划以及继续教育远程培训视为一种负担，他们只是片面追求完成学时，并不在意学到了什么；将科研作为晋升职称的手段，但不是为了更好地教学，带有明确的功利性倾向；将"二次复备"作为一种形式，教案依旧停留在过去水平，上课也是凭借以往经验，并没有按照教案讲解与反思。三位主任对教师的行为也表示很无奈，采取了"忍"的策略，即培训主任——"具体怎么操作我就不管了"，科研主任——"我也没有办法、听之任之吧"，教学主任——"上级检查有教案就可以了"，主任的无奈与不作为态度，反而进一步降低了教师工作的主动

180

性。此外，春玲校长也意识到了复程小学教师主动性不强的问题，但是为了维持学校的正常运转，保持学校表面的"和谐"与"稳定"，争取为"不撕破脸"而采取了"忍"与"和"的行动策略，进一步加剧了学校弱势的积累，助长了教师的庸常行为。

近年来，复程小学周边的土地被征收建设湿地公园，其生源急剧减少，直接危及复程小学的存废问题，面对这一危局，研究者专门与几位老师讨论了学校的拆迁问题，希冀从其行动中进一步考察教师的积极性。

关于复程小学面临拆迁问题的讨论

我没有压力，有啥压力，压力又来自于哪里呢？我觉得我没有什么需要改变的，我现在教得挺好的。再说，我有正式编制，就算咱们学校合并了，我一样不会失业，只不过换个环境而已。

——I-T-秋莉

我没有考虑过这个问题，因为我觉得跟我没有太大的关系。现在好多老师都在讨论以后搬到哪里，怎么合并，生源怎么办，但是这对我来说已经无所谓了，毕竟我马上就要退休了。

——I-T-秋慧

我有一定的压力，毕竟年龄大了（40岁），不愿意换新环境。不过如果真的合并了，面对新环境，我也不需要改变什么。再说，都那么多年了，也没改变什么，让我教学就可以了，别让我整乱七八糟的事。

——I-T-秋英

如果年轻的时候会有压力，现在不行了，都工作20多年了，你也不能让我下岗，如果学校合并了，把我分到哪里我就去哪里，唯一对我有影响的就是评职称压力会相对大一些。这事我也无能为力，有的时候你挺努力未必是好事，没准会是坏的结果，

——I-D-夏红

通过对复程小学面临拆迁问题的讨论可知，复程小学的老师并没有因为学校的拆迁、合并在争取生源、提升教育教学质量方面做出改变，而是对拆迁或撤并以后的工作状态进行了展望，并以我有"正式编制""马上退休""年龄大了"为由拒绝改变，即使进入新的工作环境，也纷纷表示没有压力，可以按照当前的工作状态开展工作。由此可知，复程小学的教师在面临学校未来存废的重大问题面前，依然表现出安于现状、不思进取的工作态度，这也足以说明复程小学教师改变现状的主动性之弱、学校归属感之低，这也是导致该校教学质量长期低下的重要原因之一。

（3）自我认知的悲观消极

在心理学中，自我认知又称自我效能，是指个体对自身能够完成某项工作或任务的自信程度，它涉及的并不是个体能力本身，而是个体能否使用所拥有的资源完成任务的自信程度，往往与特定的情境相关，在不同情境下，自我认知的差异较大[1]。因而，薄弱学校教师对其学校的看法，很大程度上决定了他们的工作态度及日常行为，是积极改变还是安于现状。由上文对复程小学教师主动性的考察可知，大部分教师安于现状、不思进取，下面将对复程小学教师的自我认知做进一步考察。

关于自我专业发展规划的讨论

我不喜欢竞争、我喜欢自由自在的生活。我没有长远的规划，也没有成为名师的想法，不耽误孩子就可以。在工作上，上对得起领导，下对得起学生就行。再说，过去咱们学校的老师也都是这样，慢慢熬到退休就可以了。总之，我是一个懒人，没什么上进心。

——I-T-秋莉

年轻的时候有发展规划，希望自己成为一个名师，走名师之路，这是

---

[1] Bandura, A. (1977). "Self-efficacy: toward a unifying theory of behavioral change", Psychological Review, 84 (2) :191-215.

一个美好的向往。随着年龄的增长，就觉得这个想法是一个玩笑，想想就好了。现在就想做一名好教师，即在理解学生的基础上与学生和谐相处。不过，现在的精力不行了，与孩子相处也不如从前了。过去学校老师也没有因为职业倦怠或没有发展规划而被辞退的，所以现在我的想法就是教好自己的学生、照顾好家庭。

——I-D-夏红

我之前想成为一名省骨干，这个我已经实现了。现在我想成为J省名师，建立自己的工作室。可是，咱们学校毕竟太小了，我不知道自己到底是什么水平，现在参加市内的比赛，好多需要有名师工作室的身份，否则就没有资格参赛。现在我已经加入了一个工作室，想借此积累一些资源，为自己的名师之路做奠基。不过我现在是本科学历，好像未来的名师需要研究生学历了，如今我已结婚，并有两个孩子了，没有精力和心思去修学历，现在我也很纠结，不知道怎么办。

——I-T-冬婷

职业发展目标有用吗？咱们学校评职称主要是看教龄，过去只有一个教师通过骨干教师的绿色通道拥有高级职称，这么多年了该政策就没有再实行过。想要成为骨干教师、名师等就会付出很多、很累，可是它又能给我们带来什么呢，又不能涨工资，也不能晋升职称，所以我就这样熬着，该轮到我晋升职称的时候自然就上了，着急也没有用。

——I-T-秋峰

我身体不好，21岁的时候就患上腰椎间盘突出，刚分配下来的时候比较有上进心，想做得好一点，成为出色的老师，自己也很积极、努力。后来，颈椎、胸椎都出现了问题，三年前还患上了眩晕症，怕影响班级管理就辞去了班主任工作，当时差点得了抑郁症，对生活失去了希望，这两年稍微好一些。所以，现在，我没有规划，身体最重要。我希望不教语文了，教美术、书法等小科，对于维持学校运转和学校发展，我就不管了，保护好自己就好了。

——I-T-秋敏

复程小学的大部分教师对自我发展没有规划，只是想完成自己的教学任务，并以"对得起良心"为衡量标准，在一定程度上反映出教师质朴的师德。如果从专业发展角度以及教师的自我认知来说，他们对自我发展没有追求，并以"没有上进心""家庭和孩子"以及"身体条件"为由对自身专业发展及自我认知持消极态度。即使个别有追求的教师也会以客观条件不允许放弃最初梦想，而沦为平庸之辈。更有甚者在讨论中明确指出，"我没有个人发展规划，评职称也用不上，有指标也就自然上了"，带有浓厚的功利主义与宿命论的色彩。此外，部分老师还以"过去就是那样"为依据证明当前状态的合理性。所以，复程小学的教师被一种消极悲观的氛围所笼罩，严重制约着复程小学教师的发展以及学校教育教学质量的提升。

外出培训时，我很少跟人提及我是复程小学的教师，因为咱们学校在全区的声誉不是很好。即使告诉他们我是复程小学的，他们要么不知道咱们学校，要么就显示出一副鄙夷的表情，总是感觉低人一等，所以现在我很少跟人提及我是复程小学的教师。

——I-T-冬婷

我儿子没有在这里上学，好像咱们学校教师的孩子很少有在这上学的。虽然在这里上学我可以"照顾"他，但是我觉得咱们学校太小，缺少仪式感，并且咱们学校教师的素质水平我了解，教学质量也不高，所以咱们老师都愿意花钱让子女在市内就读，也不让他们在咱们学校读书。

——I-D-夏红

历年来，咱们学校的教学质量一直不高，过去咱们学校的师资质量有问题，主要是一些民办教师转编制，教学水平有限。随着生活条件的改善，本地村民逐步进入城市生活，外来人口增多，生源质量逐年下降，再加上这里的村民不重视教育，家庭教育也跟不上，咱们学校教师尽力了，成绩上不来我们也没办法。

——I-T-冬堂

我们老师并不是很了解学校的发展规划，这是学校领导的事，跟我们没有关系。不过在开会的时候校长好像提及过建设什么精品校，具体怎么做就不知道了，何况咱们学校频繁更换校长，根本就没有什么一脉相承的东西，一个校长一个想法，这个问题甚至连副校长都不能回答你。我们只负责上课就好，学校发展是领导关心的事情，跟我们无关，这么多年了，除了在学校硬件上有所改变，其余方面也没见有什么长进，要快速改变学校现状根本是不可能的。

——I-D-夏波

我没有徒弟，我觉得这个不是一般人能带的，我也没有那个能力。

——I-D-夏红

复程小学的教师对自我认识具有以下特点：一是复程小学的教师身份认同感较低，他们在对外交流与培训时由于学校教学质量较低、规模较小，总感觉"低人一等"从而采取逃避的策略，以维护自身的尊严；二是复程小学的教师对自身的教学质量不信任，据了解，复程小学教师的子女几乎没有在此就读的，其根源在于对学校教学质量不信任；三是复程小学的教师对学校发展规划不了解，有的甚至是一无所知，并将其认为是领导的事跟自己没有关系，对改变学校现状持以怀疑态度——"想快速改变学校现状是根本不可能的"；四是复程小学的教师对教学质量不高进行责任外推，即过去教学质量不高的原因在于教师素质偏低，当前归因于家长、生源，并没有从自身寻找原因而做出改变；五是复程小学的教学主任以"我没有能力""资质不够"为由拒绝带徒弟，这充分显示复程小学的教师对自我认识的悲观消极。简而言之，复程小学的教师普遍对改变学校现状的认识不足、自暴自弃，自信心不足，不仅对学校管理及变革持抵制态度，还将学校质量不高的责任外推于家长及生源，这反而进一步降低了他们的自我认知，使其陷入一个恶性循环而难以自拔。

综上所述，复程小学在价值观念上具有明显的"宿命主义"特征，具体表现为：一是学校发展的理念落后，与城市学校相比至少落后10余年，并且学校教师还以各种理由拒绝改变，学校管理者在其压力下被迫采取了"和""忍"的行动策略——"睁一只眼闭一只眼"。二是教师改变现状的主动性弱，虽然学校有改变现状的机会和资源，但是学校教师通过"关系"组建利益群体并采取"忍"的行动策略——为了维护管理者的尊严而象征性地实施，实质是对改变现状的措施进行各种形式的抵制，从而使其措施趋于形式化。三是自我认知的悲观消极，教师安于现状、拒绝改变，不仅对自身的专业发展没有明确的规划，并且在对外交流与培训中表现出"低人一等"的心态，将学校教学质量不高的原因归于生源、家长，并未从自身寻找原因来改变学校现状，反而持以"无法改变"的心态。总之，复程小学在"宿命主义"价值观的支配下，学校教师安于现状、不思进取，整个学校也被暮气沉沉、毫无生机的氛围所笼罩，这成为阻碍复程小学发展与变革的重要因素。

2. 形同虚设："制度是应对检查的"

现代学校制度是指学校以完善的学校法人制度为基础，以现代教育观念为指导，学校依法自主、民主管理，能够促进学生、教职工、学校、学校所在社区的协调和可持续发展的一套完整的制度体系[1]。具体来说，现代学校制度主要包括学校产权制度、学校组织制度和学校管理制度三部分。其中，学校产权制度和组织制度是学校管理制度的基础，学校管理制度对完善校长负

---

[1] 朱家存，周毛毛.现代学校制度对完善校长负责制的意义[J].教育发展研究，2007（06）：75-77.

责制具有重要的作用。因此，研究者将对复程小学与学校教师利益休戚相关的管理制度进行考察，比如考核制度、绩效工资制度、职称评定制度等，切实把握复程小学管理制度的真实样态。

> 说实话，咱们学校有什么自主权可言呢，人事权由区教育局负责，财政权由财政局负责，事权是由区教育局统筹，咱们学校就是在学校内部有一定的业务权。虽然学校内部有些老师表现不好，业务能力低下，有的甚至站在了我的对立面，可是我又能怎么样呢，又不能将其辞退，也不能对其惩罚。为了维持学校的正常秩序，只有采取谈话的方式进行沟通，但是效果并不好。其实，我也很无奈，中国人需要"面子"与"脸面"。作为管理者，我必须给他留一些"面子"与"脸面"，不能采取严厉的措施，不然他们就会去教育局信访，对我及学校的发展都会产生不良影响。
>
> ——I-H-春玲

1985年，国家为提升校长办学的积极性，解决管理体制中管理低效的问题开始实行校长负责制。21世纪以来，尤其是《国家中长期教育改革和发展规划纲要（2010—2020年）》明确规定"落实和扩大学校办学自主权"[1]。在我国，学校办学自主权的内涵与西方不同，是指学校在教育行政部门指导下，在遵循国家教育管理的有关法律、法规的基础上，学校在各项具体事务的运行过程中，为保障教育教学工作的有序进行，可根据面临的具体情境与问题进行自主管理和决策的权力[2]。通过对复程小学春玲校长的深度访谈可知，其办学自主权主要体现在对学校内部业务的管理上，由于缺少必要的实权，又为了维护学校的和谐、稳定以及教师之间的"面子"，她在管理的过程中并不能采取相对严厉的管理措施，只能通过谈话的方式解决学校管理中

---

[1]　国家中长期教育改革和发展规划纲要工作小组办公室 . 国家中长期教育改革和发展规划纲要（2010-2020年）[Z]. 2010-07-29.

[2]　李晓燕，夏霖 . 关于扩大中小学办学自主权的思考 [J]. 中国教育学刊，2014（03）：26-29.

出现的问题，进而使学校的各项管理制度处于低效的运转之中，从而降低了学校的管理效能，阻碍着学校的发展。

关于学校考核制度的讨论

学校的各种考核制度是齐全的，不过只是作为一个文件而存在，主要用于上级检查。咱们学校教师并不知道具体的制度要求，有些制度是校长制定的，并没有通过公示，其合理性受到质疑，所以很难落实，好多制度仅作为一种形式而存在。

——I-D-夏波

学校考核制度需要与奖励制度挂钩，实行多劳多得。现在奖励制度取消了，大家干好干坏都一样，有良心的就好好干，没有的就瞎糊弄，反正都那么多工资，何必那么辛苦呢！咱们学校领导也不敢真正实施奖惩制度，一是，上面政策不允许；二是，担心激发教师之间的矛盾，产生麻烦，我感觉管理者也是很无奈的。

——I-T-秋欣

过去手写教案，要求挺严格的，每到学期末需要评出一、二、三等奖，并给予一定的物质奖励。近几年，为减轻教师负担实行电子教案，年末考核也没有什么奖励措施了，就是简单地评出合格与不合格，不过从来没有不合格的，感觉在逐步淡化教案制度，现在老师也不认真对待了，说白了就是为了应付上级检查。其实，老师就像学生一样，要求严格就好好整，管得松了就不认真了。现在上课根本不按照教案讲，主要是参考教辅材料，或自己补充的资料，唯有比赛或上级领导来检查的时候，才会认真去写教案，依照教案去教，不过现在这种情况也很少，一学期也就是二三次吧！

——I-T-秋红

咱们学校的教师比较少，校长从办公室走一圈就可以清楚地知道谁没来，所以没有实行签到制度。虽说咱们制度规定迟到、早退或缺一节课扣5元钱，但是从来没有因为迟到、早退扣老师工资的。虽说有点小事请假找人代课需要给副校长备案，可是大家很少这么做，私下就解决了。再说，大家毕竟都是同事，别人找你代课，你怎么好意思拒绝呢。如果请假在一天以上，就必须给副校长请假，那样就会扣工资的。所以，这个制度基本上就是一种形式而已，我们有自己的解决方式。

——I-T-冬媛

现在学校的各项考核制度相对健全，基本上按照区教育局的要求制定的，只不过有些制度根据咱们学校的实际情况进行了局部调整。由于咱们学校人少，各项制度并没有严格执行，更加倾向于人性化管理。过去咱们学校有考核评比，并给予一定的奖励，比如教案、师德等评比活动，现在各项奖励制度都取消了，只是颁发一个奖励证书而已，这对提高教师工作的积极性微乎其微。时间久了，老师也就懈怠了，但是面对这种局面我也无能为力，毕竟他们都习惯了，要想改变太难了。严格管理只会激发学校的矛盾，影响学校的和谐与稳定。

——I-H-春玲

进入21世纪以来，复程小学逐步建立了相对完备的学校制度，比如教案制度、出勤制度、奖惩制度等，但是在真正实施的时候却是另一番景象。教案由于缺少必要的奖惩措施而用来应对上级检查，失去了它应有的价值与意义；考勤制度由于学校人数较少而采用人性化的管理方式，并没有发挥其应有的作用。奖惩制度的缺失使教师职业成为名副其实的良心职业，不利于调动教师工作的积极性，部分教师也有改变这种局面的想法，但是由于"面子"而选择沉默。此外，校长也意识到考核制度方面存在的问题，但是为了维持学校的正常运转而采取"和"的行动策略。所以，复程小学形同虚设的考核制度也是造成其教学质量不高、教师安于现状、学校暮气沉沉的重要原因。

关于学校绩效工资制度的讨论

咱们绩效工资按照教龄、职称划分了不同的等级，其实相差不大。学校制度中只有请假制度与绩效工资挂钩。本来绩效工资是激发老师工作积极性的，但是咱们最初发放绩效工资是直接打到教师个人账户的，老师就默认为这是自己工资的一部分，它是属于个人的，谁也不能动。如果管理者改革绩效工资的话，老师完全有可能去教育局信访，给学校以及管理者带来麻烦，所以管理者也都明白什么可以做，什么不可以做。

——I-D-夏红

咱们学校的绩效工资并没有按照上级多劳多得的要求执行，大家基本上都差不多，只是个别的多带几节课有点课时费而已。其实，整个教育改革就那样，上面制定政策的出发点是好的，但真正落实到位太难了。起初绩效工资是直接打到个人账户的，现在如果稍微有点变动，大家就会与管理者"干仗"。虽然说请假会扣钱，但是咱们学校有两个老教师基本上不来上班照样可以拿工资，他们的课时需要我们教师来分担，所以大家对请假扣钱很不满意，不过大家又都是同事关系，面子上过得去就可以了。

——I-T-秋峰

绩效工资就那么回事吧，按理来说应该是多劳多得，但是学校并没有这么实施，主科教师与小科教师一样多，大家干多干少都一样，人都有比较的心理，怎么调动大家的积极性，我觉得不降低积极性就已经不错了。虽然咱们学校有23位教师，但只有9位老师教主科，大家都争着去教小科，因为没有批改任务，比较轻松，工资也都差不多。这种观念已经根深蒂固了，所以在同事之间流传这样一句话"一个在干、一个在看、另一个在搞乱"。

——I-T-秋慧

2008年，国务院为激发教师工作的积极性、提升学校教育教学质量，颁布了《关于义务教育学校实施绩效工资的指导意见》。从对复程小学教师的访谈来看，绩效工资并没有真正落实，而是依照职称、教龄划分了不同的等级，并将其直接打到个人的银行账户，进而使大家形成一种"绩效工资就是自己工资的一部分、谁也不能动"的错误认知。此外，绩效工资并没有按照多劳多得的原则落实，大家基本上差不多，进而出现"干多干少都一样""一个在干、一个在看、另一个在捣乱""争教小科"的局面。虽然部分教师对绩效工资的实施表达了不满，但是都基于同事关系、面子上过得去而选择忍气吞声，管理者基于"和"的工作逻辑，而不愿触动这一敏感区域，从而使绩效工资失去了它应有的价值与意义，反而降低了教师工作的积极性。

关于学校职称评定制度的讨论

虽然咱们学校依据区教育局的相关要求制定了一套完备的职称评定制度，但是现在大多数是按照年龄来的，因为大家都比较熟悉，年龄大的先上，他们退休的时候可以多拿退休金，也很快能把名额腾出来。

——I-T-冬刚

咱们学校的职称评定制度我不是很了解，总是感觉制度与现实不相符，现实是按照年龄论资排辈，别的只做参考，比如下次该你晋升了，这两年你就要把各种资格凑齐了，咱们学校太小了，这是大家默认的一种制度。

——I-T-秋花

区教育局关于职称评定是有一套完备制度的，比如师德、教学、日常表现等都有明确的规定。不过咱们学校有一个约定俗成的规矩——按照年龄晋升，这样大家也都不争不抢，但是挫伤了教师工作的积极性。不过，这是一个敏感的话题，哪个校长都不敢"乱"来，不然会造成不和谐，容易上访的。如果改变现状真正按照制度去实施，那么不仅不会提高教师工作的积极性，反而会激发同事之间的矛盾，教师的精力就不会全部用在教学上，同事之间就会钩心斗角。

——I-T-秋莉

教师职称评定制度是提升教师队伍素质，调动教师工作的积极性和进取心，以及推动学校发展的重要手段，主要从师德师风、个人业绩、教育教学、日常表现等方面进行综合评定。从以上教师关于职称评定制度的叙述可知，复程小学的职称评定制度有一套约定俗成的运作模式，主要按照年龄或教龄晋升，区教育局要求的各项指标在晋升之前符合即可，带有鲜明的论资排辈倾向。虽然有些教师对这种约定俗成的规则表示不满，同时也意识到一旦改变既有规则就会造成学校的不和谐，引发同事矛盾，反而会影响教育教学质量的提升，所以复程小学的教师及管理者为了维持学校的和谐与稳定，反而选择忍气吞声，继续沿用该规则，进而使正式的职称评定制度趋于形式，失去了它应有的价值与意义。

综上所述，复程小学的各项管理制度基本健全，但是存在执行不力的问题，并在正式制度之外存在一套约定俗成的规则支配着学校教师的行动。一方面，学校管理者为了应对上级部门的检查不得不按照相关要求建立各项学校管理制度；另一方面，学校教师长期在工作的过程中形成了一套约定俗成但又不成文的实践规则，在面对正规制度的规训时，一部分教师持以抵制的态度，一部分教师为了维持同事关系而选择忍气吞声。这些做法都在不断地侵蚀着学校正规制度的运作，进而使学校管理制度趋于形式，学校管理者为了维持学校的和谐与稳定，也被迫遵循正规制度之外的实践文本。正如斯科特所述，"这些隐秘的抗争行动不可小觑，大量的微不足道的行动的聚集就像成百上千万的珊瑚虫日积月累地造就的珊瑚礁，最终可能导致制度的搁浅或阻滞。[1]"因此，复程小学存在着"文本制度"与"实践制度"两套并行的管理文本，在权力负载的情境中学校制定了符合变革政策要求的各项管理制度，由于与教师的行动惯性不符而无法被激活、落实，仅作为一种文本制度

---

[1] 斯科特. 弱者的武器：农民反抗的日常形式 [M]. 郑广怀，等，译. 南京：译林出版社，2007: 2-3.

而存在，在实践领域却实施着一套不成文的实践规则，它又无时无刻不支配着教师的学校生活，侵蚀着正规制度的运作效力，加剧了复程小学的弱势积累。

3. 墨守成规："过去都是这么做的"

价值观念与规章制度是指引现实行动的地图，复程小学在宿命主义价值观以及形同虚设的制度运作下，学校行为主体在长期的学校生活中形成了各种各样的行动惯性，并导致了行为主体在行动上的诸多同质性。随着基础教育改革的持续深入，以及复程小学的"被城市化"，这些行动上的同质性与当前学校发展与变革的理念并不一致，甚至成为复程小学发展的重要阻力。

现在咱们学校面临着生源危机、拆迁危机，这不是我们所能左右的，我们也无法改变现状，这取决于区教育局的政策。此外，咱们学校的大部分教师不仅对自身发展没有规划，对学校发展也没有远见，他们总是安于现状、没有危机意识，仅停留在过去的习惯与经验上，对新生事物进行排斥、拒绝改变，这也是我纠结和上火的地方。

——I-H-春玲

1988年，我高中毕业以民办教师的身份入职任教，今年正好任教30年。刚入职的时候，由于我没有接受过师范教育，所以我不知道该怎么上课，学校领导也不管、也没有人指导、全靠自己摸索。后来，我就去老教师的班里听课，看他们怎么上课，回来以后进行模仿，不过当时正规师范院校毕业的老师也没几个，大部分是初高中毕业，主要采用"一言堂""填鸭式"的教学方式，就这样我慢慢地学会了上课。受素质教育以及新课改的影响，市内学校好多采用自主学习、合作学习、探究学习等教学方式，但是我觉得小学生的思维和动手操作能力太差，根本找不到问题的重点和难点，学生的心思就是玩，很难通过合作学习、自主学习来完成，所以我依然采取过去的教学模式，不过在公开课的时候我会按照素质教育或新课改的要求进行授课。现在我是咱们学校拥有超高职称的教师，新入职的教师偶尔也会去听我的课，基本上我是按照过去的经验进行指导。

——I-T-秋慧

其实，教师最关心的就是职称问题，不过咱们学校还好，基本上不用太在意，该你上自然就上了，没有竞争，因为学校内部有一套约定俗成的制度——按照教龄晋升。不可能因为你干得好，你就能比我提前晋升，这是不可能的。虽然我们年轻教师对此不满意，但是过去就是这么做的，我们无法改变既有的规则，所以慢慢地也就习惯了，同时在一定程度上也降低了我们工作的积极性。

——I-T-秋霞

当前，复程小学正在为一种安于现状、老态横秋、缺少活力的氛围所笼罩，学校教师对自身以及未来学校发展表现出强烈的无助感，"习惯""经验"成了他们行动所摆脱不了的惯性，并将"过去都是这么做的"作为其行动方式的合理性、正当性依据。对他们而言，这样的行为方式已经成为现实，即使在可选择的情况下，他们也固守过去的"习惯""经验"，并将可改变的学校生活变成别无选择的现实。即使复程小学的部分教师对未来发展有所期待，但是也受学校"可行能力"的束缚，其过去的"习惯""经验"和行动惯性阻碍着学校自身以及教师的发展。

近年来，随着薄弱学校改进政策、"全面改薄"政策的相继实施，以及基础教育结构性环境的调整为薄弱学校教师以及薄弱学校发展提供了可资利用的资源、规则以及可供选择的机会来改变学校不利的处境，但是囿于宿命主义的心态、形同虚设的制度、墨守成规的惯性又制约了他们主动融入教育改革之中，限制了他们获取更多的资源及规则。当前复程小学正面临着城市化的冲击，复程小学的发展也面临着农村教育向城市教育的转轨，那么对复程小学的教师而言，他们的价值观念、学校制度以及行为方式正面临着变革或"行动惯性"的挑战。是坚持以往的"习惯""经验"及行动惯性，继续游离在教育系统的边陲位置；还是经历痛苦地挣扎、突破既有的"舒适区"，努力去寻找一种改变学校不利处境的行动方式，这两种不同的选择直接决定了未来复程小学的发展命运。

二、文化取径下薄弱学校的形成机制

通过对复程小学所处的区域文化、家庭文化以及学校文化真实样态的考察可知，复程小学在宿命主义的心态、形同虚设的制度以及墨守成规的惯性下塑造了暮气沉沉、老态龙钟的学校文化，这些学校文化又聚焦于"忍""关系"以及"和"的文化符号系统之中，下面将重点考察"忍""关系"以及"和"文化符号的产生、隐喻以及与薄弱学校形成机制之间的关联（见图4-2）。

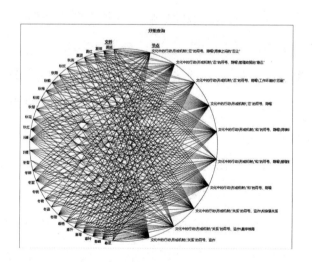

图4-2　文化取径下复程小学形成机制中各子节点的资料来源图

（一）"忍"的符号、隐喻与薄弱学校的形成

1. "忍"的符号

"忍"在现代汉语中只是一个普通的名词，其本义是"含怒如怀刃"，即自我把持的自抑、忍让与谦和，它又是我国民间流传已久的文化符号，代表着中国人的一种处事方式，许多谚语、成语都与之相关，即使在现代社会，中国人依然重视"忍"的作用及意义。

在文化领域，"忍"是一个历史悠久且极为重要的概念。在我国传统文化中很容易追寻"忍"的踪迹：儒家强调"小不忍则乱大谋"，将"忍"作为个人修养的重要组成部分；道家强调"无为而治""顺其自然"，将"忍"作为提高心理承受力的重要手段；佛家强调"因果报应"，将"忍"作为忍辱负重，修炼"忍"能力的必要途径。梁漱溟将"'坚忍'视为中国国民性的重要品质，是指自己能够忍耐到很高的程度，克己、吃苦、自勉等"[1]。有学者的相关研究指出，"'忍'主要包括欲望之忍、性情之忍、道德之忍、立身之忍、人伦之忍、富贵之忍、治事之忍等内容"[2]。元代，吴亮的《忍经》和许名奎的《劝忍百箴》也都大加推崇"忍"的处事方式。在民间流传甚广的善书《百忍全书》，更是汇集了唐朝张公艺所记载的关于一百个"忍"的事迹，将其一生的德行家风归结为一个"忍"字，而有"张公百忍"之说[3]。由此可知，"忍"是中国人的一种处事方式，其内涵主要涉及个人的道德修养、人际关系和社会成就等。一言以蔽之，在当前中国文化语境之中，"忍"就是个人品质的一种隐喻。

---

[1] 梁漱溟. 中国文化要义 [M]. 上海：上海人民出版社，2005：25.

[2] 李敏龙，杨国枢. 中国人的忍：概念分析与实证研究 [M]. 台北：台北桂冠图书公司，2000：22.

[3] 胡发贵. 论中国传统文化之"忍" [J]. 社会科学战线，2003（04）：20-24.

　　自古以来，中国就是"你中有我、我中有你"的关系社会，孤立的个体是不存在且没有意义的，只有与他人、社会发生关系时，个体才能被定位，进而从中获取某种角色，赋予其社会属性与存在意义。所以，在中国文化语境下，对"忍"的分析，不能以"自我"为出发点，而应该将其置于具体的时空场域中进行研究——在互动关系的结构中进行分析与阐释。一言以蔽之，"忍"在表面上作为一种文化符号而存在，其实它是结构、文化与个体能动性相互作用的结果。因此，之于文化取径下薄弱学校的形成机制而言，"忍"是洞察薄弱学校行为主体在其具体场域中选择行动的文化符号之一，并作为分析个体能动性与结构性环境互动过程的一种文化视角，它有助于阐释薄弱学校行为主体的行动与结构性环境，以及行动所形成的结构之间的关系。

　　2. "忍"的隐喻与薄弱学校的形成

　　"忍"作为薄弱学校形成机制的一种"隐喻"符号而存在，它是薄弱学校行为主体与教育系统、学校场域互动过程中所做出的一种行动选择。对于复程小学的教师而言，"忍"是他们在特定的时空场域中的一种行为方式，并在文化内化的基础上所外化的一种行动策略。换而言之，它是复程小学教师主观能动性与结构性环境相互作用的产物，主要表现在对教育政策的"隐忍"、工作环境的"忍耐"以及同事关系的"忍让"等方面，在此过程中学校的弱势不断积累，从而导致薄弱学校的形成。

　　（1）管理政策的"隐忍"

　　改革开放以后，我国政府在"多出人才、快出人才、出好人才"的引导下，颁布并实施了重点学校政策。受该政策的影响，咱们学校与中心校存在较大差距，主要表现在以下方面：在教师方面，中心校大部分是正规师范院校毕业的教师，部分民办教师也是从咱们乡的各个村小调过去的经验丰富的教师；咱们学校的教师只有两三人是正规师范院校毕业的，大部分是民办教师或代课教师，教师整体业务水平不高。在生源方面，中心校的生源在全乡范围内进行选拔，全乡大部分优质生源集中于此；咱们学校的生源基本上都是本地生源，由于经济条件较差，家长并不重视教育。在教育经费方面，虽然当时由村委会、乡政府共同出资，并且可以通过校办企业、勤工俭学等措施来筹措。但中心校地理位置较好，校办工厂多，经费相对充足；咱们学校由于校办工厂少，村里经济落后，所以经费不足，有时连买粉笔的钱都没有。在办学条件方面，中心校集中了全乡所有的优质教育资源，比如取暖设备，他们那时已经是学校烧煤取暖；咱们学校还是烧豆根，几乎每天早上第一节课都无法上课。所以咱们学校的教学质量根本无法与中心校相比，不过咱们学校的教师并不气馁，依然恪尽职守。虽然咱们学校教师对重点学校政策充满了怨言，但大家的思想觉悟还是蛮高的，我们深知这是特殊时期的办学政策。既然我们无法改变该政策，只有选择默默地坚守与等待，我们相信这种局面肯定会改善的。后来，随着重点学校政策的废除，国家相继实施了普及九年义务教育政策、薄弱学校改进政策以及"全面改薄政策"，在此政策的影响下我们的办学条件得以不断改善、教师待遇得以提升，尤其是乡村教师补助的发放，让我们备受感动，因为国家还记得咱们这些乡村教师，这是对我们过去工作的肯定，更加让我们觉得这么多年的隐忍与坚守是值得的。

——I-H-春波

虽然咱们学校是农村小学校，但是与市内学校、中心校在评价标准上却是一致的。过去咱们乡每学期至少举办两次统考，全乡所有小学校都在同一时间考试、集中到中心校批卷，考试结果代表学校成绩进行统一排名。咱们学校的成绩一直处于全乡的末端位置，每次排名出来以后，学校教师的情绪都很低落，并且我们在外面也很少提及自己是复程小学的教师，因为我们也需要"脸面"与"尊严"。后来慢慢地大家就习惯了，有点自暴自弃的感觉，每次考试也不看得那么重要了，当时学校老师经常挂在嘴上的一句话

"上面让考，不得不考，考得怎样，随它去了"。直到20世纪90年代末，素质教育的实施，咱们乡不再组织统一考试及排名，取而代之的是各种特长比赛。但是咱们学校处于城乡接合部，家长的教育意识淡薄，缺少音体美等专业教师，这些小科都是班主任任教，由于班主任也不懂、平时很少授课，教学设备及资源也不足，比如科学课，我们担心把实验器材弄坏了，基本很少进行科学实验，所以每次在特长比赛中，咱们学校的成绩还是处于末端位置，这也是我们预料之中的，在该政策面前我们无能为力，只能遵循，不然还能怎么样呢。每当临近比赛时，我们总是以"重在参与"为由鼓励学生以完成参赛指标。就这样，在素质教育的背景下，咱们学校在起跑线上已经输给了市内学校。近年来，随着教学条件的改进与提升，小科教师逐步配备，素质教育在咱们学校才算真正地落实，可是市内学校的发展水平令咱们学校望尘莫及。目前，咱们学校还缺少专业的书法、计算机、科学等教师，我们相信随着国家相关政策的完善，解决该问题也是指日可待的。

——I-T-秋慧

1985年《中共中央关于教育体制改革的决定》明确指出把发展基础教育的责任交给地方，有步骤地实行九年制义务教育。直到2001年《关于基础教育改革与发展的决定》的颁布开始实施以县为主的教育管理机制。期间，咱们区实行的是"分级分口办学"的教育管理机制，即全区小学四级办：区办实验小学，乡（镇）办中心小学、村办村立小学，屯办教学点。当时咱们村以农业为主，经济在全乡处于末位，所以咱们学校的办学经费极为不足。为了筹措办学经费校长忙于应酬，争取更多的校办工厂"挂靠"在学校名下，无暇顾及学校管理，再加上本来咱们学校教师的整体素质水平较低，教师迟到早退的现象也是司空见惯，组织纪律散漫，工作积极性不高，所以当时咱们学校的教学质量一直处于全乡的末端位置。此外，文教办负责统筹全乡的教育教学工作，经常组织一些促进教师专业发展的比赛，由于比赛存在不公平的问题，咱们学校教师几乎从未获奖，严重挫伤了学校教师参与的积极性、降低了教师的自信心。后来，参加比赛都是校长指定教师，不然没有人愿意参加。2001年以后，随着教育管理机制的调整，校办工厂政策的废除，校长开始关注学校的发展，着力抓学校管理工作。与以往相比，无论教师素质，还是教学质量都取得较大改善，但是教师长期习惯了散漫的状态，总感觉校长管得太多，也难免出现教师与校长"干仗"的现象。2007年以后，咱们学校由B区教育局直接管辖，学校各项工作逐步与市内学校接轨，办学条件得以优化、外出培训的机会逐步增多，但是也感觉教师更忙了，经常需要准备迎检材料，有时正常的教育教学秩序被打乱，虽然我们不愿意，也只能私下和几个关系好的同事发发牢骚，但是也不能不配合学校的工作。

——I-T-冬君

　　复程小学的教师在面对排斥性的教育政策时表现出极强的承受力，这种承受力可谓是一种"隐忍"，并外化于其具体行动之中。具体来说，一是在面对重点学校政策时，虽然他们表达了对其政策的不满，并将其视为特定时期的产物，但是依旧尽职尽守，可是受个体水平的限制，其教学质量一直处于全乡的末端位置，不过对未来仍然持乐观的态度，随着办学条件的改善，认为过去的隐忍与坚守是值得的。二是在面对统一评价制度时，素质教育实施之前，由于教师素质、生源质量以及办学条件等因素使复程小学在全乡教育教学质量的统一排名中一直处于末端位置，教师甚至为了维护自身的"脸面"与"尊严"，不仅对自身职业不认同、对学校的归属感较低，还滋生了自暴自弃的心态，并产生了"破罐子破摔"的行为。素质教育实施以来，受办学条件、教师素质等因素的影响，复程小学在全乡以及全区的特长比赛中仍然处于末端位置，在其发展过程所形成的行动惯性依然对其行动提供指引与规范，他们并未积极改变现状，而是将希望寄托于未来政策的关照上。三是在面对教育管理机制时，2000年以前，复程小学经费严重不足，校长为了筹措经费忙于应酬，忽视了学校管理工作，学校内部组织纪律散漫，教师工作积极性不高，并滋生了宿命主义的心态，从而影响教育教学质量的提升；2000年以后，随着教育管理机制的调整，复程小学的领导开始重视学校管理工作，虽然取得了一定的成效，但是由于过去长期形成的习惯、经验，以及行动惯性，现已成为阻碍复程小学发展的重要障碍，甚至出现部分学校教师与管理者"干仗"的行为。

此外，复程小学的教师在面对不公正的教育政策时并未积极探寻改变学校现状的路径，而是采取"隐忍"的行动策略——将希望寄托于未来政策的关照，并滋生了自暴自弃、宿命主义的心态以及墨守成规的行为方式。在此过程中，复程小学的教学质量低下、社会声誉不高，其弱势不断积累，进而被贴上"薄弱学校"的标签，从此陷入薄弱学校的恶性循环之中而不能自拔。正如布迪厄学者所述，"符号资本（象征资本）是表示礼仪活动、声誉或威信的积累策略或象征性现象的重要概念，声誉或威信有助于加强行动者的信誉或可信度的影响力。实际上，它是通过'不被承认'而'被承认'的，即通过无形和看不见的方式，达到比有形和看得见的方式更有效的正当化目的的一种'魔术般'的手段和奇特的力量[1]。"

（2）工作环境的"忍耐"

1972年，我到复程小学任教，当时学校在屯子里，办学条件特别差，窗户都是用报纸糊的，每到冬天风就会通过窗缝进入教室，孩子们的手都冻破了，看着都心疼。1978年，在校长的努力下，咱们学校搬到了新校舍，附近全是苞米地，只有一条坑坑洼洼的小道通向这里。由于学校位置偏僻，"晴天一身灰，雨天一身泥"是真实写照。咱们老师时常被出租车师傅扔在路上，错过上课时间。后来，经过向文教办、区教育局申请，把秋红教师家

---

[1] 宫留记.布迪厄的社会实践理论[M].开封：河南大学出版社，2009：137.

的吉普车装了一个棚，作为学校教师的班车，进入车棚里黑乎乎的，感觉像"囚车"一样。冬天，我们需要"烧豆根"生炉子取暖，由于教室里全是烟，所以早上第一节课几乎没有上过，并且办学经费紧张，学校黑板特别破旧，缺少粉笔也是常有的事。一路走过来，真的很艰苦。当时咱们学校主要是民办教师和代课教师，这期间也分过来了几个新教师，可是人家一看这工作环境就走了，主要是因为咱们这里条件太差了。咱们老师之所以坚持了这么久，我觉得主要基于以下原因：一是咱们学校的老师都是本地的，当时也没事做，稍微有点文化的就来学校上班了；二是民办教师与代课教师的工资还不低，村里经常说早晚会转为正式编制，给大家坚持的希望；三是正式教师因为有编制，虽然工资不高，但是比较稳定，其待遇随着社会的发展也在逐步改善。

——I-T-冬堂

1998年，中专毕业，被分配到复程小学任教。我从小就是一个比较乖的孩子，我家就在这附近，但是从来没有来到过村里。虽说那时候的办学条件不好，但是也基本上没有咱们这样的平房了。我十一月份入职，上班的第一天，父亲骑着自行车领着我来的，只有一条坑坑洼洼的小路通向这里，当看到咱们破旧的校舍心里一直在想，怎么现在还有这样的地方呢！我怎么能到这里当老师呢！其实从小我就没怎么吃过苦，因为我有两个姐姐，家庭条件也算可以，家务活基本上也用不上我。从小我学习一直都比较好，梦想成为老师，当时由于计算机专业特别火，我在读中专的时候选择了计算机专业，毕业的时候也觉得当老师蛮有意思，所以毕业分配的时候就选择当老师，这是我的第一份工作，当时家里人也非常高兴，对这份工作非常满意，当看到这里的办学条件，我的心凉了半截。刚上班的时候吃了不少苦，这里不仅道路不好，还没有公交车。那时候天天想着不干了，每次回到家一说，父母就会批评我。再说，我大姐、二姐是费了很大劲才找到的工作，我这正式工作怎么可以说不干就不干，找份工作很不容易，并且1998年我正好赶上了最后一批分配，各单位还总吵着说下岗，临时工作都不好找，何况还是正式工作呢！就这样，稀里糊涂干了20余年，这期间我也没有寻思去别的学校，一方面这里比较闭塞，与外界的接触比较少，另一方面不舍得这个编制，所以我就一直没有动。近年来，学校条件也逐步好转，我准备一直在这待着。有一次我去市内学校交流的时候，那里的校长想让我留在那里，他们缺少科学老师，不过让我拒绝了。咱们学校也有咱们学校的优势：一方面，咱们学校人少初级职称比较好评；另一方面，咱们这里的人际关系相对简单，已经习惯了这种方式。此外，我个人能力不足，总感觉自己不是师范专业毕业的，跟师范毕业的差一截，对自己能力不自信。如果我是一位名师的话，现在去哪都可以，但是我的名声没有打出来，也没有离职的魄力。我希望过一个稳定的生活，我觉得适应新环境很费劲，所以就这样坚持了20余年。

——I-D-夏红

我是本科同学里第一个考上教师编制的人，这是我觉得很骄傲的一件事，可是真正入职以后，对我的感觉就是失落，学校位置偏僻，教学质量不高，并且也没有人在教学上对我进行指导。起初，我很压抑，都不敢与家人、同学去聊，经常一个人哭，后来就告诫自己坚持，这里马上就要拆迁了，我马上就会进入市内大校，可是一直到现在都没有。现在已经习惯了，如果没有什么特殊情况大家都没有勇气选择辞职，因为我们不可能把稳定的工作辞掉选择去拼搏，承受不了这个失败，这么多年已经习惯了。虽然大家会告诉你好多坚持的理由，其实根本原因就是编制问题，这是在职教师告诉你的真心话，就是没有勇气而已。

——I-T-冬婷

2000年之前，咱们学校的生源较多，教师不仅有繁重的批改任务，还要手写教案，有时甚至牺牲周末的时间对个别学生进行单独辅导。也许那时咱们的方法不对、业务能力较低，我们费很大工夫成绩也不见提升，后来教师也就自暴自弃了。在教师发展上，学校也没有相应的措施，主要靠自己摸索，基本不知道从何下手，所以教师成长很慢。在职称晋升上，咱们学校的老教师较多，为了让他们退休以后有较高的退休金，所以让他们优先晋升，但是这种做法挫伤了中年教师工作的积极性。在管理制度上，咱们学校向来是比较"人性化"的管理方式，教师相对自由，从而养成了散漫、消极的工作方式。此外，由于咱们学校的成绩较差，在文教办、区教育局经常受到歧视对待。比如乡文教办举办的各种活动比赛，咱们学校从来没有获奖，就算校长派我们过去参加比赛，大家都可不愿意去了，每次都特别难受。咱们乡的各种教育资源也是优先满足其他学校的，所以咱们学校是B区最后一个进入"一类一级校"的。

——I-T-冬刚

复程小学的教师在面对恶劣的办学环境以及管理制度时充分彰显了"忍"的行动逻辑。具体来说，一方面，复程小学教师面对恶劣的办学环境，表现出了极强的"忍耐力"，这种"忍耐力"也属于"忍"的范畴，并通过他们的行动得以呈现。比如简陋的交通工具、恶劣的工作环境、闭塞的信息渠道、较低的业务能力以及无助的专业成长等，当面对这些困境时，复程小学的教师把"忍耐"的艺术灵活地运用到具体行动之中，并最终以"追求正式编制"或"没有勇气放弃正式编制"作为其坚守的理由，进而保证了复程小学相对充足的师资，维持了复程小学的正常运转。另一方面，复程小学教师面对学校的管理制度时，也表现出较强的"忍耐力"，比如沉重的教学任务、"人性化"的制度规训、教龄优先的职称晋升制度、不公正的比赛规则以及歧视的资源分配等，当面对这些困境时，复程小学教师仍以"忍耐"作为其行动的策略，进而养成宿命主义的心态，安于现状、不思进取的行为方式，进而使其"忍"的文化符号不断地积淀，从而导致复程小学逐步

204

沦入薄弱学校之列。

综上可知，复程小学教师以相对弱势的定位开展教学活动，"忍"成为他们面对恶劣办学环境、学校管理制度规训时的首要选择。如果没有"忍"作为其行动的选择，那么他们将会在恶劣的办学环境以及管理制度的规训下选择逃离，复程小学也许早已被撤并。同时，也是"忍"的行动选择使教师养成了安于现状、不思进取的宿命主义心态，长期养成的行动惯性使学校教师改变现状的动力不足，进而使复程小学被贴上薄弱学校的"标签"。

（3）同事之间的"忍让"

咱们学校同事之间基本没有竞争关系，所以相对和谐。比如，在职称评定上，按照教龄晋升已成为约定俗成的规则，虽然中年老师有所埋怨，但是基于对老教师的尊重而选择默许；在日常考核上（教案、师德等），由于缺少奖励制度，大家并不重视，学校管理者基于"面子"不论做得如何也都评为合格。其实，这种和谐只是一个表象而已，一旦涉及个人利益就会有不同的声音。比如在绩效工资方面，咱们学校并没有严格按照多劳多得的原则进行执行，而是按照平均主义的原则，主科教师与小科教师基本上一样多，所以主科教师经常埋怨不公平，并且都想去教小科，从而导致学校中的23位老师，只有9位主科教师，严重影响教师工作的积极性。再比如，学校有两位"特殊"的教师，每周就两节课，偶尔会来上课，其实他们的工作量应该和我们一样多，只不过我们给他们分担了而已，但是工资和我们一样，甚至比我们的还要多，你说我们心里会平衡嘛，能没有想法嘛！

——I-T-秋红

复程小学的教师在处理同事关系时处处彰显了"忍"的文化符号，"人情""面子""多一事不如少一事"等文化符号充分凸显出"忍"之于复程小学教师在处理同事关系时的行动选择。同时，也对其行动选择的理由进行了说明，比如"担心辞退""争教小科""毕竟是同事""还人情"等，这也折射出复程小学教师在处理同事关系时选择"忍让"的行动策略也是一种无奈之举。其实这种"忍让"是以牺牲教育教学质量以及损伤教师工作积极性为代价的，这也是导致复程小学教学质量不高的重要原因之一。复程小学教师的日常行动策略恰好与高晓文笔下教师"平庸之恶"的循规文化不谋而合，即教师在日常生活中遵从的一些稳定的"认知图式"和"行动惯习"[1]。此外，复程小学教师的"忍让"并不是无限度的，一旦突破他们的最低限度就会采取"极端"措施——联合信访、检举，轻则校长受处分，重则更换校长，这也是后来管理者不敢强势打破既有"规则"，追崇"以和至上"维护学校和谐与稳定的重要原因。

综上所述，本书将"忍"置于薄弱学校的宏观视野与微观行动中对复程小学行为主体的具体行动策略进行了考察，将其视为复程薄弱学校形成机制的一种"隐喻"的文化符号，并作为复程小学行为主体的一种行动首选而存在，具体表现为管理政策的"隐忍"、工作环境的"忍耐"以及同事之间的"忍让"等。诸多"忍"的行动策略使复程小学行为主体逐步形成拒绝变革的宿命主义心态、老态缺活力的校园文化，这不仅是复程小学沦为薄弱学校之列的重要原因，还是时下制约复程小学发展的重要瓶颈。

（二）"关系"的符号、运作与薄弱学校的形成

1."关系"的符号

社会网研究作为当前社会学的一个重要理论流派，有其独特的理论视角，该学派认为个体的简单相加不等于总体，社会是一个非线性的世界，社会现象之间不是或不完全是简单的线性因果关系。它既不把个体看作是彼此无关联的、自由的原子人，也否认人在社会中是处于无自主选择的牢笼状

---

[1] 高晓文.教师的"平庸之恶"[D].长春：东北师范大学，2016：5-6.

态。社会网可以在结构与行动之间搭起"桥"，也可以在个体与集体之间筑起"梁"，通过分析关系与社会网结构，使微观个体行为到宏观社会现象之间的过程机制得到显现和说明[1]。网络学派进一步指出，个人行动是嵌入到社会网结构之中的，即人与人在互动的过程中发生的，所以解释人的行为应该从具体的社会关系入手[2]。

在西方，古典社会学对"社会关系理论"早已论述，孔德的社会静力学中所提出的"社会相互联系的规律"就反映了社会结构与社会关系的诸多思想。此后，马克思在论证社会生产力与社会生产关系的理论时指出，"社会关系作为一种总体的社会存在，具有相对于关系存在的给予性、内在性和不可还原性[3]。"并将社会关系作为马克思唯物史观的理论基础。在马克斯·韦伯眼中，"主观意义的理解是社会学知识的根本特质"[4]，所以他把认知对象与行动的主观意义进行关联，将社会视为意义之集合体，"就社会的构成来说，我们有能力超越仅止于证明功能的关系、规律和法则"[5]。社会实体论学者涂尔干在《社会分工论》中指出，"从机械团结到有机团结变化的原因是，人们之间的社会关系结合方式发生了变化，即表现在劳动分工导致个人在有机团结的基础上形成合作性的联系等方面。分工越发达，人们之间的联系就越紧密，相互依赖的关系也就越迫切，分工带来的这种普遍的相互依赖取代了集体意识在维系社会整合中所起的作用，支撑着现代社会人们联结的纽带和高度有机的社会结构，为整个社会提供了新的基础"[6]。一言以蔽之，

[1] 罗家德; 王竞，张佳音，谢朝霞. 社会网研究的架构——以组织理论与管理研究为例 [J]. 社会，2008（06）：15-38+223-224.

[2] 罗家德. 信息时代的连接、机会与布局 [M]. 北京：中信出版社，2017：58.

[3] 周志山. 马克思社会关系理论的多维解读 [J]. 学习与探索，2007（04）：7-11.

[4] 马克斯·韦伯. 社会学的基本概念 [M]. 顾忠华，译. 桂林：广西师范大学出版社，2000：20.

[5] 马克斯·韦伯. 社会学的基本概念 [M]. 顾忠华，译. 桂林：广西师范大学出版社，2000：19.

[6] 贾春增. 外国社会学史 [M]. 北京：中国人民大学出版社，2007：142.

在涂尔干看来，集体的力量并不完全是外在的，而是通过个体的心智来呈现的。他进一步指出，"社会只有在发挥作用时才能让人们感受到它的存在，但是构成社会的个体如果没有聚集起来、没有采取共同行动，社会也就无法发挥作用"[1]。齐美尔的"形式社会学"把"社会交往的形式"看作人们在日常交往和行动中的最基本的形式。社会学的任务就是要阐明"社会交往的纯粹形式、含义，以及它们在什么情况下产生又是如何发展的，并且由于对象的异质性其形式又发生了哪些变化"[2]。

自古以来，我国社会就是伦理本位、关系导向的社会，至今"关系"仍对中国人的行为方式产生着重要影响，甚至起支配作用。梁漱溟认为，中国社会不同于西方社会，它既不是个人本位，也不是社会本位，而是一个关系本位的社会。"不把重点固定放在任何一方，而从乎其关系，彼此相交换；其重点放在关系上了。伦理本位者，关系本位也"[3]。费孝通认为，中国是一个"差序格局"的社会，即社会结构按亲属关系的远近扩展的亲属关系网，社会关系是家庭关系的泛化。边燕杰教授也指出，中国社会是一个伦理本位、关系导向、熟亲信为特征的关系主义社会，它与西方的利益本位、个人导向、权责利为特征的理性主义社会不同[4]。

时下，中国正从传统社会向现代社会转型，人们的社会实践活动也发生了重要改变，同时以"关系"为标志的"差序格局"的传统社会随之改变，不过传统"差序格局"的社会条件并未消逝，只是"关系"在中国社会中的文化符号、隐喻及意义发生了改变。在传统中国差序格局的社会中，关系是

[1] 李艳春.关系社会学本体论初探 [J].东南学术，2013（03）：148-153.

[2] 齐美尔.社会学——关于社会化形式的研究 [M].林荣远，译.北京：华夏出版社，2002：10-11.

[3] 梁漱溟.中国文化要义 [M].上海：学林出版社，1987：93.

[4] 边燕杰.社会网络与地位获得 [M].北京：社会科学文献出版社，2012：17.

以血缘、地缘为基础的，随着社会的转型，市场经济的兴起以及西方社会价值观念的冲击，"利益"逐步被整合到我国传统"差序格局"的人际关系之中。正如翟学伟所述，"中国人力图在交往中以固定的关系来寻求流动的关系[1]。"这种"关系本位"的社会有助于增强同一群体的凝聚力与归属感，在短期内可以提升个人和组织的管理效率、降低社会交易成本。但是大量实践证明，"关系"的运作对社会及组织的运行具有不容忽视的负面影响，比如走后门、徇私舞弊、任人唯亲等，其实质就是"关系"运作的产物，进而导致人们过多地依赖"关系"的运作，把精力用在"拉关系"而非努力上，不仅破坏正式的社会规则或制度，还影响管理效率的提升。因此，本节将重点考察复程小学的教师在特定的时空场域中所形成的"关系"样态、意义以及与薄弱学校形成机制之间的关系。

2. "关系"的运作与薄弱学校的形成

在中国文化语境中，人际关系网有着独特的符号、功能与意义。复程小学的行为主体在应对教育结构性环境时形成了不同的关系网，这些不同的关系网不仅维持了复程小学的正常运转，还导致了复程小学的弱势积累。基于复程小学教师的叙述，其学校人际关系也呈现出一些特征。

20世纪70年代末，实行重点学校政策，那时咱们乡政府大力支持中心校的发展，基本上是集中全乡的力量办好中心校，无论是办学条件、教学设备等硬件资源方面，还是师资、生源质量等软件资源方面都给予极大的支持。当时中心校以及文教办举办的各种活动、比赛基本上每次获奖最多的就是中心校，其余学校获奖的教师很少，有时还会被中心校调任，所以中心校的教学质量一直是全乡最好的，因而能够获得更多社会资源的支持、教育部门的重视，从而使其进入一个良性循环之中。然而，咱们学校位置偏僻、教学质

---

[1] 翟学伟. 中国人的行动逻辑 [M]. 北京：社会科学文献出版社，2001：163.

量较低、社会声誉较差，教育部门并未给予过多的关注，学校的发展也是步履维艰，从而导致咱们学校与中心校的差距越来越大。

——I-T-冬堂

过去咱们学校生源较多，但是师资严重不足，为了积极响应国家普及初等教育的号召，学校聘请了大量代课教师与民办教师。由于咱们学校是村小，实行"乡村自治"的管理机制，代课教师与民办教师由村里负责，所以当时聘请的那些代课教师或民办教师大部分是通过"关系"进来的，即村主任或村支书的亲戚或朋友的子女，他们大多是初中毕业，高中毕业的都很少，其业务能力与整体素质也就可想而知了。其实，学校管理者也意识到了该问题，但没有办法，为了提升教学质量，只能让他们负责低年级的教学，有经验并且能力较高的教师负责高年级。尽管如此，咱们学生的基础还是不好，考试成绩在全乡排名中一直处于末端位置。此外，咱们学校校长为了从村里争取更多的教育经费，每年在评奖评优的过程中，也会对其进行"特殊照顾"，尤其是民办教师转正的时候，他们"关系硬"的就会优先，比如咱们学校有一个是过去村支书的女儿，高中毕业以民办教师的身份入职，后来她是咱们学校第一个转正的民办教师，当时在学校教师内部引发了诸多矛盾，严重损伤了教师工作的积极性。

——I-H-春波

1993 年，我毕业于 C 市商业中专会计学专业。当时我的母亲在刘寨村文教办工作，1991 年就给我办理了民办教师的手续。毕业以后，我并没有来学校上班，而是在百货大楼工作了几年。后来，在我母亲退休之前给我转为了正式编制。从此，我开始在学校上班，不过也很少来学校。从入职到现在已经快 30 年了，我来学校的总时间不足 2 个月，这是因为咱们学校的校长基本上都是我母亲提拔的，所以他们都很"照顾"我，让我担任咱们学校的出纳，基本上一周来一次给学校报账。我知道咱们学校的老师私下对我很有意见，毕

竟我的工作量他们需要给我分担，并且我可能比他们挣得还要多，但是他们
不会去找校长或教育局反映，因为他们大多数的编制问题都是我母亲给解决
的。近年来，上面管得比较紧，我不得不来上班，可是我的身体不是很好，
虽然我每周两节《道德与法治》，但是我很少亲自来上课，一般让"朋友"
给我上，我给他们课时费。咱们校长也找我谈过几次话，不过咱们学校的前
几任校长都给校长"打招呼"了，说了我的"特殊"情况，所以我继续做出
纳，历届校长对我也没有严格要求。

——I-T-秋梅

复程小学在早期的办学过程中受以地缘或血缘为标志的"差序格局"
的人际关系的影响较大。具体来说，由于中心校位置优越，在重点政策的影
响下，集中全乡优质资源办好中心校，充分体现了"地缘"在办学中的作
用。此外，在民办教师和代课教师的聘用、评奖评优以及转为正式编制上，
与村主任、村支书等有"关系"的人员优先；秋梅教师在其母亲关系的运
作下，并在不在岗的情况下不仅顺利转为正式编制，而且通过前任校长的
"照顾""打招呼"等策略继续远离工作岗位。由此可知，在以"地缘"或
"血缘"为标志的"差序格局"的关系运作下复程小学形成了不同的"关系
网"，该"关系网"虽然维持了复程小学的基本运转，但是存在诸多弊端，
比如损伤教师工作的积极性、加大了学校管理难度、降低了学校管理效能、
影响校长的权威等，进而使复程小学的弱势不断积累，从而被贴上薄弱学校
的"标签"。

咱们学校教师之间表面上看着挺和谐，其实内部也存在众多矛盾，学
校内部也大致分为三个圈子。一是以秋慧老师为首的中立派，包括秋红、秋
莉、秋霞老师，该派大多数是象征性地支持工作，不过很少站在我的对立
面，基本上我也很少对他们有要求；二是以夏波、秋花教师为首的反对派，
过去两人都是会计，由于业务原因造成关系破裂，并相互对立，夏波派包括

秋英、冬颖老师，该派基本上与我处于对立状态，秋花派包括秋梅、秋峰、秋敏老师，不过需要给予一定的"好处"才能为我所用；三是以春琴教师为首的支持派，包括夏红、夏萍、夏威、秋欣、冬媛、冬涵、冬锐、冬琳老师，该派以年轻教师为主，是学校工作的中坚力量。其实，我对他们并没有私交，在维持学校正常运转的前提下，我努力保持各个圈子之间的平衡。

——I-H-春玲

研究者根据春玲校长的表述绘制了复程小学的人际关系图（见图4-3），为进一步了解复程小学的人际关系以及当前该"关系网"形成的原因，研究者对春琴、夏波、秋花、秋慧教师分别进行了重点访谈，希冀全面、客观地呈现复程小学的人际关系状态，进而揭示复程小学管理低效以及为何"薄弱"的"神秘面纱"。

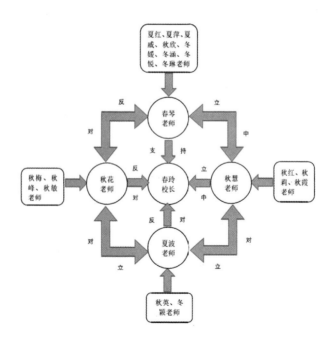

图4-3　复程小学的人际关系图

其实，起初我们并不是保持中立，而是积极配合学校工作，只是工作时间太长了就看淡了一些事，比如过去评奖评优有"关系""溜须""拍马"的教师就会优先，我们这些踏实能干的什么都捞不着。虽然现在情况好转了，但是我们年龄也大了，精力有限，学校有什么事，我们尽量往后躲，别找我们，我们不想参加。虽然现在咱们学校师资也不少，可是咱们学校并没有严格执行绩效工资，主科、小科或者基本不来上课的教师工资都相差不大，进而导致老师们争着教小科，不过我们仍然是主科教师，每天上课、批改、备课，有时候还要补材料，真的很累，我们心理真的很不平衡，所以对学校的其他事务逐渐产生了抵触情绪，慢慢地疏远了与管理者之间的关系，现在学校的好多事情我们都不管，学校管理者也不怎么找我们，我们只想做好自己的事情。

——I-T-秋慧

作为副校长，我主要负责学校的日常管理工作，并且把校长的想法付诸实施。虽然咱们学校师资不多，但是分为不同的圈子，我这个圈子里面，大部分都是2010年左右入职的老师，他们年轻气盛，精力充沛，具有活力，所以咱们学校的事务主要由他们负责，他们真的很累，不仅需要完成自己的教学任务，还要配合学校开展各项工作，其中夏威教师身兼德育主任、安全主任、后勤主任等工作，每天忙得"马不停蹄"。不过每届校长对他们都不错，现在外出培训多了，经常让他们出去学习，开阔眼界，有时还给他们介绍一些名师资源帮助他们成长。正是基于这个原因，其余两个圈子里的教师感觉不公平，觉得"好处"都给了他们年轻教师，反而走向了对立面，也不太服从我的管理，反而加重了这些年轻教师的工作负担。说实在的，我真的很心疼这些年轻老师，可是学校工作需要去完成，我也没有办法。

——I-D-春琴

我与领导的关系不是很好，但也算可以，"面子上"过得去。由于我负责人事、财会工作，所以历届校长并不敢把我怎么样，并且我们这个小圈子多少有点"关系"或"背景"，校长也只能"睁一只眼闭一只眼"。其实，咱们学校把外出培训作为一种福利来分配，到目前为止我们里面还有从来没出去过的。之前开会说，按照教龄分配，新来的教师两年内不会让他们出去。可是，一位新入职不到一年的教师都出去了，所以我们就觉得很不公平，还专门找校长去谈，可是没有什么结果。后来，我与另外三位老师轮流休假一周，进而表达自己的不满情绪。再比如，咱们学校给老师配电脑，学校教师几乎每人一台，我做会计不可能不给我，而其余的三位教师都没有自己的电脑。前段时间，咱们学校新配了一批电脑，领导并没有给他们，而是把新电脑给了别的老师，让他们使用淘汰的旧电脑，不过被他们拒绝了，至今他们三个还没有自己的电脑，这两年他们以身体不好为由从主科教师转为小科教师了，并且时常请假去看病、休养，职业倦怠特别严重。我与夏波教师基本上是对立的，因为他特别爱耍小聪明，过去做会计的时候，吃"回扣"是常有的事，并且他人品不是很好，经常偷学校或同事的东西，还与咱们学校老师搞不正当关系，所以咱们学校的教师对他很反感，基本上和他没有什么交流。

——I-T-秋花

我不知道为什么学校老师都不太理我，让我自己在电教室办公，我基本上没有课，平时也没有什么事，学校的事情我基本上不参与，可能大家对我有意见。现在我与秋英、冬颖两位教师关系不错，因为他们需要坐我的车回家。这学期咱们学校放学后需要值班，不知道为什么非要把我们三个调开，每次我都需要等她们下班，很晚才到家。我与其他老师的关系不好，过去我做财会，他们都以为我捞了不少"好处"，我和秋花教师闹翻也是因为这个事情，至今我们都不怎么说话。在这里给我的感觉就是被排挤、孤立，他们处处与我作对，所以我在学校组织生活会上把大家都给批评了，并且送给校长六个字——"亲贤臣远小人"。

——I-D-夏波

随着社会的转型、西方价值观念的冲击以及现代学校管理制度的建立，"利益"逐步渗入复程小学传统的"差序格局"的人际关系网之中，并形成了不同的利益群体，滋生了不同的教师亚文化。由以上诸位教师的叙述可知，他们以自身的"利益"为核心建构了不同的圈子群体，由于"利益"的冲突而导致圈子群体的分裂，他们以是否"受益"来认同或寻求圈子群体的归属感。一言以蔽之，复程小学的教师在学校生活中融入了"利益"要素，并在其支配下打破了传统淳朴的同事关系格局，逐步形成以"利益"为导向的"关系网"，即以校长为中心的差序格局结构，学校教师在各自工具性的行动中以互惠、互利的原则寻求必要的资源和机会，从而获得"本体性安全"。正如李沛良所述，"社会关系是自我中心式的，即围绕着个人而建立起来的；人们建立关系时主要考虑是否有利可图，所以亲属和非亲属都可以被纳入关系格局之中；从格局的中心向外，格局中成员的工具性价值逐级递减；中心成员经常要加强与其他成员的亲密关系，特别是那些工具性价值较大的关系；关系越密切越有可能被用于实现其功利目标"[1]。

我刚入职的时候非常不适应，这里的条件特别差，我也不会教学，也没有人给我指导，怕家人担心，所以不敢给家人说，经常一个人偷偷地哭。当时校长还总是派我参加各种比赛，我的压力很大。秋红老师人特别好，也特别有才华与能力，比我大20多岁。虽然我们隶属于不同的学科，在教学上没有多少指导，不过在生活上对我关心挺多的，每次我有心事，她都会给我安慰、鼓励我。后来，我就叫她师父，她经常说"我是她的忘年之交"。上次在组织生活会上，夏波老师说我"工作不踏实、干不明白"，结果让我师父

---

[1] 李沛良.论中国式社会学研究的关联概念与命题[A].北京大学社会学人类学研究所.东亚社会研究[C].北京：北京大学出版社，1993：67-69.

直接怼回去了。至今我和秋红老师的关系还特别好，逢年过节我都会去她家看看，偶尔会馈赠一些小礼物。

——I-T-冬婷

虽然我与领导的关系不是很好，但是我与年轻老师的关系特别好，他们这些小孩都叫我姐，并且每次他们聚会都会叫上我，我也时常请他们出去玩。我是这个村里的人，这里的好多家长要么是我的同学或者我弟弟的同学，所以我经常告诉这些年轻老师，如果与家长沟通方面有问题就找我，我完全可以帮他们"摆平"。有时他们在工作中受委屈了，还经常找我来发牢骚，哭诉一番，我们在一起通过相互吐槽来缓解压力，直到现在我还与他们保持着姐弟或姐妹的关系。

——I-T-秋花

复程小学的教师对其实践活动的反思将其能动性通过"关系"来呈现，即把同事关系拟亲缘化。具体来说，他们为了在学校中获得更多的资源和机会以确保"本体性安全"，不断将自己的"关系网"进行扩展，进而使拟亲缘关系得以形成。换而言之，传统的亲缘关系是建立在血缘基础之上的关系结构，在我国乡土社会中也存在一种以"拜把子""认干爹"为标志的拟亲缘关系，它把类似于血缘关系的非正式关系进行正式化。对复程小学教师的人际关系而言，他们通过名不副实的"师徒制""忘年之交""姐妹""姐弟"等符号得以呈现，这些拟亲缘关系表面上是一种情感的表达，本质上又是一种利益关系的呈现。虽然他们之间并没有血缘或亲缘上的联系，但是这种关系使不同圈子之间进行沟通与联系，在此过程中，他们之间彼此的"吐槽""经验"以及"行动惯性"，不仅在一定程度上加重了不同圈子群体对管理者的不满，还降低了年轻及中年教师工作的积极性。正如美国人类学家玛格丽特·米德所述的三喻文化，即后喻文化是年长者向年幼者传授，年轻者向年长者学习的文化；同喻文化是指同代人相互学习的文化；前喻文化是

216

年幼者向年长者传授，年长者向年轻者学习的文化，知识以解构、重构、反哺等多元化方式产生和扩散[1]。概而言之，在复程小学后喻文化占据了主导地位，即过去教师的经验、行动惯性以及宿命主义的心态得以延续，并成为制约复程小学发展的重要因素。

一言以蔽之，复程小学教师之间的关系更多地融入了"利益"的要素，具有鲜明的工具性色彩，他们基于"关系"的运作形成了不同的利益群体，这种"关系"的运作过程又凸显了他们的能动性。过去学界对我国人际关系网络的研究主要聚焦于伦理、道德方面，而忽视了关系网络与利益、资源之间的关系。"关系"对于复程小学的教师而言，不仅是一种伦理、道德层面的意义，还赋予了"利益"与资源层面的意义，并使过去复程小学"差序格局"的关系网逐步向拟亲缘关系转变。具体来说，一方面，过去复程小学是"差序格局"的人际关系结构，与校长、村支书、村主任有"关系"的教师，会获得较多的教学资源与荣誉。随着学校的发展、校长负责制的实施以及现代学校管理制度的建立，"利益"逐步渗入"差序格局"的关系网之中，不仅这改变了复程小学的人际关系结构与资源配置模式，还逐步形成了以校长为中心的"差序格局"结构，复程学校教师根据自己的"利益"选择组成不同的圈子群体，进而获取不同的资源实现个体的功利性目标，所以学校管理者通过该"关系网"能够实现权威性资源与配置性资源的配置，并对复程小学教师的行动提供指引与规范。另一方面，复程小学的教师在日常教学实践中，积极建构基于"师徒""姐妹""姐弟""车友"等文化符号的拟亲缘关系，这种"关系"不仅是对以校长为中心的"差序格局"关系的一种延伸，也是对"血缘"关系的一种泛化，这种关系是以平等互惠为原则的，对复程小学的教师来说，不仅是一种情感上的支持，还对其学校生活的

---

[1] 傅铿. 文化: 人类的镜子西方文化理论导引 [M]. 上海: 上海人民出版社, 1990: 256-271.

217

实践具有指引作用。简而言之，这种关系结构促进了不同利益群体的沟通与交流，在一定程度上加剧了与管理者之间的冲突与矛盾，同时也使传统的经验、行动惯性以及宿命主义的心态得以延续与传承，并已成为制约复程小学发展与变革的重要因素。

（三）"和"的符号、隐喻与薄弱学校的形成

1. "和"的符号

在中国传统文化中，"和"与"谐"同义。在古代"和谐"是以"和"的范畴呈现的，并且作为我国古典哲学的重要概念而存在，"和"的思想贯穿于我国思想发展史的各个时期与领域，已成为中华文化的重要标志，生生不息且历久弥新。"和谐、和合是中国传统文化思想中的重要命题，是人们的价值理想与精神家园，也是人类的心灵关怀与终极关切[1]。"这里的"和"文化具有情感归宿、价值取向与终极关怀的多种意义。换而言之，"和"并非一种文化概念，更多的是一种文化特性与价值观念。"和"并非静态的，而是动态的；"和"并非孤立存在的，而是辩证统一的。它在承认冲突与矛盾的基础上衍生出了一种和而不同的动力机制、和睦相处的价值取向、多元通和的发展理路、执两用中的发展理念，以及和谐发展的终极诉求。它不仅代表一种各居其位、和衷共济的社会理想，还代表一种包容理解、互惠互利的人生态度，也代表着一种臻善的道德境界。因此，"和"独特的理论价值不仅闪烁着东方人的哲学智慧，还在维护社会稳定、民族团结与社会进步中发挥着重要作用。

社会稳定、国家兴旺的基础是实现人际关系的和谐。如何实现"人和"，我国传统文化早有论述，比如和气生财、家和万事兴、以和为贵等，

---

[1] 张立文 . 和合、和谐与现代意义 [M]. 北京：人民日报出版社，2009：268.

唯有实现个体之间的互惠互利、和谐相处，才能实现事业的兴旺发达，否则就会一损俱损。这些古训深刻阐释了"人和"与塑造人格、发展事业、实现人生价值的深刻关联，充分体现了我国传统的处世哲学、价值追求和人生态度。此外，"和"并不意味着没有冲突与矛盾，而是要求个体之间摆正位置，进而通过对"度"的把握使矛盾双方实现对立统一，并营造和谐共生的文化氛围。唯有如此，个体之间才能在处理各种利益关系时以诚相待、以和为贵、各司其职、各尽其责，进而打破人际关系的障碍与阻隔，实现和谐人际关系的构建，推动各项事业的发展。

所以说，"和"作为中国传统文化中的一个核心概念，对塑造中华民族的国民性具有重要作用。虽然"和"是在对矛盾双方"度"的把握之上实现的，但是"度"一旦出现偏倚，则会阻碍事物的发展，并对其发展带来难以预测的影响。"和"之于薄弱学校的形成机制而言主要从两个方面进行考察：一是"和"在同事关系上的运作，复程小学的"忍""关系"的符号的运作以及对薄弱学校的形成过程中无不体现着"和"的运作逻辑，即把"忍"作为"和"的行动策略，"和"作为"忍"的终极追求；二是"和"在学校管理上的运作，管理者为了维持学校的和谐与稳定，采取了"睁一只眼闭一眼"的行动策略，进而降低了管理者的权威，在其过程中所形成的不成文的实践文本不断侵蚀着学校正规制度的运作，从而降低了学校改革的实效，阻碍着复程小学的发展。

2."和"的隐喻与薄弱学校的形成

在中国文化语境中，"和"不仅作为一种臻善的道德境界，还作为一种为人处世的行动策略，也作为一种终极的价值诉求。研究者从复程小学管理者的深度访谈中发现，复程小学的管理者在"和"理念的支配下，为了维持学校的和谐与稳定而采取了不同的行动策略，同时也存在过犹而不及的问题，不仅侵蚀了学校的正规制度，还形成了不成文的实践文本，反而加剧了复程小学弱势的积累，阻碍了复程小学的发展。

过去咱们学校教师有过很多告状的事件，比如校办工厂的时候，我听说咱们学校有一个校长品行非常的不好，不仅贪污学校的办公经费，还经常骂学校教师。后来，咱们学校教师在忍无可忍的情况下通过联合签名、列举证据去教育局告状，最终教育局就把他给调离了。近年来，咱们学校的告状事件相对来说少了很多，不过偶尔也会发生，比如在2005年左右，那个时候咱们学校每学期就给发3个月的班主任费，可是我的朋友也在咱们区的小学上班，他们学校都是发4个月的，当时我们就找校长谈，可是校长仍然不给我们，后来我们就去教育局找了，从此就给我们发4个月的。再比如，2015年国家制定并实施的《乡村教师支持计划（2015—2020）》，给予咱们乡村教师一定的生活补贴，可是区教育局以咱们不是农村小学为由拒绝发放补贴，当时咱们学校教师向校长反映情况，校长的意思是服从上面的安排，咱们学校教师并没有听从校长的建议，而是选择去教育局告状，最后教育局也妥协了。总之，我觉得咱们学校的教师还是挺好的，只要不损害我们的利益，我们就会听从上面的安排。

——I-D-夏红

咱们学校自从纳入B区管辖以来，学校领导更换特别频繁，每个校长都有自己的一套办学理念，但他们好多想法都自以为是，根本与咱们学校的实际情况不相符，基本上也不听从老师的意见与建议，进而造成管理者与教师之间关系的不和谐，我们这里的好多老师都与管理者产生过冲突，甚至"干仗"。不过这两年好很多，感觉管理者在有意回避一些敏感问题。

——I-D-夏威

在来这里工作之前，我就听说咱们学校的管理者与教师之间的关系并不和谐，由于利益问题他们总"干仗"。我任职以后，以"不告状""零信访"作为我工作的首要目标，所以在管理上我很少触及他们的切身利益。其实，咱们学校的各项制度相对健全，只是在实践中有一套不成文的规则。具体来说，在绩效工资上，起初我希望通过改革绩效工资来激发教师工作的积极性，可是在开会的时候我发现，有能力的教师希望执行绩效工资，可是至少一半的教师不同意。后来，经过再三思虑我选择维持现状，就此打消了改革绩效工资的想法。在职称评定上，按照教龄晋升已成为他们约定俗成的规则，我深知这样不利于调动中年教师工作的积极性，但是我无力打破该规则。在学校日常管理上，由于咱们学校有不同的圈子，我要做的就是维持他们之间的"平衡"而采取"忍"的策略。虽然春琴教师的圈子是支持我工作的核心力量，但是我也不能把"好处"完全倾斜于此，还要顾及其他三个圈子的"面子"，否则学校内部就会失衡，则进一步激发学校内部的矛盾。后来，我就把工作重心放到与教师利益不太密切的地方，比如开发校本课程、建设学校文化、加强学校宣传等方面。

——I-H-春玲

复程小学的教师与管理者之间的关系并不和谐，彼此之间缺少必要的信任，过去学校教师为了维护自身的合理"利益"具有"干仗"的诸多事例。在长期的学校生活中形成了一些不成文的实践文本不断侵蚀着学校正规制度的运作，并在此过程中延续着传统的习惯、经验及行动惯性，阻碍着学校的发展。虽然学校管理者的理念相对先进，具有改变现状的想法，但是他们的管理措施一旦触及学校教师的切身利益，就会引起教师的抵制与反对，"干仗"是其常用策略。所以，后来的校长在总结历届校长做法的基础上，面对复程小学的具体场域，为了维持学校的和谐与稳定，不得不改变或调整预设的学校发展规划，从对教师利益几乎无关的校本课程、学校文化以及学校宣传着手。即使部分学校教师的做法与管理者的措施相悖，管理者为了维持学校之间的平衡也会采取"睁一只眼闭一只眼"的行动策略，希冀实现"不告状""零信访"的工作目标。因此，复程小学的管理者在"以和为贵"的工作逻辑下，仅对学校中的一些细枝末节问题进行了变革，这对于改变学校教师传统的经验、行动惯性，以及不思进取、安于现状、宿命主义的心态来说更是南辕北辙。即便在当前"全面改薄"的政策背景下，也难以运用结构所赋予的权威性资源与配置性资源来提升复程小学的教学质量，从而使其继续游离于学校教育系统的边陲位置。

此外，如前文所述，虽然复程小学的教师对职称评定制度、管理制度、绩效工资制度以及个别教师不到岗的现象表示不满，但是为了维持同事之间关系的和谐采取了"忍让"的行动策略，比如"毕竟是同事""面子上过得去""欠人情"等等，在此过程中所形成的实践文本不仅侵蚀着复程小学正规制度的运作，还损伤了复程小学教师工作的积极性，使其继续沉浸在传统的经验、习惯以及行动惯性之中而拒绝变革，从而成为制约复程小学发展的重要因素。

三、文化取径下薄弱学校形成机制的理论阐释

（一）"文化解释理论"：格尔兹的"深描"范式

格尔兹对人类行为的理解不同于吉登斯"结构化理论"——结构与意义互嵌的范式，而是采用"深描"（强文化）的范式。格尔兹将文化界定为"一种通过符号在历史上代代相传的意义模式，它将传承的观念表现于象征形式之中，并通过文化的符号体系在人与人之间得以相互沟通、延续，在此过程发展出对人生知识以及对生命的态度。[1]"并进一步指出，"当文化被看作是控制行为的一套符号装置，文化在人的天生的变化能力和实际能力之间提供了连接，进而使我们在文化模式指导下变成个体的人；文化模式是历

---

[1] 克里福德·格尔兹. 文化的解释 [M]. 韩莉，译. 南京：译林出版社，2008：109.

史创立的有意义的系统，据此我们将形式、秩序、意义、方法赋予我们的生活。[1]"由此可知，格尔兹是基于阐释学的视角对文化的概念进行了界定，这标志着文化具有符号性与阐释性。诚如杰弗里·亚历山大所述，"人们体验生活，而不是仅以机械的方式反映生活，因而解释的方法是必要的。人们体验生活时，也试图寻找生活的意义，正是因为意义是主观的，因而发现意义的方法也必定是主观的"[2]。从格尔兹对文化概念的界定来说，他试图在对结构、文化与行动进行整合的基础上来理解人类的行为，并将其作为理解人类文化与行动关系的新范式。在此之前，"意义往往被看成一个黑箱，而分析工作聚焦在文化生产和文化接受的外部环境之中。探索意义与话语的尝试则往往是为了文化生产或接受文化的特定群体的社会需求以及行动之间寻找某种对应"[3]。格尔兹以"宗教现象"为例对文化的意义进行解读，他认为宗教是一种承载着人们对其生活或命运的一般性的思考与认知的符号系统，其中的意义、认知、情感等构成了文化的核心要素。由此可知，宗教既不是由"社会结构"所决定的，也不是人类"无意识认知结构"的产物，而是一种富有自主意识形态的符号系统，并且它与人的世界观、人生观、价值观相关联。因此，格尔兹"文化解释理论"的重要贡献在于打破了"结构决定论"的束缚，为文化的自主性提供了强有力的论证，从而使后人在研究人类行动的过程中开始关注行动背后的意义，即文化。

格尔兹为使文化的解释更具说服力与科学性，还进一步论证了文化解释的方法论问题。他在"地方性知识"中指出，人类学家的目标是"比较不可比较的文化"，在认同地方性知识和解释性话语的基础上，探寻人与社会

[1]　克里福德·格尔兹.文化的解释[M].韩莉，译.南京：译林出版社，2008：65.

[2]　杰弗里·亚历山大.社会学二十讲：二战以来的理论发展[M].贾春增，译.北京：华夏出版社，2000：223-224.

[3]　杰弗里·亚历山大.社会生活的意义——一种文化社会学的视角[M].周怡，译.北京：北京大学出版社，2011：18.

共通的文化媒介。格尔兹的"对他人解释的解释"是指在"比较不可比较的文化"过程中获得对不同文化体系进行"转译"的能力，他试图在"研究者的文化"与"被研究者的文化"之间获得一种"转译"能力来实现两种及其以上文化持续性的对话，该能力并不是作为一种超文化或超历史的存在，而是一种打破时空界限建立在不同文化之间且与之保持密切关联的"转译"能力。此外，格尔兹还对巴厘岛的斗鸡习俗进行了深刻描述，他发现巴厘岛斗鸡并不是一种简单的日常生活事件，它表面上似乎与人们社会生活中的"严肃活动"毫无关联，但实质上他把"鸡""赌注""男性""地位""规则""竞争"等与人们生活紧密相关的东西纳入其中，并且以隐喻的方式揭示乱治观、君臣观等社会伦理规范。所以，格尔兹认为"在斗鸡中，巴厘人形成了他们的气质和社会特征……在巴厘岛，存在着许多提供了对地位等级以及自我认知进行解释的其他的文化文本，除了接受这些解释的分层和斗争之外，还存在许多巴厘人生活的其他重要方面"[1]。其实，这本质上是说"象征符号中的意义模式，是由象征符号体系表达的传承概念体系，人们以此达到沟通、延续和发展他们对社会功能的知识和态度。[2]"一言以蔽之，人并非文化的附属物，而是具有主观能动性的个体，即文化的创造者。因此，格尔兹利用"深描"的手法，旨在实现研究者、研究对象与阅读者之间的视域融合，进而达到观念的统一。在此基础上，格尔兹进一步对文化与社会系统进行了区分，认为文化是有序的符号系统与意义模式，不仅可以用来解释人们自身的经验，还可以用来表达行动背后的意义及结构。

---

[1]　克里福德·格尔兹 . 文化的解释 [M]. 韩莉，译 . 南京：译林出版社，2008：533.
[2]　克里福德·格尔兹 . 文化的解释 [M]. 韩莉，译 . 南京：译林出版社，2008：533.

（二）"文化解释理论"与薄弱学校的形成机制

目前，学界对薄弱学校形成原因的研究主要聚焦于结构性环境对其发展的影响与塑造，而忽视了学校自身因素以及文化对其发展的作用。格尔兹的文化解释理论以及刘易斯的贫困文化理论使传统学界对人行动的研究由"结构"取径转向"文化取径"，它为我们探寻"薄弱学校的形成机制"提供了一种崭新的研究路径，这种转向的重点在于通过"文化"来解读结构与行动之间的关联，即在考察文化如何作用于结构与行动的基础，从而建构结构、文化与能动性之间的关系。

薄弱学校的形成不仅是结构性环境长期辖制下的结果，还是学校行为主体在长期发展过程中与结构持续互动以及结构化的产物，其特征在于学校行为主体在结构的制约性、结构的使动性以及例行化的行动的基础上延续了传统的经验、习惯以及行动惯性，并在此过程中使其弱势不断积累，从而导致薄弱学校的产生。薄弱学校的形成并不是一蹴而就的，而是一个漫长的积累过程，即学校行为主体在学校发展的社会资本、文化资本、经济资本匮乏时，通过发挥自身能动性而进行的一种行动选择，这种行动选择以拒绝变革、安于现状为特点，延续着传统的行动惯性与实践文本，进而使其弱势不断积累，从而导致薄弱学校的形成。由此可知，薄弱学校的形成不仅仅是由结构导致的，还是一种文化的产物，即学校行为主体在学校生活的实践过程中，他们通过自身的经验与行动惯性在应对结构的制约性时形成的，这也是学校行为主体与学校文化持续互动的产物，因为在学校场域中所形成的经验、习惯、行动惯性以及不成文的实践文本对教师的行动提供指引与规范，并成为学校行为主体应对结构性环境变化的一种行动策略。所以说，薄弱学校的形成有其文化的作用，即随着学校的发展其内部所形成的文化符号得以不断储备，并对其行为主体的行动与选择提供指引。因此，研究者通过对薄弱学校行为主体行动的研究，揭示其行动当中所承载的文化符号及意义，从而为文化取径下薄弱学校形成机制的阐释提供良好的分析视角。

本章主要基于刘易斯的"贫困文化理论"以及格尔兹的"文化解释理论"对薄弱学校的形成机制进行了审视，通过对薄弱学校行为主体在长期日常教学实践中的行动进行考察，进一步挖掘其行动背后所承载的文化符号与意义模式，以及他们应对结构性环境变迁时所呈现的文化符号进行解读，从而实现对文化取径下薄弱学校形成机制的阐释。因此，本章在遵循以上研究逻辑的基础上，对薄弱学校行为主体在学校生活中所呈现的与薄弱学校形成相关的文化符号进行了类型化分析，即"忍""关系""和"的文化符号进行了考察与分析，从而对文化取径下薄弱学校的形成机制进行了阐释。

四、小结

本章在对布罗代尔的"长时段理论"、刘易斯的"贫困文化理论"借鉴、改造的基础上考察并呈现了复程小学的文化景观，即"读书无用论"的城郊文化、"重养不重教"的家庭文化以及"老态缺活力"的学校文化，在对学校文化分析时借鉴沙因的组织文化理论，从复程小学教师的行为方式、思想观念及学校制度三个层面进行深入剖析，从中梳理出"忍""关系""和"的文化符号，并结合复程小学教师以及管理者的访谈资料运用格尔兹的"文化解释理论"（强文化范式）重点考察该文化符号系统的形成过程，并在此过程中充分彰显出了薄弱学校行为主体在文化中的行动，从而实现对文化取径下薄弱学校形成机制的理论阐释。

第五章　结构、文化
与能动性的糅合

本章之前的内容分别基于"结构""文化"的取径对薄弱学校的形成机制进行了探讨。基于薄弱学校教师及管理者的日常叙事，从结构的制约性、使动性以及例行化的行动阐释了"结构"取径下薄弱学校行为主体的能动性与薄弱学校形成机制之间的关系，并对薄弱学校行为主体在学校日常实践活动中所呈现的文化符号及意义进行了分析与解读，从而实现对"文化"取径下薄弱学校形成机制的阐释。进而言之，以上章节分别阐释了"结构"与薄弱学校形成机制之间的关系，以及"文化"与薄弱学校形成机制之间的关系，尚未对结构、文化、能动性与薄弱学校形成机制之间的关系进行整合性阐释。因此，本章将对此问题进行论述，尝试对结构、文化、能动性与薄弱学校形成机制的互动关系进行整合，并在此基础上建构一种结构与文化双重取径下薄弱学校形成机制的整合性阐释框架。

一、结构、文化、能动性与薄弱学校形成机制之间关系的再讨论

（一）嵌入"结构"的薄弱学校形成机制

在吉登斯眼中，"结构"被视为规则与资源的统一体，规则主要包括规

范性规则和解释性规则，规范性规则可以在具体情境中创造个体的权利和义务；解释性规则可以在具体情境中建构并形成合理的知识库存。资源主要包括权威性资源和配置性资源，权威性资源是在具体情境中对该互动模式的组织能力进行掌控；配置性资源是在具体情境中对该互动模式的物质资源进行控制与利用；此外，权威性资源和配置性资源之间可以相互转化。个体在日常生活中运用上述规则与资源形成了各种不同的实践活动，诸多实践活动的相互组合构成了"结构"，"结构"的灵活性与"结构化特征"为实现社会整合和系统整合提供了可能。简而言之，"结构"是建立在连续性的实践活动之上的。正如吉登斯所述，"人的行动作为一种持续不断的行动流而存在的，有目的的行动并不是由一堆或一系列单个分离的意图、理由或动机所构成的。因此，最好把反思视作植根于人们所展现、并期待他人也如此展现的对行动的持续性监控过程"[1]。因此，本书把薄弱学校的形成机制视为一个动态的形成过程，即薄弱学校行为主体在具体时空场域中与教育系统中的资源与规则进行持续性互动的过程，并在此过程中通过"反思性监控"所进行的"例行化的行动"实现对"结构"的生产与再生产，即个体在运用各种资源和规则的基础上使其弱势不断积累，进而使其发展落后于其他同类校，从而沦为薄弱学校之列。

　　吉登斯认为"结构"是使社会系统中的时空"束集"在一起的那些结构化特征，正是这些"结构化特征"使得在千差万别的时空维度中存在着相当类似的社会实践活动，并显现出"系统化"的特征。在个体持续不断的实践活动中，结构外化为转换性关系的某种"虚拟秩序"，而作为被再生产出来的社会系统并不具有什么"结构"，只不过体现着"结构化特征"，同时作为时空在场的结构只是以某种具体的方式表现在实践活动之中，并作为一种

---

[1] 安东尼·吉登斯. 社会的构成 [M]. 李康，译. 上海：生活·读书·新知三联书店，1998：62.

记忆痕迹指引行动者的行动[1]。同时，"结构又具象化为行动者在时空的互动情境中所使用的资源和规则，行动者在这些规则与资源的相互作用中维持了原有的结构或再生产了新的结构"[2]。由此可知，吉登斯从个体日常实践活动中归纳出某些"结构化特征"，这些"结构化特征"在日常实践活动中又具象化为个体例行化的行动，并在时空的延展下成为一种指引个体行动的实践文本。因此，本书聚焦于薄弱学校行为主体与结构性环境的持续性互动过程，并从中探寻薄弱学校的形成机制。具体来说，复程小学的教师在运用既有资源和规则的基础上所形成的"结构化特征"，不仅对复程小学教师的行动进行指引与规范，还作为一种记忆痕迹打破了时空限制，嵌入到复程小学教师的日常教学实践活动之中，并以实践文本的形式指引着复程小学教师如何运用资源和规则，从而实现对"结构"的生产与再生产。如果从复程小学教师的视角来说，结构并不是"外在的"，而是嵌入到复程小学教师的具体实践活动中的，并通过结构的制约性、使动性以及例行化的行动得以呈现，进而导致复程小学的师资质量与市内或同类校之间的差距不断扩大，从而使复程小学由师资薄弱陷入全面薄弱。近年来，虽然国家采取了系列薄弱学校改进政策，但是大部分局限在办学条件的优化提升方面，尽管针对教师采取了"国培""省培"以及教师进修政策，但是受教师"例行化的行动"的影响，其实施效果并不理想。如果从复程小学的发展视角来说，复程小学的教师在"结构化特征"的指引与规范下进行着具体的实践活动，它不仅作为影响复程小学发展的一种媒介而存在，还作为复程小学与外在结构性环境持续互动的产物，从而导致复程小学处于教育系统的边陲位置。一言以蔽之，复程小学的教师在具体的学校生活中嵌入了"结构化特征"，并在此过程中运

---

[1]　安东尼·吉登斯.社会的构成 [M].李康，等，译.上海：生活·读书·新知三联书店，1998：79-80.

[2]　乔纳森·特纳.社会学理论的结构 [M].邱泽奇，译.北京：华夏出版社，2001：170.

用自身的资源与规则不断进行"结构"的生产与再生产，并在教师的日常实践过程中使其弱势不断积累，进而影响学校发展的速度与水平，使其逐渐沦为薄弱学校之列。

在吉登斯的结构化理论中，"例行化的行动"作为个体社会实践活动的典型性特征。"例行化的行动"是指行动者在社会实践活动中总是延续着一套固定的行为方式，其功能不仅在于维护个体的"本体性安全"，还对个体的生存环境具有可预见性。个体在此过程中也呈现出大量的"知识库存"（又称"共同知识"），即在很大程度上是默记于心的，并通过无意识动机、实践意识和话语意识对行动者"例行化的行动"进行指引与规范[1]。具体来说，无意识动机源于行动者的本体性安全，是激发行动者动机的源泉。实践意识是一种潜意识和支配日常教师实践活动的行动惯性，它使行动者依据特定的时空情境做出相应的行动。话语意识指那些形成了概念、判断和推理，行动者可以用于言传的意识。不过，行动者的大部分日常实践活动的行为都以实践意识为指导，呈现出明显的"例行化的行动"的行动特征。本书基于薄弱学校的形成机制而言，"结构"不仅嵌入到复程小学的发展过程之中，还嵌入到复程小学行为主体的学校实践活动之中，并通过"例行化的行动"来确保"本体性安全"。同时，复程小学的教师在此过程中获得了大量的"知识库存"，这些"知识库存"在学校生活中以无动机意识、话语意识和实践意识进行呈现（以实践意识为主），在此过程中复程小学的教师形成了一种例行化的行动，并形成了一套与学校正式制度所不同的实践文本（如考勤制度、教案制度、职称评定制度、绩效工资制度等），且对复程小学教师的行动提供指引与规范，进而成为制约复程小学发展的重要因素，最终导致复程小学沦为薄弱学校。事实上，复程小学沦为薄弱学校，既不是结构性

---

[1] 安东尼·吉登斯.社会的构成[M].李康，译.上海：生活·读书·新知三联书店，1998：62.

环境的非预期性后果，也不是复程小学教师及管理者有意识行动的结果，而是复程小学的行为主体在教育系统的辖制下所进行的"例行化的行动"的非预期性后果，它与结构的制约性和使动性紧密相关。一言以蔽之，复程小学教师为维护自身的"本体性安全"在特定的时空情境中所进行的"例行化的行动"充分彰显了"结构二重性"，并在此情境中形成新的规则与资源，进而实现结构的生产与再生产，且在此过程中呈现出某些文化符号，这些文化符号与行动者的反思性监控相关联，又反过来对学校行为主体的实践活动进行指引与规范，进而构成复程小学教师的实践文本，进一步巩固薄弱学校形成的原有结构，从而成为阻碍复程小学发展的重要因素。

基于对嵌入"结构"的薄弱学校形成机制之间关系的再讨论可知，"结构"与薄弱学校的形成机制的关系是一种相互交融、互为表里的关系。换而言之，"结构"不仅深深嵌入到复程小学的发展过程之中，还对复程小学的发展具有制约与使动作用。显然，"结构"并不能直接决定复程小学的发展，而是通过复程小学行为主体的日常实践活动来实现，即复程小学的行为主体在"结构"的制约性和使动性的作用下，通过运用自身的规则与资源不断地进行"结构"的生产与再生产，并在此过程中所形成的"例行化的行动"不断侵蚀着复程小学正式制度的运行，在此过程中所形成的实践文本制约着复程小学的发展，从而导致复程小学沦为薄弱学校。此外，近年来，虽然我国相关部门实施了一系列的薄弱学校改进政策，但是并未改变复程小学在长期发展的过程中所形成的"例行化的行动"和实践文本，复程小学教师依旧沿用"横""钻""行动"等结构性策略应对国家的相关改进政策以维护"本体性安全"，进而使其在办学条件不断优化的前提下，学校师资问题不断凸显，这也恰好为未来薄弱学校的治理指明了方向、提供了路径。

（二）嵌入"文化"的薄弱学校形成机制

格尔兹的文化解释理论采用"深描"（强文化）的研究范式，不仅打破了传统"结构决定论"的束缚，还为薄弱学校形成机制的解释提供了一条不同于"结构"取径的分析路径。具体来说，格尔兹将文化界定为"一种通过符号在历史上代代相传的意义模式，它将传承的观念表现于象征形式之中，即通过文化符号体系使人与人得以相互沟通、延续，并发展出对人生知识以及对生命的态度"[1]。"文化被看作是控制行为的一套符号装置，在人天生的变化能力和实际能力之间，文化提供了连接，进而使我们在文化模式指导下变成个体的人；文化模式是历史创立的有意义的系统，据此我们将形式、秩序、意义、方法赋予我们的生活[2]"。在此基础上，格尔兹为进一步揭示个体行动背后的意义（文化），而采用"深描"的研究范式，即通过特殊的研究视角与方法对研究对象的语言、行为、宗教、活动等进行细致的分析与描述，进而揭示其行动背后的意义，其目的在于通过对文化现象的剖析，使研究者切实地把握行动者在具体时空情境中所选择行动的价值与意义。基于此，格尔兹把文化视为一种"社会文本"来解读，"深描"则作为文化分析的具体策略，希冀通过"深描"最大限度地还原事件本身。因而，格尔兹将文化分析界定为"是对意义的推测，并在推测的基础上得出解释性结论"[3]。总而言之，"文化"不仅可以对客观事物的具体样态进行描述，还为揭示其背后的深层结构提供了突破口。

格尔兹的文化解释理论并未脱离"结构"而存在，在他看来，"文化是观念的、非物质的，它不仅无法独立于人们的头脑，也不能作为一种超自然

---

[1] 克里福德·格尔兹. 文化的解释 [M]. 韩莉，译. 南京：译林出版社，2008：109.

[2] 克里福德·格尔兹. 文化的解释 [M]. 韩莉，译. 南京：译林出版社，2008：65.

[3] 克里福德·格尔兹. 文化的解释 [M]. 韩莉，译. 南京：译林出版社，2008：26.

的事物而存在。它既不是一个静止不变的文化形态，也不是一个孤立的客观存在，而是一个不断变化且相互联系的综合体。[1]"在格尔兹眼中，"意义"不仅是对认识、情感、道德等的一般性思考，还囊括了价值、观念、理解以及判断等包容性概念；"象征"是"意义"传递的主要载体，具有"象征性意义"的文化符号也是在事物发展的过程中形成的。在此层面上，复程小学的教师文化深深嵌入到复程小学的发展过程之中，即复程小学的教师文化并不是附加在复程小学的发展过程之中的，而是在复程小学的发展过程之中形成的，并且逐步成为制约与规范复程小学教师的实践文本，进而阻碍学校正规制度的运作，从而导致复程小学的弱势不断累积。此外，复程小学的教师文化既不能脱离复程小学的教师而单独存在，也不能脱离他们特定的时空情境而进行单独地阐释。否则，文化的"意义"将无法被把握，文化的"解释"将因失去根基而变得毫无意义。因而，本书将文化取径下的薄弱学校形成机制置于具体的学校场域之中进行考察——将其置于复程小学教师具体时空情境下的日常教学实践活动之中，对复程小学教师而言具有指导意义的文化符号的形成，不仅是学校教师与教育系统或学校场域在文化层面上持续互动的产物，还逐步成为规范与指引学校教师行动的有意义的文化符号系统，即一种约定俗成的实践文本。诚如格尔兹所述，"文化是一种意义结构，人们依据它可以对其自身的经验进行解读，并对他们的行为提供指引与规范；社会结构不仅是人们行为方式的总和，也是一种社会关系网。文化与结构并不是独立存在的，而是一种一体两面的关系，我们只是基于不同的视角对其进行了解读。[2]"因此，"结构"并非导致复程小学成为薄弱校的唯一因素，"文化"在此过程中也扮演着重要角色，即复程学校的行为主体在复程小学

[1]　克里福德·格尔兹.文化的解释[M].韩莉，译.南京：译林出版社，2008：15.
[2]　克里福德·格尔兹.文化的解释[M].韩莉，译.南京：译林出版社，2008：177.

的发展过程中所逐步累积起来的文化符号，且该文化符号所承载的"意义"对复程小学行为主体的行动进行指引与规范，并在此过程中不断侵蚀学校正规制度的运作，使其弱势不断积累，至今仍是制约复程小学发展的重要因素。

综上所述，在复程小学的发展过程中，结构与文化并非一种二元对立的关系，而是犹如一枚硬币的两面，二者彼此独立，自成一面，但又融为一体、不可分割。具体来说，基于格尔兹的"文化解释理论"以及刘易斯的"贫困文化理论"对复程小学发展历程的考察可知，"忍""关系""和"等文化符号深深嵌入到复程小学行为主体的学校生活之中，不仅为复程小学教师的经验、行动惯性以及实践文本的形成提供了指引与规范，还为文化取径下复程小学如何沦为薄弱学校的解读提供了真实的实践文本，也弥补了结构取径下薄弱学校形成研究所无法触及的领域，进而有助于建构结构与文化取径下薄弱学校形成机制的整合性阐释框架，从而为薄弱学校的改进提供科学的理论依据和精准的行动策略奠定基础。

（三）"能动性"与薄弱学校形成机制

上文分别基于"结构""文化"的研究取径对薄弱学校形成机制之间的关系进行了探讨。从表面上看，"结构"与"文化"两种研究取径看似相互矛盾且彼此独立、互不相关，其实质真的如此吗？本节研究者将基于吉登斯的"结构化理论"和格尔兹的"文化解释理论"进行探讨，从而为建构结构与文化取径下薄弱学校形成机制的整合性阐释框架提供理论基石。

在学界，结构与文化往往被视为一种二元对立的关系。其实，结构与文化的关系，犹如一枚硬币的两面，彼此独立、自成一面，但又融为一体、不可分割。具体来说，结构是群体的构成要素以及各要素之间关系的总和，而文化则是群体的信仰、意识、观念以及生活方式的总和，并且构成一套与之匹配的符号系统。从表面上来看，结构与文化似乎是一种彼此独立的关系，但吉登斯和格尔兹的观点皆打破了传统社会学的固有认知，并对结构与文化的关系进行了有效整合。吉登斯的"结构化理论"把"意义"作为一种"共同知识"，并且作用于行动者的无意识动机、实践意识和话语意识之中，他把结构与文化视为一个有机整体，只是他更加突出"结构性特征"，仅仅把文化作为对"结构"的一种补充性解释，并为行动者提供如何行动的解释性规则。格尔兹的"文化解释理论"采用"深描"的范式，把文化作为"第一位"的存在，不仅用"意义"来描述事物的具体形态，还将其置于具体时空场域之中，并把自身与社会视为一种社会文本进行解读。正如斯坦利·科恩所述，"个人传记是个人所经验的文化与结构的轨迹，它对参与者来说具有特殊的意义。[1]"

因此，对薄弱学校形成机制的理论解释而言，无论吉登斯的"结构化理论"，还是格尔兹的"文化解释理论"，均为薄弱学校形成机制的阐释提供了崭新的分析取径。虽然他们的着眼点不同，但是二者并不是对立，而是一种相互融合、互为表里的关系。所以，欲对薄弱学校的形成机制拥有一个系统、全面、科学、客观的认知，必须对结构取径下的薄弱学校形成机制与文化取径下的薄弱学校形成机制进行整合，这种整合并不是将二者简单地相加，而是在打破二者固有边界、理清二者关系的基础上寻求二者互通的桥梁。进而言之，结构与文化实质上是互动交融的，结构中的解释性规则范畴下的"共同知识"作用于行动者的实践意识和话语意识，带有鲜明的文化烙印；文化中的"忍""关系"以及"和"的符号系统及意义又摆脱不了结构的辖制作用，这充分说明结构与文化之间是一种一体两面、互为表里的关系。同时，结构与文化又是相互独立的，结构作为一种社会事实而存在不必

---

[1] Symbols of truble, in K, Gelder and S. Thornton(eds), The Subcultures Reder. London: Routledge:150.

言说；文化体现着个体的主体性，它为个体如何选择与行动提供指引与规范，所以薄弱学校行为主体的能动性不仅作为个体主体性的反映，也是结构的制约性与使动性相互作用的产物，因而薄弱学校行为主体的能动性也自然而然地成为整合结构与文化取径下薄弱学校形成机制的桥梁与纽带。

二、一种结构、文化、能动性与薄弱学校形成机制的整合性阐释框架

在当前的社会科学领域，单一的文化价值分析逐步失去了吸引力，也很少有学者天真地认为存在亘古不变的传统。单一的结构分析又可能忽略丰富的社会现实，而显得僵硬。真正的挑战不在于主张社会关系的文化伦理或结构背景，而在于通过细致的经验研究证明——社会关系的文化伦理之于结构建构或变迁的实际影响及意义。因此，当前研究者应当致力于说明社会关系的模式、结构及其文化伦理对于社会结构、社会组织与制度的影响，进而对社会事实的运行机制进行解释[1]。基于以上论述，结构取径与文化取径对薄弱学校形成机制的阐释存在着明显的差异，并给予了不同的答案，这些答案犹如一枚硬币的两面彼此独立、自成一面，但又融为一体、不可分割。具体来说，一方面，结构取径的薄弱学校解释更加侧重于教育的结构性环境，即教育政策的排斥、管理制度的规训、学校生活的痛楚，在以上结构性环境的辖制下薄弱学校行为主体并不是作为一个"傀儡"而存在，而是积极运用自身的资源与规则发挥着自身的能动性，即在结构的制约性、使动性以及例行化的行动中维持着学校的基本运转，但又无法与中心校、市内学校相抗衡，最终被贴上了薄弱学校的标签。另一方面，文化取径的薄弱学校解释更加侧重

---

[1] 纪莺莺. 文化、制度与结构：中国社会关系研究 [J]. 社会学研究，2012（02）：60-85+243.

于薄弱学校文化的自主性,即使薄弱学校行为主体在面对同一问题或情境时也会做出不同的选择与行动,但其行动背后也遵循着"忍""关系""和"的文化符号及意义模式的指引与规范。进而言之,文化取径下对薄弱学校形成机制的解释不仅带有"工具性"的目的,也有"情感性"的色彩,这种"情感性"不是薄弱学校行为主体面对结构的辖制作用而产生的预期性结果,而是个体能动性的产物。在此层面上,个体的能动性不仅受结构与文化的辖制与制约,还可以能动地使用结构与文化所提供的各种资源与规则。所以,薄弱学校行为主体的能动性为构建结构与文化取径下薄弱学校形成机制的整合性阐释框架提供了现实可能。

(一)整合性阐释框架的建构

基于以上章节对薄弱学校形成机制的论述可知,本书把薄弱学校的形成机制视为一个动态的形成过程,即薄弱学校行为主体在具体时空场域与教育结构性环境中的资源与规则进行持续性互动的结果,并通过"反思性监控"所进行的"例行化的行动"实现对"结构"的生产与再生产,在此过程中所形成的"文化"符号系统对学校行为主体的实践活动提供指引与规范,进而使其弱势不断积累,最终沦为薄弱学校。因此,本节将从"结构""文化""能动性"与薄弱学校形成机制之间关系论述的基础上,即把"结构"与"文化"聚焦在薄弱学校行为主体的能动性上,尝试建构一个"结构""文化""能动性"与薄弱学校形成机制的整合性阐释框架(见图5-1)。

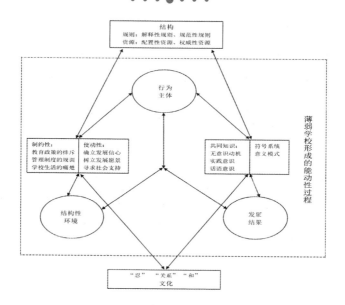

图5-1　结构、文化、能动性与薄弱学校形成机制的整合性阐释框架图

首先，薄弱学校的形成机制实质上是薄弱学校行为主体与结构性环境（又称外在环境）中的结构、文化与能动性持续性互动的过程。本书在第三章着重从结构的制约性、使动性和例行化的行动进行了阐述，结构的制约性包括教育政策的排斥、管理制度的规训以及学校生活的痛楚，结构的使动性包括确立发现信心、树立发展愿景以及寻求社会支持，在此过程中所形成的无意识动机、实践意识、话语意识等共同知识为其例行化的行动提供了指引与规范，从而使其文化符号系统在此过程中得以积聚并实现"意义"的创造。但是"结构化理论"将"文化"等同于"共同知识"，并通过解释性规则发挥作用，在一定程度上弱化了"文化"的作用。然而，"文化"不仅作为结构性环境的重要组成部分，还内化于个体的行动之中。进而言之，结构的制约性和使动性皆彰显了文化的作用。

在结构的制约性方面，一是教育政策的排斥，在结构取径下薄弱学校行为主体在面对教育政策的排斥时，由于自身能力的不足而无法实现与结构性环境中的资源与规则进行有效互动，进而使其产生一种被剥夺感，不利于其教育教学质量的提升，从而成为阻碍薄弱学校形成机制的结构性因素。与此同时，在此过程中也彰显了某些文化符号，比如薄弱学校行为主体在面对重点学校政策、统一评价制度以及教育管理机制时将希望寄托于未来而采取"隐忍"的行动策略，这为文化取径下薄弱学校形成机制的解释提供了有效的切入点。二是管理制度的规训，在结构取径下学校作为教师日常实践活动的基本空间单元，其中的各项管理制度作为一种奖励与惩罚的规训手段而存在，学校教师在管理制度以及权威性资源的控制下利用规范性规则与解释性规则进行结构的生产与再生产，同时学校教师在实践的过程中还形成了一套不断侵蚀学校正规制度的实践文本，并彰显着"关系""忍""和"的文化符号，从而制约着学校管理效能以及学校发展质量与水平的提升。三是学校生活的痛楚，在结构取径下薄弱学校的行为主体在特定的时空场域中所遭遇的"弱者"的体验和"局外人"的困惑凝聚在"忍"的文化符号之中，在此基础上实现对其"意义"的建构，并造成其改变现状的主动性弱、自我认知的悲观消极以及安于现状的心态，从而成为制约学校发展的文化因素。

在结构的使动性方面，一是确立发展信心，在结构取径下薄弱学校行为主体通过获取和运用配置性资源和权威性资源的反思性监控来体现；在文化取径下，薄弱学校行为主体将哪些资源视为配置性资源和权威性资源，以及如何获取、利用及看待这些资源则体现了文化的作用。二是树立发展愿景，在结构取径下薄弱学校管理者在吸取历届管理者的经验与教训的基础上，将"和"作为学校管理工作的首要目标，并在此基础上结合个人的办学理念以及可使用的资源与规则采取了不同的发展措施；薄弱学校的教师在运用既有资源和规则的基础上对其专业发展形成了两极分化的发展目标；此外，薄弱学校教师之间为了维系同事关系的和谐或"表面上过得去"而采取"忍"的行动策略；在此层面将其置于文化取径的视野进行审视分析，充分彰显了

"和""关系""忍"的文化符号及意义。三是寻求社会支持，学校的管理者通过发挥自身的能动性——积极利用自身的社会关系网，从中获取维持学校基本运转的必要资源，从而使其摆脱了被撤并的命运；学校教师在学校生活中所形成的"师徒""车友""圈子中的姐妹""兄妹"等拟亲缘关系，不仅对其实践活动提供指引与规范，还为其提供情感上的支持与帮助，这又充分彰显了"关系"的运作及意义，在此层面上实现了文化取径下对薄弱学校形成机制的解释，这也恰好弥补了结构取径分析的不足。

其次，薄弱学校行为主体与学校发展结果之间的关系是通过薄弱学校行为主体的反思性监控来实现的，而"共同知识"在此过程中扮演着桥梁与纽带的角色，并纳入行为主体的无意识动机、实践意识和话语意识之中，最终体现在薄弱学校行为主体的例行化的行动之上。诚如吉登斯所述，"共同知识"在个体实践过程中发挥着关键性作用，而这又与个体的实践意识紧密相关。这种"认知能力"中的"知识"被视为自觉意识，而这种"实践意识包括知晓某些规则和策略，日常生活正是通过这些规则和策略，得以在广泛的时空范围内反复地构成"[1]。简而言之，行动者在社会实践中的具体行动都体现着个体的实践规则和策略知识。此外，行动者被置于特定的时空场域之中，并受其特定时空场域文化的影响与制约，这恰好与美国人类学家玛格丽特·米德所说的"三喻文化"相符。所以说，行动者的行动不仅受过去已有"共同知识"的影响与制约，还受特定的时空场域的限制，在此层面上实现"结构"与"文化"的互通。基于此审视薄弱学校行为主体与学校发展结果之间的关系可知，薄弱学校行为主体的实践过程嵌入了"文化"要素，即在具体的实践过程中使这些文化要素得以积淀与类型化，并生成了一套"忍""关系""和"的文化系统符号。该套文化符号系统不仅成为薄弱学

---

[1] 安东尼·吉登斯.社会的构成 [M].李康，译.上海：生活·读书·新知三联书店，1998：169.

校行为主体的规范性规则和解释性规则，还外化于其具体的实践活动之中，并影响着学校发展的质量与水平。总而言之，由无意识动机、话语意识和实践意识所构成的"共同知识"不仅对薄弱学校行为主体的实践活动提供指引与规范，还为吉登斯的"结构化理论"、格尔兹的"文化解释理论"以及刘易斯的"贫困文化理论"的整合提供了互通的桥梁与纽带，也为结构与文化取径下薄弱学校形成机制的整合性阐释框架的建构提供了着力点。正如斯图亚特·霍尔在接合理论中所述，"在一定条件下将两个不同要素形成一个统一体的一种连接形式，就像一部'铰链式'卡车，车头和后面部分通过一个特定的环扣链接起来，这个环扣并非一直都是必然的、决定的。[1]"史莱克也指出，"接合理论的优势在于使我们能够思考各种矛盾——并不都以同一方式、在同一点上、在同一时刻发生的矛盾——而接合的特定实践是如何接合在一起进行思考的。因此，结构主义范式（如果得以恰当地发展）能够使我们真正开始对不同实践的特定性加以概念化（通过分析而区别和抽象出来的特定性）而又不失去对于不同实践构成的整体的把握"[2]。一言以蔽之，虽然结构取径下对薄弱学校形成机制的阐释不同于文化取径下对薄弱学校形成机制的阐释，但是二者却是一体两面的关系，即从同一切入点对同一事物所进行的不同视角的阐释而已。

基于以上对结构、文化、能动性与薄弱学校形成机制之间关系的论述，本书尝试建构了一种结构与文化取径下薄弱学校形成机制的整合性阐释框架，该阐释框架不仅打破了传统结构取径与文化取径对薄弱学校形成研究相对峙的研究范式，还使人们对薄弱学校的形成机制具有一个全面、系统、客

---

[1] 和磊. 文化研究论 [M]. 济南：山东人民出版社，2016：65.

[2] Hall，Stuart. (1994). "Cultural Studies: Two Paradigms." Contemporary Literary Criticism: Literary and Cultural Studies. Ed. R. Davis and R. Schleafer. New York and London: Longman, 1994：622.

观、科学的认知。此外，该整合性阐释框架不仅弥补了当前学界对薄弱学校形成机制研究的不足，还为未来薄弱学校的研究及治理提供了可能的改进路向与政策导向。

（二）整合性阐释框架的解读

本节将以第二章复程小学发展变迁历程为个案，对"结构、文化、能动性与薄弱学校形成机制的整合性阐释框架图"进行解读，即通过对复程小学行为主体在学校生活中所呈现出的某些发展片段或镜像进行了考察，并在此基础上建构"结构与文化取径下复程薄弱校形成机制的整合性阐释图（见图5-2）"，从而增强"结构、文化、能动性与薄弱学校形成机制的整合性阐释框架图"的普适性与解释力。

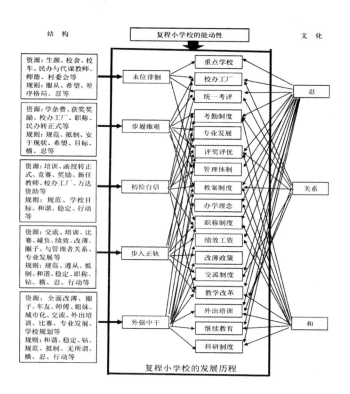

图5-2 结构与文化取径下复程薄弱校形成机制的整合性阐释图

　　本书在第二章中以春波教师的叙述为主，秋慧教师的叙述为辅，将复程小学的发展历程依次划分为末位徘徊、步履维艰、初拾自信、步入正轨、外强中干五个阶段。复程小学历经六十余载的发展历程，大致经历了以下政策变迁：从改革开放后的重点学校政策到义务教育的均衡发展政策，从唯分是从的应试教育政策到人全面发展的素质教育政策，从以乡镇为主的教育管理政策到以县统筹的教育管理政策，从优化办学条件的片面改薄政策到新时代的全面改薄政策。在面对以上教育政策变迁时，复程小学的行为主体由于自身的先天不足，他们在与结构性环境互动的实践过程中使复程小学的弱势不断积累，进而沦为薄弱学校。然而，在春波、秋慧教师所叙述的有关复程小学发展的某些片段或镜像可知，复程小学的教师在运用配置性资源与权威性资源，以及在解释性规则与规范性规则对自身行动进行反思性监控的基础上形成了无意识动机、实践意识和话语意识，并通过"例行化的行动"进行结构的生产与再生产，在此过程中所形成的一套"文化"符号系统对学校行为主体的实践活动提供指引与规范，进而使其弱势不断积累，从而沦为薄弱学校。

　　在末位徘徊阶段，复程小学运用自身生源、校舍、校车等配置性资源，以及村委会、民办教师和代课教师等权威性资源，在具体的学校生活中基于解释性图式，即依靠自身的知识库存所生产出的解释性规则进行应对。如在面对重点学校政策、统一考评制度与以乡为主的管理体制时表现出服从与隐忍的姿态；在面对村委会、村主任以及校长等亲缘、血缘关系而补充的民办教师和代课教师时而选择忍让。虽然复程小学的办学条件艰苦，但是复程小学的教师仍对未来学校的发展充满希望与信心。与此同时，解释性规则通过"忍""关系"等文化符号进行呈现，并创造性地赋予其文化符号以"意义"。

　　在步履维艰阶段，复程小学不仅通过学杂费、校办工厂等配置资源来统筹维持学校基本运转所需的经费，还利用职称评定、民办教师转正式教师、教育体制改革等权威性资源来提升学校教师的积极性。复程小学教师在此过程中为了维持"本体性安全"利用自身固有的知识库存所生产出的解释性规则进行应对，比如在面对重点学校的后续影响、以乡为主的管理机制、差序格局的关系网以及不公平的评奖评优时表现出"隐忍""忍耐"与"忍让"，在面对全乡统一考评时表现出抵制与安于现状，在面对民办教师转正式教师时则对未来充满希望，在面对职称评定制度时则为自身发展确立了目标，在面对学校管理者不负责任时则采用"横"的行动策略——信访与检举。此外，复程小学的教师在面对全乡统一考评、职称评定以及民办教师转正式教师等相关制度规定时，通过利用自身的资源和规则进行应对，并在复程小学教师的学校生活中创造性地形成一种规范性规则与实践文本。总之，复程小学在不同的资源与规则的组合下进行着结构的生产与再生产，即在结构的制约性、使动性与例行化的行动中维持着复程小学的基本运转。

在初拾自信阶段，复程小学不仅运用管理体制、学杂费、校办工厂、新任教师等配置性资源来维持学校的基本运转，还通过教育改革和发展规划纲要、基础教育改革、教师培训、函授转正式教师、企业资助、奖励、竞赛等权威性资源来激发学校教师工作的积极性与主动性，充分发挥结构的使动性。复程小学的校长吸取往届校长因遭遇教师举报而被调离的教训，开始关注学校的和谐与稳定，并对在竞赛、考试、教案、教师专业发展等方面表现优异的教师给予了丰厚的物质奖励，在此基础上不仅建立了相对完善的学校奖励与管理制度，还树立了学校发展的目标，进而使复程小学的教师在学校生活中逐步接受学校相关制度的规训，从而在此过程中创造性地形成一种规范性规则，并对复程小学的发展产生使动性。此外，复程小学的教师在运用配置性资源与权威性资源时打破了过去既有的知识库存，并开启了另一种行动的可能性，即通过积极性的行动融入复程小学的发展过程之中。总而言之，该阶段复程小学经历了一次"换血增活力"的变革过程，进而使复程小学的教学质量得以明显提升，推动了复程小学的发展。

在步入正轨阶段，复程小学不仅通过以县为主的管理机制、改薄政策等配置性资源来维持学校的基本运转，还通过教师培训、绩效工资、校长教师交流政策、教师专业发展、职称晋升等权威性资源来激发教师工作的积极性。复程小学的校长在吸取历届校长治校经验与教训的基础上以维持学校的和谐与稳定为首要工作，并据此结合国家（或B区）相关政策制定了一系列促进学校发展的改革措施，比如考勤制度、绩效工资制度、校长教师交流制度、素质教育改革等。复程小学教师在面对以上资源与规则时通过自身的解释性规则进行应对，虽然在此过程复程小学教师在学校生活中形成了一些规范性规则，同时，也在此过程中形成了一些与学校正规制度所不同的实践文本，比如在面对考勤制度时则采取"钻"的行动策略进行抵制；在面对绩效工资改革时，大部分教师采取"隐忍"的行动策略来维护同事关系的和谐，少部分教师采取"横"的行动策略反对执行；在面对校长教师交流制度时，复程小学的教师与管理者之间缺少彼此信任，并发出"苦不堪言""瞎折腾"的怨言，从而影响教师与管理者之间的关系；在与市内学校教育接轨时，复程小学的教师不仅通过"横""钻"的行动策略对此进行抵制，还引发了学生家长的不满与埋怨，进而使复程小学的教师遭受"局外人"的困惑；在面对教师专业发展时，部分年轻教师表现出积极的热情，并参与其中，还有个别教师通过绿色通道实现了职称的晋升；在面对论资排辈的职称晋升制度时而选择"隐忍"与"遵从"。总之，该阶段复程小学在教育管理体制调整的基础上，欲实现与市内学校教育的接轨而实施了一系列的改革措施，并在此过程中形成了一些规范性规则不断推动复程小学的发展。与此同时，复程小学教师固有的知识库存制约着复程小学正规制度的运作，并在此基础上所形成的实践文本不断制约着复程小学的发展。一言以蔽之，复程小学教师在不同的资源与规则的组合下进行着结构的生产与再生产，并在"涅槃似重生"的过程中开始向城市学校转轨。

在外强中干阶段，复程小学不仅通过以县为主的管理机制、全面改薄政策、继续教育等配置性资源来维持学校的基本运转，还利用考勤制度、专业发展、评奖评优、校长教师交流、外出培训、科研制度、职称晋升制度等权威性资源来激发教师工作的积极性。复程小学的校长依然把维持学校的和谐与稳定作为学校各项工作的重中之重，而在面对学校教师生活中所形成的共同知识以及例行化的行动时则变得束手无策，只能在与教师利益不太密切的方面进行改革，比如加强学校宣传、开发校本课程、建设学校文化等。复程小学的教师在面对以上配置性资源与权威性资源时通过自身的解释性规则进行应对。比如在面对考勤制度以及教案制度的规训时而采取"钻"的行动策略，从而使其规训制度趋于形式；在面对外出培训时而采取"横""行动"的策略，进而使"利益"因素融入同事关系之中，并导致不同圈子群体的形成，不利于和谐同事关系的建立；在面对论资排辈的职称晋升制度时，虽然有些年轻教师对此表达了不满，可是基于过去例行化的行动而选择接受与顺从；在面对城市化进程时，复程小学的大部分教师表现出无所谓的态度，依然安于现状、不思进取；在面对旨在提升教师教学能力的科研制度、继续教育制度以及校长教师交流制度时，复程小学的教师则采取"横""钻"的行动策略，使其制度或政策失去了原有意义。总之，该阶段复程小学在国家相关政策的扶植下，其办学条件得以明显改善，但师资问题开始日益凸显。尽管国家及相关部门针对薄弱学校师资问题采取了诸多措施，可是受过去复程小学教师的知识库存、解释性规则以及例行化的行动的影响与束缚，导致诸多措施的执行效果与预期目标存在较大张力，即表现出明显的文化堕距问题。一言以蔽之，随着义务教育均衡发展政策以及全面改薄政策的落实，复程小学的办学条件得以明显改善，与其周围拆迁的破败景象相比具有"世外桃源"之感，而与其薄弱的师资队伍以及消极的文化景观相比则显得"外强中干"。如今，复程小学正在城市化的洗礼中艰难求生。

鉴于上述对复程小学发展不同阶段的配置性资源、权威性资源以及解释性规则和规范性规则的分析，各种资源与规则的不同组合构成了复程小学行为主体的不同实践样态，并对复程小学的发展具有制约性和使动性，在此过程中"结构"嵌入到复程小学的发展过程之中，进而使复程小学的弱势在此过程中不断地积累，从而沦为薄弱学校。与此同时，复程小学的行为主体在运用资源与规则的基础上还对自身的行动进行反思性监控，并通过无意识动机、实践意识、话语意识等共同知识作用于"例行化的行动"，从而成为指导他们学校实践的行动策略。换而言之，复程小学教师"共同知识"的形成、运用以及再生产均与复程薄弱校的形成机制密切相关。比如，复程小学的教师为了维护"本体性安全"在面对教育政策不公时而选择"隐忍"、在面对恶劣的工作环境时而选择"忍耐"、在面对表面和谐的同事关系时而选择"忍让"。随着社会的发展，复程小学教师之间的关系由过去"亲缘""地缘"所构成的差序格局的关系网逐步被渗入"利益"因素的圈子群体所代替，各圈子群体为了在学校生活中维护本体性安全采取了不同的行动策略，进而形成了不同的教师亚文化，这些亚文化在一定程度上对复程小学的发展产生制约作用。此外，复程小学的校长为了维护学校的和谐与稳定而放弃绩效工资改革、职称制度改革以及主题研修等敏感且与教师利益紧密相关的改革措施，反而选择与教师利益相对疏远的改革措施。一言以蔽之，"忍""关系""和"等文化符号在复程小学的发展过程中逐步形成，并日益内化于复程小学行为主体的无意识动机、实践意识、话语意识之中，并外显于"例行化的行动"之中，在此过程之中不断侵蚀复程小学正式制度的运作，并形成与正规学校制度相异的实践文本。在此意义上，复程小学的行为主体在特定的时空场域中创造了"文化"符号，并在其日常教学实践过程中赋予该"文化"符号以"意义"，从而对复程小学行为主体的实践活动进行指导。

从"结构与文化取径下复程薄弱校形成机制的整合性阐释图"可知，复程小学的发展大致经历了末位徘徊、步履维艰、初拾自信、步入正轨与外强中干五个阶段，其教师也经历了教育政策的排斥、管理制度的规训、学校生活的痛楚、树立发展愿景、确立发展目标以及寻求社会支持，他们在此过程中通过反复运用各种资源与规则不断进行"结构"的生产与再生产。与此同时，他们在具体的实践活动之中所形成的无意识动机、实践意识和话语意识为其"例行化的行动"提供了指引与规范，并在此过程中逐步抽离出一套以"忍""关系""和"为标志的文化符号且融入"结构"的生产与再生产的过程之中，进而使复程小学的弱势不断积累，从而沦为薄弱学校。在此层面上，复程小学的发展史也是复程薄弱校的形成史，即在"结构"与"文化"取径下对复程小学的发展史进行透视与分析，可以完整、全面、客观地再现复程小学教师在学校生活中如何运用自身的资源、规则与教育的结构性环境进行持续互动的，并在此基础上对其发展过程中所形成的"文化"符号及其"意义"进行解读，进而对结构与文化取径下薄弱学校的形成机制具有一个客观、系统、全面、科学地认知，从而为后续薄弱学校精准改进策略的制定提供理论支撑。

（三）整合性阐释框架的意义

基于"结构、文化与能动性和薄弱学校形成机制的整合性阐释框架图"可知，薄弱学校的形成并不是一蹴而就的，而是经历了一个漫长、动态的形成过程，"结构"与"文化"深深地嵌入到该过程之中，并与薄弱学校行为主体在特定时空场域中的具体实践活动相关联。所以，本书尝试将学界对薄弱学校形成机制的两种不同的研究取径进行了创造性的整合，即在探寻结构与文化取径下薄弱学校形成机制的共同桥梁与纽带的基础上，将其置于结构与文化互动交融的视角下进行审视与分析，从而建构了结构与文化取径下薄弱学校形成机制的整合性阐释框架，该整合性阐释框架具有以下意义：

首先，在该整合性阐释框架中，"结构"与"文化"不再是一种二元对立、非此即彼的关系，而是一种彼此交融、互为表里的关系，并统一于学校行为主体的日常实践活动之中，且通过学校行为主体的能动性进行连接，进而打破传统的单向思维模式，即结构决定文化，或文化决定结构，从而使"结构"与"文化"成为一体两面、彼此交融、互为表里的关系。

其次，"结构——文化——能动性"的关联图式深深嵌入到薄弱学校的形成机制之中。具体来说，本书所建构的结构、文化、能动性与薄弱学校形成机制的整合性阐释框架不再唯"结构"或"文化"为视角对薄弱学校的形成机制进行解读，而是以学校行为主体的能动性为研究对象，在此基础上分别基于"结构"与"文化"的研究取径对其日常教学实践活动进行审视，并在此过程中探寻二者互动交融的桥梁与纽带——学校行为主体的能动性，从而为建构结构与文化取径下薄弱学校形成机制的整合性阐释框架奠定基础。正如周怡所述，"文化与人类的关系并非单向的，而是多维的；人类发展依靠文化，文化的诞生始于人类的理性。结构与人们的实践活动同样存在密切的互动；每个人都生活在结构之中，结构诞生于人的聚集，即人是在结构与文化的互动下产生的，所以行动就会增加许多自由的空间"[1]。这恰好为本书以薄弱学校行为主体的能动性为着眼点建构结构与文化取径下薄弱学校形成机制的整合性阐释框架提供了依据与可能。

再次，本书开创了社会学视域下薄弱学校研究的新范式。具体来说，本书以薄弱学校行为主体的具体"实践"为切入点，以"结构—文化—能动

[1]　周怡. 解读社会：文化与结构的路径 [M]. 北京：社会科学文献出版社，2004：78.

性"的关联图式为主线，聚焦薄弱学校行为主体在结构与文化之间的持续互动过程，超越了结构主义与文化主义相对立的研究范式，建构了结构与文化取径下薄弱学校形成机制的整合性阐释框架，进而使人们对薄弱学校的形成机制具有一个更加全面、系统、客观、科学的认知，从而为薄弱学校的改进提供科学的理论依据和精准的行动策略。

最后，本书所尝试建构的结构与文化取径下薄弱学校形成机制的整合性阐释框架，不仅打破了结构取径与文化取径对薄弱学校研究相对峙的固有范式，进而使学界与政界对薄弱学校的形成机制具有一个更加全面、系统、客观、科学的认知，还为未来薄弱学校研究及治理提供了可能的研究路向与政策导向，并为研究者的后续研究奠定了基础、指明了方向。

三、小结

本章对结构、文化、能动性与薄弱学校形成机制之间的关系进行了再讨论，旨在探寻结构与文化取径下薄弱学校形成机制的共同桥梁与纽带，并将其置于结构与文化互动交融的视角下进行审视与分析，建构了"结构、文化、能动性与薄弱学校形成机制的整合性阐释框架图"，且以复程小学的发展变迁历程为例对此整合性阐释框架进行了解读，从而建构了"结构与文化取径下复程薄弱校形成机制的整合性阐释图"，在此基础上对该整合性阐释框架的意义进行了论述。

结　语

一、研究发现

在以上章节，研究者分别基于结构与文化的取径对复程小学的实践样态以及形成机制进行了考察，即在结构取径下通过结构的制约性、结构的使动性以及例行化的行动对复程薄弱校的形成机制进行了阐释，并从文化取径对复程小学行为主体在实践活动中所呈现出的"符号系统"及其"意义"进行了解读，在此基础上对结构、文化、能动性与薄弱学校形成机制之间的关系进行了再讨论，从而建构了结构、文化、能动性与薄弱学校形成机制的整合性阐释框架。因此，本书主要有以下发现：

（一）"结构"的制约性、使动性与例行化的行动

结构之于薄弱学校形成机制来说，结构既是资源，又是限制；既具有制约性，也具有使动性，且复程小学的行为主体在学校生活中进行着结构的生产与再生产（见图6-1）。换而言之，对复程小学的行为主体而言，他们所面对的结构的制约性主要包括：教育政策的排斥、管理制度的规训、学校生活的痛楚等，以上结构的制约性不仅是影响复程小学行为主体行动的主要因素，也是导致复程小学沦为薄弱学校的结构性要素。

251

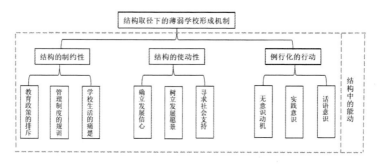

图6-1　结构取径下的薄弱学校形成机制

　　首先，重点学校政策、教育管理机制以及统一考评制度等排斥性的教育政策从国家层面上赋予了不同层次的学校以不同的资源。由于复程小学位置偏僻，经济相对落后，进而使复程小学的师资、生源、办学条件等方面不仅落后于城市小学，而且还落后于本乡的同类小学。如果按照教育资源的多寡，排斥性的教育政策把城市与农村小学分别置于不同的时空场域之中。具体来说，复程小学的行为主体在学校生活中面对排斥性教育政策所给予的资源时，由于缺少与其资源互动的能力，而处于一种被动状态。换而言之，排斥性的教育政策给予复程小学教师的更多的是一种被剥夺感，即在某种程度上被学校教育系统所抛弃，因为这些排斥性政策所带来的资源无法融入其具体的学校实践中，反而使该资源更多地聚焦于中心校或同类校，不断降低复程小学教师工作的积极性。总之，以上规范性规则原本可以使复程小学在发展过程中获得更多的权威性资源和配置性资源，但是在真实的实践过程中这些资源并未对复程小学的发展以及教师的行动产生促进作用，反而成为制约复程小学发展的结构性要素。

　　其次，学校管理制度的规训与其配置性资源、权威性资源密切相关。具体来说，学校作为教师日常实践活动的基本空间单元，其各项管理制度作为一种奖励与惩罚的规训手段而存在，学校的权威性资源在此空间中与教师所进行的实践活动相关联，并在此过程中彰显着解释性规则与规范性规则的互动作用。具体来说，学校的权威性资源具有强烈的控制作用，而学校教师作为被控制的主体，管理者通过工作时间、教学计划、教学质量、任务安排以及奖惩措施等手段实现对学校教师的控制，并在此过程中不断规范学校教师的行为，充分发挥规范性规则对学校教师的规训作用。此外，在学校教师的日常实践活动中，还存在着一种不断侵蚀规范性规则的非正式的实践文本，并以解释性规则对其行动的合理性进行辩护。总之，复程小学教师在具体的时空场域中，由于受学校管理制度以及权威性资源的制约与控制，使其在规范性规则与解释性规则之间进行选择，在此过程中所生产出的实践文本，不仅对学校教师的行动具有规训作用，还使复程小学的弱势不断积累，并决定了复程小学发展的质量与水平，最终被贴上薄弱学校的标签。所以说，在此层面上，管理制度的规训反而成为制约复程小学发展的重要因素。

最后，"弱者"的体验和"局外人"的困惑是复程小学教师在其特定时空场域中所遭遇的一种消极体验，这种消极体验不仅对复程小学教师的日常实践活动具有制约性，还构成了制约复程小学发展的结构性要素。具体来说，一方面，复程小学教师的"弱者"体验主要体现在办学条件的恶劣、业务能力的不足、教学质量的低效、比赛规则的不公平、专业发展的受挫以及外出交流的歧视和不公平对待等方面，他们在面对这种"弱者"的体验时，又往往采用埋怨、抵制的解释性规则进行应对，在此过程中还形成了一种与正式制度相悖的实践文本，并对复程小学教师的行动进行指引与规范，进而使其弱势不断积累，成为制约复程小学发展的结构性因素。另一方面，"局外人"的困惑主要体现在复程小学教师生活工作两地化，他们在城市生活中逐步形成一套独立于农村教育观念之外的教育理念，且具有了一套指导其实践的知识体系，并成为其解释性规则的核心内容。然而，他们与学生家长所期望的目标——提高学生的教学成绩相冲突，进而使家长为其贴上"局外人"的标签。在此过程中，两种不同的教育观念相互摩擦与冲突使其文化差异得以凸显。在此层面上，复程小学教师的教育理念并未实现与农村教育的融合，他们在"局外人"的困惑中踌躇不前，进而导致复程小学的发展速度与质量落后于其他小学，从而成为制约复程小学发展的结构性要素。

然而，复程小学在面对结构的制约性时，并不是作为一个"傀儡"而存在，而是在特定的时空场域中不断运用既有资源、规则与教育的结构性环境进行持续性地互动，充分发挥自身的能动性，这种能动性主要体现在确立发展信心、树立发展愿景以及寻求社会支持等方面。换而言之，这种结构的制约性在该层面上为复程小学能动性的发挥提供了可能，并成为促使复程小学发展的结构性要素。

首先，确立发展信心。复程小学教师在"结构"的制约性下充分发挥自身的能动性，即对自身以及学校的发展呈现出两极分化的状态：一是充满信心；二是缺乏信心。具体来说，复程小学教师的"信心"是建立在日复一日、年复一年的连续性日常教学实践活动的反思性监控的基础之上，他们不仅关注自身的日常实践活动，还关注周围其他人的日常实践活动，并将其实践活动与自身的反思性监控相联系，从而形成自身的实践意识与自我认知。由于复程小学的教师在学校生活中对各项规则与资源的不同组合，以及对自身行动反思性监控结果的差异，导致学校教师对自身以及学校发展的"信心"出现两极分化的结果。因此，复程小学的发展结果就是以上两种"势力"相互博弈的产物，由于复程小学的少部分教师对自身以及学校发展充满信心，并为之付出了艰辛的努力与行动，从而使复程小学摆脱了被撤并的命运，维持了复程小学的基本运转。然而，复程小学的大部分教师对自身以及学校发展缺乏信心，在此博弈的过程中使其弱势不断积累，并在长期的发展过程中被贴上"薄弱学校"的标签，至今仍是制约复程小学发展的重要因素。

其次，树立发展愿景。复程小学的行为主体在运用自身资源、规则的基础上，通过发挥自身的能动性在日常实践活动中树立了不同的发展愿景，如果这些发展愿景有助于使其获得更多的配置性资源和权威性资源，那么将会激发其工作的积极性，对复程小学的发展来说具有使动性而非制约性，反之则会成为复程小学发展的制约性因素。具体来说，一方面，复程小学的管理者在对教师"干仗""告状""信访"等行动惯性反思的基础上，充分运用学校既有的资源与规则确立了"不告状""零信访""农村小微校"的发展愿景，并以此对学校教师的行动进行规范与指引，虽然在实践过程中基本达到了预期目标，但是并未突破复程小学教师安于现状的藩篱与例行化的行动，反而成为制约复程小学发展的结构性障碍。另一方面，复程小学的部分教师将"公办教师""评职称""骨干教师""名师"作为其职业发展的核心目标，并将其在学校生活中所形成的各种资源和规则作为他们职业发展愿景的前提，如果这些职业发展目标能够给他们带来更多的配置性资源和权威性资源，那么则对复程小学的发展来说具有使动性而非制约性。但是，由于相关政策的执行偏差，使复程小学的大部分教师对自身职业以及自我认知消极悲观，他们基于自身的处境对"结构"以及日常教学实践活动进行反思性监控，从而导致他们对自身的职业发展缺少必要的规划与愿景，在此层面则成了复程小学发展的制约性因素。

最后，寻求社会支持。复程小学的行为主体在面对教育政策的排斥、管理制度的规训、学校生活的痛楚等结构性因素时，并不是作为一个"傀儡"而存在，而是在利用自身社会关系的基础上充分发挥其能动性。具体来说，一方面，复程小学的管理者通过利用自身的社会关系，即从乡政府、村委会、商业协会等机构获取维持学校基本运转的必要资源，比如修建校舍、多功能教室、更新教学设备等，从而保证了复程小学的基本运转。从该层面上来说，管理者自身在社会上所形成的差序格局的社会关系网为复程小学的发展提供了获取社会支持的可能，并对复程小学的发展具有使动作用。另一方面，复程小学的教师基于自身的利益需要、业缘、地缘等关系而无意识地在学校生活中形成了不同的且具有较大封闭性和较高同质性的社会关系网络，他们不仅从中获取必要的配置性资源和权威性资源，还在日常教学的实践活动中获得必要的支持与帮助，进而有助于解决个体日常教学实践活动的困难和挫折，在此意义上，该社会关系网不仅是个体能动性的产物，也是维持学校稳定的基本要素。

总之，复程小学的行为主体在结构的制约性与使动性的基础上运用各种既有的资源和规则不断进行结构的生产与再生产，他们在反思性监控的基础上所形成的无意识动机、实践意识、话语意识为其例行化的行动提供了合理性阐释，比如"绩效工资是工资的重要组成部分""做科研是为了结项评职称""主体研修增加工作负担"等，在此过程中所形成的实践文本不断侵蚀着学校正规制度的运作，进而使学校的诸多管理制度形同虚设、趋于形式，使复程小学在传统与现代、污名与荣誉之间不断徘徊，在此过程中不断导致复程小学弱势的积累，从而影响其社会声誉、教育教学质量的提升，最终被贴上薄弱学校的标签。近年来，虽然国家实行了一系列薄弱学校的改进政策与措施，并给予其制度、政策的倾斜与扶植，在此基础上其办学条件得以不断地优化，但是并未突破学校行为主体在其长期学校生活中所形成的无意识动机、实践意识、话语意识以及例行化的行动的藩篱。此外，随着外援式薄弱学校改进政策的实施，复程小学的办学条件开始得以明显提升，但是也逐步形成一种"等""靠""要"的思维习惯，再加上学校既有办学资源的活力不足，进而使其呈现出一幅"外强中干"的形象，严重制约复程小学的发展。一言以蔽之，当前复程小学的发展呈现出明显的文化堕距问题，并已成为制约复程小学发展的重要因素。

综上所述，本书把薄弱学校的形成机制视为一个长期、动态的形成过程，即薄弱学校行为主体在具体时空场域与教育系统中的资源与规则进行持续性互动的结果，并通过"反思性监控"所进行的"例行化的行动"实现对"结构"的生产与再生产，在此过程中所形成的"文化"符号系统对学校行为主体的日常教学实践活动提供指引与规范，进而使其弱势不断积累，最终沦为薄弱学校。

（二）"忍""关系""和"的文化符号与意义

本书在对刘易斯"贫困文化理论"分析框架借鉴、改造的基础上对薄弱学校的文化景观进行描述，运用格尔兹的"文化解释理论"（强文化范式）重点考察薄弱学校行为主体在选择与行动时所呈现出的"忍""关系""和"的文化符号及意义，并在此基础上从复程小学教师对该校发展的口述史中透视该文化符号的形成过程，以及对复程小学发展的"意义"，从而实现对文化取径下薄弱学校形成机制的理论阐释（见图6-2）。

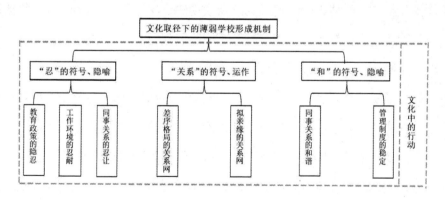

图6-2　文化取径下的薄弱学校形成机制

首先，"忍"不仅作为中国传统文化中的一个重要概念而存在，还代表着中国人的一种处事方式。对薄弱学校的形成机制而言，"忍"不仅作为一种"隐喻"符号而存在，还是薄弱学校行为主体与教育系统、学校场域互动中的一种行动选择。对于复程小学的教师而言，"忍"是他们在特定的时空场域中的一种行动方法，其实质是行为主体在文化内化的基础上所外显的一种行动策略。换而言之，它是复程小学教师主观能动性与结构相互作用的产物，主要表现在对教育政策的"隐忍"、工作环境的"忍耐"以及同事关系的"忍让"等方面。具体来说，一是，复程小学教师在面对排斥性的教育政策时并未积极探寻改变学校现状的路径，而是采取"隐忍"的行动策略——将希望寄托于未来政策的关照，在此过程中呈现出极强的承受力，比如在重点学校政策面前"相信未来会改变"，在统一评价制度面前显示出"无所谓的态度"等，并滋生了自暴自弃、宿命主义的心态以及墨守成规的行为方式，阻碍着复程小学的发展与变革。二是，复程小学的教师在面对恶劣的办学环境以及学校管理制度的规训时表现出了极强的"忍耐力"，并通过他们的行动得以呈现。比如在面对简陋的交通工具、恶劣的工作环境、闭塞的信息渠道、较低的业务能力、无助的专业成长、沉重的教学任务、教龄优先的职称晋升制度、不公正的比赛规则以及歧视的资源分配时，他们以"追求正式编制""没有勇气放弃正式编制"等作为其"忍耐力"的驱动因素。尽管复程小学摆脱了被撤并的命运，但复程小学的教师也滋生了宿命主义的心态，形成了安于现状、不思进取的行为态度，从而导致复程小学逐步沦为薄弱学校。三是，复程小学的教师以及管理者往往通过"人情""面子""多一事不如少一事""毕竟是同事""还人情"等行动策略来凸显"忍"的文化符号，但是该文化符号是以牺牲教育教学质量以及损伤教师工作的积极性为代价，这也是导致复程小学教学质量不高的重要原因之一。总而言之，诸多"忍"的行动策略使复程小学在发展的过程中逐步形成拒绝变革的宿命主义心态、老态缺活力的学校文化以及安于现状的行动惯性等，这不仅是复程小学沦为薄弱学校的重要原因，也是制约当前复程小学发展的重要因素。

其次，"关系"在中国传统文化中具有独特的符号、功能与意义，它对中国人的行为方式产生着重要影响，甚至起支配作用。"关系"对于复程小学的形成机制而言，不仅具有伦理、道德层面的意蕴，还被赋予了"利益"与资源层面的意义。具体来说，一方面，过去复程小学是"差序格局"的人际关系结构，与校长、村支书、村主任有"关系"的教师，会获得较多的教学资源与荣誉。随着学校的发展以及现代学校管理制度的建立，"利益"逐步渗入"差序格局"的关系之中，改变了传统复程小学的人际关系结构与资源的配置模式，逐步形成以校长为中心的差序格局结构，复程小学的教师根据自己的"利益"选择组成或进入不同的圈子群体，进而在获取不同资源的基础上实现各自的功利性目标，所以学校管理者通过该"关系网"能够获取必要的权威性资源与配置性资源，并对复程小学教师的行动进行指引与规范。另一方面，复程小学的教师在日常实践活动中，积极建构了基于"师徒""姐妹""姐弟""车友"等文化符号的拟亲缘关系，这种"关系"不仅是对以校长为中心的"差序格局"关系的一种延伸，也是对"血缘"关系的一种泛化，这种关系是以平等互惠为原则的，对复程小学的教师来说，不仅是一种情感上的支持，还是对其学校实践活动提供规范与指引，它不仅促进了不同利益群体的沟通与交流，还在一定程度上加剧了与管理者之间的矛盾与冲突，同时也使传统的经验、习惯、行动惯性以及宿命主义的心态得以延续，反而成了阻碍复程小学发展与变革的重要因素。

最后，在中国文化语境中，"和"不仅仅作为一种臻善的道德境界，还作为一种为人处世的行动策略，也作为一种终极的价值诉求而存在。"和"之于薄弱学校的形成机制而言主要有两个方面的意思：一是"和"在同事关系上的运作，复程薄弱校的形成机制无不体现着"和"与"忍"文化符号的运作逻辑，即把"忍"作为"和"的行动策略，"和"作为"忍"的终极追求，比如在职称评定制度、教学改革、管理制度以及绩效工资改革方面，教师之间为了维持同事关系的和谐而采取了"忍让"的行动策略，往往以"毕竟是同事""面子上过得去""欠人情"等为借由，而在其过程中所形成的实践文本不断侵蚀着学校正规制度的运作，从而降低了学校的管理效能与管理者的权威，制约着复程小学发展的速度与水平。二是，"和"在学校管理上的运作，过去复程小学与管理者之间的关系并不和谐，学校教师为了维护自身的"利益"发生过"信访""检举""干仗"等诸多事例。复程小学的校长为了维护学校的和谐稳定，把"不告状""零信访"作为其工作的首要目标，通常采取"睁一只眼闭一只眼"的行动策略，这对于改变学校教师传统的经验、习惯、行动惯性，以及不思进取、安于现状、宿命主义的心态来说更是南辕北辙。即便在当前"全面改薄"政策的背景下，也难以运用结构所赋予的权威性资源与配置性资源来提升复程小学的教学质量，从而使其继续游离于学校教育系统的边陲位置。总而言之，复程小学在"和"文化的实践逻辑下，继续延续着传统的习惯、经验、行动惯性以及不成文的实践文本，严重阻碍着复程小学的发展与变革。

（三）"结构""文化"与"能动性"的糅合

本书尝试建构一种结构与文化取径下薄弱学校形成机制的整合性阐释框架——"结构""文化""能动性"在与薄弱学校形成机制的整合性阐释框架。具体来说，本书以"结构"与"文化"并行的方式聚焦于薄弱学校行为主体的能动性，并将其置于结构与文化互动交融的视野下对薄弱学校行为主体的能动性进行了考察，从而建构了结构、文化、能动性与薄弱学校形成机制的整合性阐释框架。具体来说，一方面，基于吉登斯的"结构化理论"阐述了"结构"对复程小学行为主体以及学校发展的作用以及反作用，而"结构化理论"将"文化"等同于"共同知识"，即解释性原则，而弱化了"文化"的作用。在此取径下，"文化"不仅作为一种结构性环境而存在，还内化于学校教师的日常教学实践活动之中，并通过结构的制约性、使动性和例行化的行动来体现"文化符号"的价值与意义。另一方面，基于格尔兹的"文化解释理论"以及刘易斯的"贫困文化理论"对复程小学的文化景观和教师的口述史进行考察，从中抽离出影响复程小学发展的"文化"符号系统——"忍""关系"与"和"，该"文化"符号系统不仅对复程小学行为主体的日常实践活动提供指引与规范，还影响复程小学的发展结果——复程小学沦为薄弱学校。因而，无论在结构取径下还是在文化取径下对复程小学的发展史进行考察，二者均体现了"结构"与"文化"的互嵌，即在"结构"的取径下，复程小学的行为主体在运用各种资源与规则的基础上实现结构的生产与再生产，并在此过程中通过行动者的反思性监控而形成的共同知识（主要包括无意识动机、实践意识和话语意识）融入行为主体的例行化的行动之中，从而与复程小学的发展结果相关联。此外，复程小学行为主体的能动性与学校发展结果之间的互动则是通过学校行为主体的反思性监控所形成共识来体现的，在此过程中又嵌入了"文化"的符号，并在复程小学行为主体的学校生活中使其"文化符号"得以积淀、呈现，并赋予其"意义"，进而使复程小学的弱势不断积累，最终沦为薄弱学校。

二、改进路向

本书分别基于结构、文化以及二者相互整合的研究取径对薄弱学校的形成机制进行了系统性探讨，并以复程小学的发展变迁历程为例建构了结构与文化取径下薄弱学校形成机制的整合性阐释框架。该整合性阐释框架不仅能够使人们对薄弱学校的形成机制具有全面、客观、系统、科学的认知，还为未来薄弱学校研究及治理工作提供了可能的改进路向与政策导向。基于此，研究者在对结构与文化取径下薄弱学校形成机制深入剖析的基础上，遵循善治、良序与优质的治理原则分别从结构、文化以及二者互动交融的取径为薄弱学校的治理提供了可能的改进路向，即完善相关政策，扫清薄弱学校发展的结构障碍；落实管理制度，破除薄弱学校固有的文化景观；构建学校共同体，提升薄弱学校教育教学质量。在为学校发展营造良好教育生态环境的基础上促进新时代中国教育高质量优质均衡发展目标的实现，从而为世界各国薄弱学校的治理提供中国方案与中国智慧。

（一）完善相关政策，扫清薄弱学校发展的结构障碍

基于结构取径对薄弱学校形成机制的剖析可知，结构性环境（结构的制约性、结构的使动性和例行化的行动）是导致薄弱学校产生的重要因素，因此，为推动我国基础教育的均衡发展，以及实现新时代中国教育高质量优质均衡的发展目标，必须完善相关政策支持，进而为薄弱学校发展扫清结构性障碍。具体包括以下改进路向：

第一，国家相关部门要继续加大对薄弱学校的资源投入，逐步提高薄弱学校改进的"底线标准"，并进一步优化和提升薄弱学校的办学条件，为薄弱学校的快速发展扫清物质障碍。

第二，逐步完善"全面改薄"政策，并对薄弱学校的教师给予一定的政策倾斜，即在提升薄弱学校教师社会经济待遇、实施多元化更细化的职称评定标准等的基础上逐步增强薄弱学校的吸引力，力争使更多的优秀教师进入薄弱学校之中，真正使优秀教师"下得去、留得住、教得好"，从而为薄弱学校的快速发展扫清师资障碍。

第三，全面深化基础教育领域综合改革，切实落实多元化的综合评价机制，彻底改变应试教育唯分是从的评价方式，以及在发展过程中所形成的差序格局的学校等级制，构建和谐共生、平等互助、特色发展的学校发展新格局，从而为薄弱学校快速发展扫清"生态"障碍。

第四，建立健全基础教育保障制度以巩固薄弱学校改进的既有成果。对

于薄弱学校而言，当前薄弱学校改进大多局限于改善办学条件，而对其文化及内生动力重视不足，极易导致薄弱学校再次"返薄"现象的出现。因而，为巩固现阶段薄弱学校改进的既有成果，一方面要不断增强薄弱学校的内生动力，逐步完善现代学校制度，赋予薄弱学校更多的办学自主权，不断提升薄弱学校行为主体的可行能力；另一方面要建立健全基础教育保障制度解决薄弱学校教师的后顾之忧，进而增强其在教育教学过程中的安全感、自信心与满意度，从而为巩固薄弱学校改进的既有成果扫清现实障碍。

（二）落实管理制度，破除薄弱学校固有的文化景观

在基于文化取径对薄弱学校形成机制的剖析可知，文化的辖制作用（"忍""关系""和"的文化符号及意义）是导致薄弱学校产生的重要因素。制度主义学派认为，制度与文化是驱动组织发展的双轮，制度是一种自上而下的强制性守则，是以控制约束为目的的规定、纪律和要求；文化是一种导向性的行为自觉，是一种自下而上的道德规范，二者相辅相成，互动交融，共同作用于组织管理和组织目标。所以，必须要把握好制度与文化的关系，让制度塑造文化，让文化润滑制度，共同推动组织的发展与变革。因此，为推动我国基础教育的均衡发展，以及实现新时代中国教育高质量优质均衡的发展目标，必须落实学校各项管理制度破除薄弱学校固有的文化景观。具体包括以下改进路向：

第一，继续坚持和完善校长负责制，通过增权赋能逐步扩大学校的办学自主权，使校长在学校管理的过程中真正拥有事权、人权与财权，进而在树立校长权威、提升学校效能、增强教师互信的基础上落实校长的各项办学理念，从而为薄弱学校文化的变革提供指引。

第二，贯彻落实校长教师交流制度，加强薄弱学校与优质学校之间的互动交流，不断打破薄弱学校与优质学校之间的空间、文化隔离，进而为薄弱

学校发展注入了"新鲜血液"，即在打破薄弱学校教师固有行为方式、思想观念和精神状态的基础上，提升对主流学校文化的认知，不断激发其改变现状的勇气与动力，从而为薄弱学校文化的变革注入活力。

第三，严格落实学校各项管理制度，彻底改变论资排辈的职称评定规则、形同虚设的考核制（签到制、教案制等），以及"大锅饭"的绩效工资制度等，使其在制度的规范中形成健康的自我认知、增强学校的归属感、提升职业的满意度，并在此过程中逐步改变学校教师的行动惯性及其背后更深层次的文化因素，从而为破除学校固有的文化景观提供制度保障。

第四，建立健全学校教师荣誉制度，不断激发薄弱学校教师工作的积极性和主动性。阿尔弗雷德·阿德勒认为，"荣誉的本质是一种精神存在，被承载于符号或物质资本之中，并通过一定的活动或意识加以彰显。[1]"因此，为进一步提升薄弱学校教师的归属感、自豪感与满意度，必须建立健全有效、多元且具有引领作用的教师荣誉评定制度。有效是指既立足于学校实际，又能促进教师专业发展和学生全面发展，采取公开、透明的评选原则，全面衡量教师对学校发展做出的贡献；多元是指既要注重评价主体的多元化，又要依据学校实际情况制定不同的荣誉称号与分类体系；引领是指既要建立合理的竞争机制，又要凸显荣誉制度的本体价值，不断提升教师个体对自我的认知力和内省力，从而为学校文化的变革营造良好的文化氛围。

（三）构建学校共同体，提升薄弱学校教育教学质量

如果从结构取径来看，当前薄弱学校改进的重点主要聚焦于改善和提升薄弱学校的办学条件，其实质在于增加薄弱学校的增量资源，逐步实现办学资源的均衡配置，现已取得举世瞩目的成就——初步实现基础教育的基本均

---

[1] 何增科. 公民社会与第三部门 [M]. 北京：社会科学文献出版社，2000：257.

衡发展，进而使因薄弱学校办学资源活力不足所导致的教育教学质量低下的问题日益凸显。如果从文化取径来看，现阶段我国薄弱学校的发展水平与实现新时代中国教育高质量优质均衡的发展目标相比还任重道远，这是因为受"后喻文化"的影响薄弱学校普遍存在"忍""关系""和"的文化符号系统，并制约着薄弱学校固有资源与增量资源的有效整合，进而导致薄弱学校既有办学资源的活力不足，表现出明显的文化堕距问题，即"在社会变迁的过程中，物质文化与科学技术的变迁速度往往是很快的，制度与观念等部分的变化则相对缓慢，呈现出明显的差距、错位现象"[1]，从而制约着薄弱学校教育教学质量的提升。正如周兴国教授所述，目前薄弱学校发展所面临的最大问题是在于没有充分激活薄弱学校固有资源与增量资源的活力，尚需进一步拓宽薄弱学校改进政策的思路，即由资源均衡配置走向更加积极的资源激活，逐步提升薄弱学校的教育教学质量，加快实现基础教育的均衡发展[2]。所以，在对结构与文化取径下薄弱学校形成机制深入剖析的基础上通过构建以校长为核心的学校共同体来激活薄弱学校既有资源的办学活力，进而使薄弱学校的相关政策支持以及各项学校管理制度之间形成有机整体，并在全面提升薄弱学校办学质量与水平的基础上，力促新时代中国教育高质量优质均衡发展目标的实现。具体包括以下改进路向：

第一，构建薄弱学校道德共同体。鲍曼认为，共同体只可能是（而且必须是）一个用相互的、共同的关心编织起来的共同体，或者是一个由做人的平等权利，和对根据这一权利行动的平等能力的关注与责任编织起来的共同体[3]。所以，构建薄弱学校的道德共同体，必须要充分发挥校长以身作则、

[1]　威廉·菲尔丁·奥格本.社会变迁——关于文化和先天的本质[M].王晓毅，陈育国，译.杭州：浙江人民出版社，1989：26-29.

[2]　周兴国.义务教育均衡发展：从资源配置到资源激活[J].教育发展研究，2013（02）：26-30.

[3]　齐格蒙特·鲍曼.共同体[M].欧阳景根，译.南京：江苏人民出版社，2007：6.

严以律己等高尚师德的示范、引领作用，不断激发学校教师工作的积极性、提升学校教师的师德水平，进而激活薄弱学校教师的道德自觉与和谐的组织氛围，在此过程中所形成的积极健康的行动惯性以及学校文化不断改造过去"例行化的行动"及其背后"忍""关系""和"的文化符号系统，从而为国家的相关政策以及学校各项管理制度的落实提供良好的学校生态。

第二，构建薄弱学校发展共同体。首先，校长要通过自身的独特建树将先进的教育理念、管理策略、发展规划等新鲜"血液"输入薄弱学校，不断激励学校教师萌生新思想、新理念，从而为变革薄弱学校安于现状、不思进取的"忍""关系""和"的文化符号系统提供引领；其次，校长要建立明确的责任分工机制、制定详细的工作计划、明确各部门的职责范围、建立健全监督反馈机制，不断增强学校管理制度的执行力，提高学校的管理效能，从而使学校各部门相互协调、互促互进，共同推动学校的发展与变革；最后，校长要充分发挥学校教师及其管理团队的作用，共同探索学校发展及改革的最佳路径，以群策群力为支撑构建学校发展共同体，在此基础上促进积极健康学校文化的生成，从而为提升薄弱学校的办学质量与水平提供持续不断的动力支持。

第三，构建薄弱学校激励共同体。张新平相关研究指出，优秀校长的情感激励、责任激励、参与激励和生活激励等领导方式对学校教师的工作具有重要的激励作用[1]。基于此，要构建以校长为中心的学校激励共同体，不断激发薄弱学校行为主体的积极性、主动性与创造性，从而在扫清结构障碍、完善相关政策支持的基础上改变过去例行化的行动以及"忍""关系""和"的文化符号系统。具体来说，首先，校长要通过关心、体贴、赞赏和帮助等情感激励的方式，不断激发学校教师的教学热情，提升教育教学质量；其

---

[1] 张新平. 校长：问题解决者与欣赏型领导者 [J]. 教育研究，2014(05)：65-70.

次，逐步建立责任激励机制，给予薄弱学校教师更多的锻炼机会，尊重并信任学校教师，使其在工作的过程中不断强化责任心与积极性，从而提升教师的教学科研能力；再次，逐步建立参与激励机制，校长要关心学校教师的专业发展，在认真调研、了解学校教师专业发展需求的基础上广泛征求意见，为教师搭建必要的专业发展平台，使其主动参与到学校管理及发展规划之中，不断增强教师的满意度、幸福感与归属感；最后，校长要关心学校教师的家庭生活，解决老师面临的生活困难，使其全身心地投入到学校教育教学的活动之中，从而为学校的发展与变革提供必要的家庭支持。

第四，构建薄弱学校协同共同体。随着社会的发展，学校改进越来越离不开高校、家庭、社区以及社会的支持与配合，唯有将其相互整合才能充分激活薄弱学校办学资源的活力，进而在提升薄弱学校教育教学质量的基础上切实推动我国基础教育优质均衡发展目标的实现。因此，薄弱学校协同共同体的建构应在遵循教育目的协同一致、学校教育主导、各参与主体相互支持的原则上，逐步完善相关政策支持、实施多元化的融资渠道、创新协同发展机制、营造积极健康的社会氛围，进而使薄弱学校在各参与主体多频共振的努力下不断提升其办学质量与水平，逐步实现我国基础教育优质均衡的发展目标。

参考文献

一、中文类

著作类：

[1] 马尔利姆·沃特斯.现代社会学理论（第二版）[M].杨善华, 译.北京：华夏出版社, 2000.

[2] 马克斯·韦伯.社会科学方法论[M].杨富斌, 译.北京：华夏出版社, 1999.

[3] 马克斯·韦伯.社会学的基本概念[M].顾忠华, 译.桂林：广西师范大学出版社, 2000.

[4] 齐美尔.社会学——关于社会化形式的研究[M].林荣远, 译.北京：华夏出版社, 2002.

[5] 阿尔贝特·施韦泽.文化哲学[M].陈泽环, 译.上海：上海人民出版社, 2008.

[6] 布迪厄.文化资本与社会炼金术[M].上海：上海人民出版社, 1997.

[7] 布迪厄, 华康德.实践与反思社会学引导[M].李猛, 李康, 译.北京：中央编译出版社, 1998.

[8] 布迪厄.实践理论大纲[M].高振华, 李思宇, 译.北京：中国人民大学出版社, 2017.

[9] 丹尼斯·库什.社会科学中的文化[M].张金岭, 译.北京：商务印书馆,

2016.

[10] 雷蒙·阿隆.社会学主要思潮[M].葛智强, 等, 译.北京：华夏出版社,
2000.

[11] 列维·斯特劳斯.结构人类学[M].俞宣孟, 译.上海：上海译文出版社,
1999.

[12]玛丽·杜里·柏拉, 阿涅斯·冯·让丹.学校社会学[M].汪凌, 译.上
海：华东师范大学出版社, 2001.

[13] 米歇尔·福柯.规训与惩罚[M].刘北成, 杨远婴, 译.上海：生活·读
书·新知三联书店, 2012.

[14] 涂尔干.社会学方法的准则[M].狄玉明, 译.北京：商务印书馆, 1995.

[15] 涂尔干, 莫斯.原始分类[M].汲喆, 译.上海：上海人民出版社, 2000.

[16] 迈克尔·富兰.变革的挑战——学校改进的路径与策略[M].叶颖, 高耀
明, 周小晓, 等, 译.北京：北京师范大学出版社, 2013.

[17] L·科塞.社会冲突的功能[M].孙立平, 译.北京：华夏出版社, 1989.

[18] 埃德加·沙因.组织文化与领导力[M].章凯, 等, 译.北京：中国人民大
学出版, 2014.

[19] 安迪·哈格里夫斯.知识社会中的教学[M].熊建辉, 等, 译.上海：华东
师范大学出版社, 2007.

[20] 威廉·菲尔丁·奥格本.社会变迁——关于文化和先天的本质[M].王
晓毅, 陈育国, 译.杭州：浙江人民出版社, 1989.

[21] 奥斯卡·刘易斯.贫穷文化：墨西哥五个家庭一日生活的实录[M].邱
延亮, 译.台北：巨流图书有限公司, 2006.

[22] 戴维, 斯沃茨.文化与权力——布迪厄的社会学[M].陶东风, 译.上海：
上海译文出版社, 2012.

[23] 丹尼尔·U·莱文, 瑞依娜·飞, F·莱文.教育社会学[M].褚宏启,

编.郭锋, 黄雯, 郭菲, 译.北京：中国人民大学出版社, 2010.

[24] 古德莱德.一个称作学校的地方[M].上海：华东师范大学出版社, 2014.

[25] 赫伯特·鲁宾.质性访谈方法：聆听与提问的艺术[M].重庆：重庆大学出版社, 2010.

[26] 华勒斯坦, 等.开放社会科学：重建社会科学报告书[M].上海：生活·读书·新知三联书店, 1997.

[27] 杰弗里·亚历山大.社会学二十讲：二战以来的理论发展[M].贾春增, 译.北京：华夏出版社, 2000.

[28] 杰弗里·亚历山大.社会生活的意义——一种文化社会学的视角[M].周怡, 等, 译.北京：北京大学出版社, 2011.

[29] 康纳顿.社会如何记忆[M].纳日碧力戈, 译.上海：上海人民出版社, 2000.

[30] 克里福德·格尔兹.文化的解释[M].韩莉, 译.南京：译林出版社, 2008.

[31] 赖特·米尔斯.社会学的想象力[M].李康, 译.北京：北京师范大学出版社, 2017.

[32] 罗伯特·F.墨菲.文化与社会人类学引论[M].王卓君, 等, 译.北京：商务印书馆, 1991.

[33] 马克·格兰诺维特.镶嵌——社会网与经济行动[M].罗家德, 译.北京：社会科学出版社, 2015.

[34] 迈克尔·哈瑞顿.另一个美国（美国的贫困）[M].顾宇杰, 译.北京：世界知识出版社, 1963.

[35] 米尔斯.社会学想象[M].张君玫, 刘铃佑, 译.台北：台湾巨流图书公司, 1995.

[36] 欧文·戈夫曼.日常生活中的自我呈现[M].周怡, 译.北京：北京大学出版社, 2008.

[37] 帕深思, 莫顿等.现代社会学结构功能论选读[M].黄瑞祺,编译.台湾：巨流图书公司, 1981.

[38] 乔纳森·特纳.社会学理论的结构[M].邱泽奇,译.北京：华夏出版社, 2001.

[39] 乔金森·特纳.参与观察法[M].龙筱红, 张小山,译.重庆：重庆大学出版社, 2008.

[40] 萨义德, 薇思瓦纳珊.权力、政治与文化[M].单德兴,译.上海：生活·读书·新知三联书店, 2006.

[41] 塞缪尔·亨廷顿, 劳伦斯·哈里森.文化的重要作用——价值观如何影响人类进步 [M].程克雄,译.北京：新华出版社, 2002.

[42] 唐纳德·里奇.大家来做口述历史[M].王芝芝, 姚力,译.北京：当代中国出版社, 2006.

[43] 托德·威特克尔, 史蒂夫·格鲁奈特.如何定义、评估和改变学校文化[M].刘白玉,韩小宁,矫永芹,译.北京：中国青年出版社, 2016.

[44] 威廉·菲尔丁·奥格本.社会变迁——关于文化与先天的本质[M].王晓毅, 等, 译.杭州：浙江人民出版社, 1989.

[45] 威廉·富特·怀特.街角社会——一个意大利人贫民区的社会结构[M].黄育馥, 译.北京：商务印书馆, 1994.

[46] 威廉·托马斯.不适应的少女[M].钱军, 译.济南：山东人民出版社, 1988.

[47] 沃斯诺尔.文化分析[M].李卫民, 闻则思, 译.上海：上海人民出版社, 1990.

[48] 伊万·伊利奇.去学校化社会[M].吴康宁, 译.北京：中国轻工业出版社, 2017.

[49] 约翰·罗尔斯.正义论[M].何怀宏, 等, 译.北京：中国社会科学出版社,

1988.

[50] 詹姆斯·C·斯科特.弱者的武器：农民反抗的日常形式[M].郑广怀,
等, 译.北京：译林出版社, 2007.

[51] 詹姆斯·斯科特.农民的道义经济学：东南亚的反叛与生存[M].程立
显, 刘建, 等, 译.南京：译林出版社, 2001.

[52] 朱丽叶·科宾, 安塞尔姆·施特劳斯.质性研究的基础：形成扎根理论
的程序与方法（第3版）[M].朱光明, 译.重庆：重庆大学出版社, 2015.

[53] 波·达林.理论与战略：国际视野中的学校发展[M].范国睿, 译.北
京：教育科学出版社, 2002.

[54] 佐藤学.教师的挑战：宁静的课堂革命[M].钟启泉, 译.上海：华东师范
大学出版社, 2012.

[55] 佐藤学.学校的挑战：创建学习共同体[M].钟启泉, 译.上海：华东师范
大学出版社, 2010.

[56] 佐藤学.学校见闻录：学习共同体的实践[M].钟启泉, 译.上海：华东师
范大学出版社, 2014.

[57] 詹尼·瓦蒂莫.现代性的终结：虚无主义与后现代文化诠释学[M].北
京：商务印书馆, 2013.

[58] 阿玛蒂亚森, 伯纳德·威廉姆.超越功利主义[M].文梁捷, 译.上海：复
旦大学出版社, 2011.

[59] 阿玛蒂亚森.以自由看待发展[M].任赜, 于真, 译.北京：中国人民大学
出版社, 2013.

[60] 阿玛蒂亚森.论经济不平等[M].王立文, 于占杰, 译.北京：中国人民大
学出版社, 2015.

[61] 安·格雷.文化研究：民族志方法与生活文化[M].徐梦云, 译.重庆：重
庆大学出版社, 2009.

[62] 安东尼·吉登斯.社会的构成[M].李康, 李猛, 译.上海：生活·读书·新知三联书店, 1998.

[63] 安东尼·吉登斯.社会学方法的新规则[M].田佑中, 刘江涛, 译.北京：社会科学文献出版社, 2003.

[64] 安东尼·吉登斯.社会理论的核心问题[M].郭忠华, 译.上海：上海译文出版社, 2015.

[65] 安东尼·吉登斯.现代性的后果[M].田禾, 译.南京：译林出版社, 2000.

[66] 保尔·汤普逊.过去的声音——口述史[M].覃方明, 渠东, 张旅平, 译.沈阳：辽宁教育出版社, 2000.

[67] 保罗·威利斯.学做工：工人阶级子弟为何继承父业[M].秘舒, 凌旻华, 译.南京：译林出版社, 2013.

[68] 大卫·特里.教学中的关键事件[M].邓妍妍, 郑汉文, 译.石家庄：河北人民出版社, 2007.

[69] 戴维·钱尼.文化转向：当代文化史概览[M].戴从容, 译.南京：江苏人民出版社, 2004.

[70] 亨利·吉鲁.教育中的理论与抵制（第2版）[M].张斌, 等, 译.北京：教育科学出版社, 2016.

[71] 霍普金斯, 爱恩斯科, 威斯特.变化时代的学校改进[M].孙柏军, 译.北京：北京师范大学出版社, 2016.

[72] 吉布森.文化与权力——文化研究史[M].王加为, 译.北京：北京大学出版社, 2012.

[73] 卡麦.建构扎根理论：质性研究实践指南[M].边国英, 译.重庆：重庆大学出版社, 2009.

[74] 雷蒙德·威廉斯.关键词：文化与社会的词汇[M].刘建基, 译.上海：生活·读书·新知三联书店, 2005.

[75] 路易丝·斯托尔, 迪安·芬克.未来的学校：变革的目标与路径（第二版）[M].柳国辉, 译.北京：北京大学出版社, 2015.

[76] 马林诺夫斯基.文化论[M].费孝通, 译.北京：中国民间文艺出版社, 1987.

[77] 齐格蒙特·鲍曼.共同体[M].欧阳景根, 译.南京：江苏人民出版社, 2013.

[78] 斯道雷.斯道雷：记忆与欲望的耦合——英国文化研究中的文化与权力[M].徐德林, 译.桂林：广西师范大学出版社, 2007.

[79] 泰勒.原始文化[M].蔡江浓, 译.杭州：浙江人民出版社, 1988.

[80] 特伦斯·霍克斯.结构主义与符号学[M].瞿铁鹏, 译.上海：上海译文出版社, 1987.

[81] David Hopkins, 杨小微, 鲍道宏.让每一所学校成为杰出的学校——实行系统领导的潜力[M].上海：华东师范大学出版社, 2010.

[82] 包亚明.权力的眼睛：福柯访谈录[M].上海：上海人民出版社, 1997.

[83] 鲍传友.学校改进中的文化战略[M].北京：北京师范大学出版社, 2015.

[84] 北京大学社会学人类学研究所.东亚社会研究[M].北京：北京大学出版社, 1993.

[85] 本书编委会.2017中华人民共和国教育法律法规全书[M].北京：中国法制出版社, 2017.

[86] 边燕杰.社会网络与地位获得[M].北京：社会科学文献出版社, 2012.

[87] 曾天山.义务教育阶段"择校生"现象剖析[M].南宁：广西教育出版社, 1999.

[88] 陈大忠, 夏如波.学前儿童家庭教育[M].南京：南京大学出版社, 2014.

[89] 陈静静.跟随佐藤学做教育：学习共同体的愿景与行动[M].上海：华东师范大学出版社, 2015.

[90] 陈向明.质的研究方法与社会科学研究[M].北京：教育科学出版社，2001.

[91] 陈振华，祁占勇.优质教育资源发展论[M].杭州：浙江大学出版社，2015.

[92] 程红兵.学校文化建设的路径：书生校长的教育行动[M].上海：华东师范大学出版社，2012.

[93] 褚宏启.教育现代的路径——现代教育导论（第二版）[M].北京：教育科学出版社，2013.

[94] 褚宏启.教育现代的理论进展与实践探索[M].北京：北京师范大学出版社，2015.

[95] 戴雪红.物化到人化[M].镇江：江苏大学出版社，2014.

[96] 邓小平.邓小平文选：第2卷[G].北京：人民出版社，1983.

[97] 丁建新.叙事的批评话语分析：社会符号学模式（第二版）[M].重庆：重庆大学出版社，2014.

[98] 丁建新.文化研究[M].广州：中山大学出版社，2016.

[99] 范国睿.多元与融合：多维视野中的学校发展[M].北京：教育科学出版社，2002.

[100] 范胜武.重构学校文化[M].上海：上海教育出版社，2018.

[101] 费孝通.江村经济[M].上海：华东师范大学出版社，2018.

[102] 费孝通.乡土中国[M].上海：生活·读书·新知三联书店，1985.

[103] 傅铿.文化：人类的镜子[M].上海：上海人民出版社，1990.

[104] 甘怀真.身份、文化与权力[M].台湾："国立"台湾大学出版中心，2012.

[105] 高宣扬.布迪厄的社会学理论[M].上海：同济大学出版社，2004.

[106] 宫留记.布迪厄的社会实践理论[M].开封：河南大学出版社，2009.

[107] 顧明遠.教育大辭典第六卷[M].上海：上海教育出版社, 1992.

[108] 顧明遠.當代中國教育[M].北京：中國人民大學出版社, 2016.

[109] 顧明遠, 馬健生.中國學校研究[M].北京：高等教育出版社, 2017.

[110] 國務院法制辦公室.中華人民共和國法規彙編（1997-1998年第13卷）[M]. 2005.

[111] 何景熙, 王建敏.西方社會學說史綱[M].成都：四川大學出版社, 1995.

[112] 何培忠.步入21世紀的國外社會科學——發展政策與管理[M].北京：中國社會科學出版社, 2010.

[113] 何增科.公民社會與第三部門[M].北京：社會科學文獻出版社, 2000.

[114] 何平, 張旭鵬.文化研究理論[M].北京：社會科學文獻出版社, 2014.

[115] 和磊.伯明翰學派：文化研究的源流與方法[M].北京：北京大學出版社, 2016.

[116] 和磊.文化研究論[M].濟南：山東人民出版社, 2016.

[117] 胡定榮.薄弱學校的教育改進[M].北京：教育科學出版社, 2013.

[118] 黃瑞琴.質的教育研究方法（再版）[M].台北：心理出版社有限公司, 2001.

[119] 黃晟, 王孫禺.組織文化和變革相互關係探析[M].北京：社會科學文獻出版社, 2016.

[120] 季苹.學校文化自我診斷[M].北京：教育科學出版社, 2004.

[121] 賈春增.外國社會學史[M].北京：中國人民大學出版社, 2007.

[122] 教育部人事司組織編寫.管理創新與學校發展[M].西安：陝西師範大學出版社, 2004.

[123] 金生鈜.教育研究的邏輯[M].北京：教育科學出版社, 2015.

[124] 金小紅.吉登斯結構化理論的邏輯[M].武漢：華中師範大學出版社, 2008.

[125] 李国霖.社会蜕变中的台湾学校文化[M].福州：福建教育出版社，1995.

[126] 李敏龙，杨国枢.中国人的忍：概念分析与实证研究[M].台北：台北桂冠图书公司，2000.

[127] 李伟胜.学校文化建设新思路：主动生成[M].北京：北京师范大学出版社，2012.

[128] 李向平，魏扬波.口述史研究方法[M].北京：上海人民出版社，2010.

[129] 李政涛.重建教师的精神宇宙[M].上海：华东师范大学出版社，2014.

[130] 梁景时.哲学、文化与社会[M].北京：社会科学出版社，2010.

[131] 梁漱溟.中国文化要义[M].上海：学林出版社，1987.

[132] 梁歆，黄显华.学校改进：理论和实证研究[M].上海：华东师范大学出版社，2010.

[133] 廖盖隆，孙连成，陈有进，等.马克思主义百科要览（下卷）[M].北京：人民日报出版社，1993.

[134] 林慧祥.文化人类学[M].北京：商务印书馆，2011.

[135] 凌宗伟.好玩的教育：学校文化重建五讲[M].上海：华东师范大学出版社，2015.

[136] 刘谦.教育的社会文化土壤：基于美国费城安卓学校的教育人类学观察[M].北京：光明日报出版社，2016.

[137] 刘少杰.国外社会学理论[M].高等教育出版社，2006.

[138] 刘少杰.后现代西方社会学理论（第二版）[M].北京：北京师范大学出版社，2014.

[139] 刘世闵，李志伟.质化研究必备工具：Nvivo 10之图解与应用[M].北京：经济日报出版社，2017.

[140] 刘卫平.学校：走向文化自觉[M].厦门：厦门大学出版社，2015.

[141] 刘英杰.中国教育大事典（1949—1990）[M].杭州：浙江教育出版社, 1993.

[142] 柳海民.教育原理（第三版）[M].长春：东北师范大学出版社, 2006.

[143] 柳海民, 杨兆山.我国义务教育均衡发展问题研究[M].长春：东北师范大学出版社, 2007.

[144] 鲁洁.教育社会学[M].北京：人民教育出版社, 2006.

[145] 陆天艺, 景天魁.转型中的中国社会[M].哈尔滨：黑龙江人民出版社, 1994.

[146] 陆扬, 王毅.文化研究导论[M].上海：复旦大学出版社, 2006.

[147] 罗锅, 刘象愚.文化研究读本[M].中国社会科学出版社, 2000.

[148] 罗家德.信息时代的连接、机会与布局[M].北京：中信出版社, 2017.

[149] 马维娜.局外生存——相遇在学校场域[M].北京：北京师范大学出版社, 2003.

[150] 毛亚庆.教育研究的三个视域[M].合肥：安徽教育出版社, 2012.

[151] 孟繁华.学校发展论[M].北京：教育科学出版社, 2011.

[152] 倪梅, 陈建华.参与式规划与学校发展[M].北京：北京大学出版社, 2010.

[153] 乔健, 潘乃谷.中国人的观念与行为[M].天津：天津人民出版社, 1995.

[154] 石殴.学校文化学引论[M].北京：气象出版社, 1995.

[155] 石中英.教育哲学[M].北京：高等教育出版社, 2019.

[156] 宋续修, 王推林.农村社会学[M].哈尔滨：黑龙江教育出版社, 1993.

[157] 孙柏军.变化时代的学校改进[M].北京：北京师范大学出版社, 2016.

[158] 陶东风, 金元浦, 高丙中.文化研究（第1辑）[M].天津社会科学院出版社, 2000.

[159] 陶东风.文化研究读本[M].南京：南京大学出版社, 2013.

[160] 王英辉.多元视角下的文化现象[M].沈阳：沈阳出版社, 2011.

[161] 王正中.社会学概论[M].南京：南京大学出版社, 2013.

[162] 王志强, 王一波.文化的力量[M].北京：中国文史出版社, 2015.

[163] 文军.西方社会学理论：经典传统与当代转向[M].上海：上海人民出版社, 2006.

[164] 吴康宁.教育社会学[M].北京：人民教育出版社, 1998.

[165] 吴康宁.重新发现教师[M].南京：南京师范大学出版社, 2017.

[166] 吴忠民.社会学理论前沿[M].北京：中共中央党校出版社, 2015.

[167] 熊明安, 曾成平, 黄培松, 杨淑佳.教育学名词浅释[M].西宁：青海人民出版社, 1982.

[168] 徐经泽.社会调查理论与方法[M]. 北京：高等教育出版社, 1994.

[169] 徐书业.学校文化建设研究：基于生态的视角[M].桂林：广西师范大学出版社, 2008.

[170] 许慎(东汉).说文解字[M].北京：中华书局, 2009.

[171] 阎德明.现代学校管理学[M].北京：人民教育出版社, 1999.

[172] 颜明仁, 李子健.课程与教学改革：学校文化、教师转变与发展的观点[M].北京：教育科学出版社, 2010.

[173] 杨善民, 韩锋.文化哲学[M].济南：山东大学出版社, 2002.

[174] 杨祥银.与历史对话：口述史学的理论与实践[M].北京：中国社会科学出版社, 2004.

[175] 杨小微.转型与变革——中小学改革与发展的方法论[M].武汉：湖北教育出版社, 2004.

[176] 杨兴发, 王发国等.汉语熟语词典[M].成都：四川辞书出版社, 2005.

[177] 姚宝荣, 魏周.中国社会与文化[M].西安：陕西人民出版社, 2007.

[178] 叶澜.学校转型中的教学变革[M].北京：教育科学出版社, 2011.

[179] 叶启政.进出"结构—行动"的困惑——与当代西方社会学理论论述对话[M].台北：台湾三民书局股份有限公司, 2000.

[180] 衣俊卿.文化哲学十五讲（第二版）[M].北京：北京大学出版社, 2015.

[181] 于伟.教育哲学[M].北京：北京师范大学出版社, 2015.

[182] 余清臣, 卢元锴.学校文化学[M].北京：北京师范大学出版社, 2010.

[183] 愈国良.学校文化新论[M].长沙：湖南教育出版社, 1999.

[184] 约翰·R.霍尔, 玛丽·乔·尼兹.文化：社会学的视野[M].周晓虹, 徐彬, 译.北京：商务印书馆, 2004.

[185] 翟学伟.中国人的行动逻辑[M].北京：社会科学文献出版社, 2001.

[186] 翟学伟.人情、面子与权力的再生产（修订版）[M].北京：北京大学出版社, 2013.

[187] 张立文.和合、和谐与现代意义[M].北京：人民日报出版社, 2009.

[188] 张其志.教育科学研究法[M].北京：北京师范大学出版社, 2015.

[189] 张人杰.国外教育社会学基本书选[C].上海：华东师范大学出版社, 1989.

[190] 张意.文化与符号权力：布尔迪厄的文化社会学导论[M].北京：中国社会科学出版社, 2005.

[191] 赵勇刚.文化政治与符号权力——约翰·菲斯克的大众文化理论研究[M].北京：中国社会科学出版社, 2017.

[192] 赵中建.学校文化[M].上海：华东师范大学出版社, 2004.

[193] 郑金洲.教育文化学[M].北京：人民教育出版社, 2000.

[194] 郑金洲, 叶澜, 等.学校教育研究方法[M].北京：教育科学出版社, 2003.

[195] 郑燕祥, 陈国萍.学校效能与校本管理：一种发展的机制[M].上海：

上海教育出版社, 2002.

[196] 周润智, 孙德峰, 等.学校改进策略与质量提升[M].北京：高等教育出版社, 2017.

[197] 周兴国, 朱家存, 等.基础教育改革研究[M].合肥：安徽大学出版社, 2010.

[198] 周兴国.学校改进：制度分析与路径选择[M].芜湖：安徽师范大学出版社, 2016.

[199] 周怡.解读社会：文化与结构的路径[M].北京：社会科学文献出版社, 2004.

[200] 周怡, 等.社会分层的理论逻辑[M].北京：中国人民大学出版社, 2016.

[201] 周宗伟.高贵与卑贱的距离：学校文化的社会学研究[M].南京：南京师范大学出版社, 2009.

[202] 朱国华.权力的文化逻辑[M].上海：上海生活·读书·新知三联书店, 2004.

[203] 朱家存.教育均衡发展政策研究[M].北京：中国社会科学出版社, 2003.

[204] 左萍.薄弱学校改造与建设[M].长春：东北师范大学出版社, 2009.

期刊类：

[1] 安晓敏, 邬志辉.农村小规模学校联盟发展模式探究[J].中国教育学刊, 2017（09）：50–54.

[2] 安晓敏, 邬志辉.区域内城乡教育一体化发展模式探析[J].上海教育科研, 2012（06）：18–21.

[3] 白亮, 凌郡.OECD国家薄弱学校改进策略与启示[J].教育科学研究, 2015（08）：36–41.

[4] 鲍传友.农村薄弱学校的信心缺失与信任重建[J].中国教育学刊, 2017（03）：50-53.

[5] 鲍传友.学校文化：薄弱学校改进的突破口[J].中国教师, 2008（05）：57-61.

[6] 蔡永红, 雷军, 申晓月.从美国教师流动激励政策看我国城市薄弱学校的改进[J].比较教育研究, 2014（12）：68-73.

[7] 操太圣, 卢乃桂."县管校聘"模式下的轮岗教师管理审思[J].教育研究, 2018（02）：58-63.

[8] 曾文婧, 秦玉友.乡村小规模学校办学条件问题分析与建设思路[J].教育科学研究, 2018（08）：24-29.

[9] 陈沪军.让学生成为主动学习者——一所薄弱初中全面提升教学质量的成功密码[J].人民教育, 2019（Z）：58-61.

[10] 陈静漪, 袁桂林.城市义务教育均衡目标下的经费配置机制研究——机制设计的理论视角[J].教育科学, 2008（05）：21-26.

[11] 陈俊珂.农村薄弱学校发展的文化选择[J].东北师大学报(哲学社会科学版), 2018（02）：166-171.

[12] 陈坤, 秦玉友.农村义务教育投入体制70年：价值路向与前瞻——基于新中国成立以来政策文本的分析[J].教育学报, 2019（01）：56-66.

[13] 陈先哲, 黄旭韬, 谢尚芳, 许锐淳.农村教育贫困的文化学解释与教育精准扶贫——基于粤西三村的调查研究[J].教育发展研究, 2019（01）：63-69.

[14] 程斯辉, 明庆华, 谭细龙.关于加强薄弱学校建设的思考[J].中国教育学刊, 1997（06）：45-47.

[15] 戴斌荣, 柴江, 乔晖, 等.农村学校现代化的支持与保障研究[J].教育研究, 2019(06)：136-144.

[16] 邓静芬.薄弱学校改进对策初探[J].四川教育学院学报, 2009（02）：

93.

[17] 邓亮, 林天伦.薄弱学校委托管理制度建设：困境与出路[J].教育科学, 2015（05）：6-12.

[18] 邓丕来.以优带弱提高课堂领导力的实践探索——以人大附中帮扶薄弱学校教师发展为例[J].中国教育学刊, 2015（08）：96-100.

[19] 杜亮, 李卉萌, 王伟剑.文化视角下我国农村学校教育研究刍议——从文化传承到文化生产[J].教育学报, 2021(04)：119-132.

[20] 凡勇昆,邬志辉.农村教育现代化的解释逻辑和价值定位[J].教育科学研究, 2015(07)：10-15.

[21] 凡勇昆, 邬志辉.我国城乡义务教育资源均衡发展研究报告——基于东、中、西部8省17个区(市、县)的实地调查分析[J].教育研究, 2014（11）：32-44, 83.

[22] 凡勇昆, 邬志辉.我国农村教育发展方向的困境与出路——基于文化的视角[J].华东师范大学学报(教育科学版), 2012（04）：26-30.

[23] 樊改霞, 陈祖鹏.多维视角下我国农村薄弱学校建设路径研究[J].教育探索, 2016（03）：45-51.

[24] 范胜杰.薄弱学校办学品位提升刍议[J].当代教育科学, 2015（18）：56-57.

[25] 范先佐, 白正府.比较优势确认：薄弱学校改造的重要途径[J].现代教育管理, 2014（07）：40-44.

[26] 方清云.贫困文化理论对文化扶贫的启示及对策建议[J].广西民族研究, 2012（04）：158-162.

[27] 冯婉桢, 耿启华.软管理：薄弱学校改进中的管理之道[J].中国教育学刊, 2009（08）：44-47.

[28] 付卫东.改革开放40年我国农村中小学教师队伍建设：举措、成效及

经验[J].教育与经济,2018（04）：22-29.

[29] 傅荣.扶持薄弱学校应理顺的若干关系[J].教育评论,2000（02）：22-24.

[30] 龚鹏飞.以学校文化建设为抓手实现优质均衡[J].人民教育,2012（09）：2.

[31] 顾吉祥.重点中学的另一种责任——江阴高级中学改造薄弱学校的实践与思考[J].全球教育展望,2003（08）：63-65.

[32] 顾明远.论学校文化建设[J].西南大学学报（人文社会科学版）,2006（05）：67-70

[33] 郭清扬.义务教育均衡发展与农村薄弱学校建设[J].华中师范大学学报(人文社会科学版),2013（01）：161-168.

[34] 郭天成.加强薄弱学校建设的成功之路[J].人民教育,1992（12）：22-23.

[35] 国家中长期教育改革和发展规划纲要工作小组办公室.国家中长期教育改革和发展规划纲要（2010-2020年）[Z].2010：07-29.

[36] 国务院.关于基础教育改革与发展的决定[Z].国发[2001] 21号,2001：05-29.

[37] 国务院.国务院办公厅关于印发乡村教师支持计划（2015—2020年）的通知[S].国办发[2015] 43号,2015：06-08.

[38] 国务院.国务院关于基础教育改革与发展的决定[J].人民教育,2001（07）：4-9.

[39] 国务院.中国教育改革和发展纲要[Z].1993：02-13.

[40] 国务院.中华人民共和国义务教育法[Z].1986：04-12.

[41] 国务院.中华人民共和国义务教育法[Z].2006：06-29.

[42] 郝文武.在特色发展中彰显农村学校文化和活力[J].教育科学,2020

（03）：34–39.

[43] 何红霞.薄弱学校推进素质教育方法探讨[J].求实, 2006（S2）：273-274.

[44] 贺文洁, 李琼, 叶菊艳, 卢乃桂."人在心也在"：轮岗交流教师的能量发挥效果及其影响因素研究[J].教育学报, 2019（02）：58-65.

[45] 贺武华, 杨小芳.薄弱学校发展困境的社会学解释[J].教育发展研究, 2006（14）：48-52.

[46] 贺武华.英国"教育行动区"计划改造薄弱学校的实践与启示[J].教育科学, 2006（03）：78-81.

[47] 洪玉龙, 杜慧琦.为薄弱学校的崛起铺一条适合的路[J].人民教育, 2016（08）：41-43.

[48] 胡发贵.论中国传统文化之"忍"[J].社会科学战线, 2003（04）：20-24.

[49] 化得元, 杨改学, 俞树煜.运用现代教育技术在薄弱学校推进素质教育的思考[J].电化教育研究, 2000（03）：13-15.

[50] 黄晓磊,邓友超.学校活力评价指标体系构建--基于德尔菲法的调查分析[J].教育学报, 2017(01)：23-31.

[51] 纪莺莺.文化、制度与结构：中国社会关系研究[J].社会学研究, 2012（02）：60-85, 243.

[52] 姜超, 邬志辉."县管校聘"教师人事制度改革的政策前提与风险[J].四川师范大学学报(社会科学版), 2015（06）：57-62.

[53] 姜超, 邬志辉.校长教师交流轮岗机制：类型、评价和建议[J].现代教育管理, 2015（11）：80-85.

[54] 姜超.工作生活两地化：城镇化背景下乡村教师职业新样态[J].中国教育学刊, 2018（07）：94-99.

[55] 姜言青.搞好基础教育布局与结构的调整：努力改变薄弱学校的面貌[J].中国教育学刊, 1997（02）：24-25.

[56] 教育部.财政部.人力资源和社会保障部.关于推进县（区）域内义务教育学校校长教师交流轮岗的意见[S].教师[2014]4号, 2014：08-13.

[57] 教育部.关于贯彻落实科学发展观进一步推进义务教育均衡发展的意见[S].教基[2010] 1号, 2010-01-04.

[58] 教育部.关于转发国家教育委员会中、小学教师职务试行条例等文件的通知[S].职政[1986] 112号, 1986：05-19.

[59] 教育部.教育部 国家发展改革委 财政部关于全面改善贫困地区义务教育薄弱学校基本办学条件的意见[S].教基[2013] 10号, 2013：12-31.

[60] 教育部.教育部关于印发关于加强大中城市薄弱学校建设, 办好义务教育阶段每一所学校的若干意见的通知[S].教基〔1998〕13号, 1998：11-02.

[61] 教育部.全面改善贫困地区义务教育薄弱学校基本办学条件工作情况[Z].2016：12-29.

[62] 教育部办公厅, 国家发展改革委办公厅, 财政部办公厅.关于印发全面改善贫困地区义务教育薄弱学校基本办学条件底线要求的通知[Z].2014：07-18.

[63] 解月光, 孙艳, 刘向永.可持续发展：农村教育信息化的战略选择[J].东北师大学报(哲学社会科学版), 2008（01）：40-44.

[64] 晋银峰.我国薄弱学校改革发展三十年[J].课程.教材.教法, 2015（10）：3-9.

[65] 阚阅.促进教育均衡发展的新举措——英国"追求卓越的城市教育"计划评析[J].全球教育展望, 2004（09）：72-75.

[66] 康宁.试论素质教育的政策导向[J].教育研究, 1999（04）：31-40.

[67] 乐文进.绩效考核：薄弱学校改造的路径[J].中小学管理, 2009

（05）：14–15.

[68] 乐先莲.发达国家改造薄弱学校之举措[J].教育理论与实践,2008（06）：50.

[69] 冷改新.用爱促进薄弱学校管理的发展[J].中国教育学刊,2013（S3）：29.

[70] 李桂强.薄弱学校发展中的主要问题透视——基于K中学的个案研究[J].中小学管理,2007（03）：49–50.

[71] 李国栋,王川.伙伴协作支持下的薄弱学校改造——美国跃进学校项目述评[J].当代教育科学,2013（13）：31–33.

[72] 李辉.美国跃进学校项目变革薄弱学校的模式分析[J].教师教育研究,2017（05）：109–114.

[73] 李慧,杨颖秀.薄弱学校改进中行政部门的政策责任与策略[J].教学与管理,2010（22）：12–13.

[74] 李晶.贫困地区文化"内生性重构"研究[J].图书馆论坛,2016（06）：27–33.

[75] 李均,郭凌.发达国家改造薄弱学校的主要经验[J].外国中小学教育,2006（11）：8–11,29.

[76] 李令永.薄弱学校教学变革的"时间错位"困境——以苏北地区为例[J].教育发展研究,2010（22）：75–78.

[77] 李强.贫困文化之研究[J].天津社会科学,1989（01）：74–77.

[78] 李锐利.从失败走向成功——英国改进薄弱学校的措施对我国的启示[J].外国中小学教育,2003（02）：12–17.

[79] 李生滨,刘伟,岳建军.论教育均衡发展视域下薄弱学校教师科研水平的提高[J].教育理论与实践,2012（28）：29–32.

[80] 李晓燕,夏霖.关于扩大中小学办学自主权的思考[J].中国教育学刊,

2014（03）：26–29.

[81] 李艳春.关系社会学本体论初探[J].东南学术, 2013（03）：148–153.

[82] 李跃雪, 邬志辉.城镇化背景下乡村教育发展策略：国际经验与启示[J].比较教育研究, 2016（03）：15–19, 25.

[83] 李壮, 陈书平.贫困文化论与非均衡治理——对"等、靠、要"扶贫现象的成因解释[J].湖北民族学院学报(哲学社会科学版), 2019（03）：128–134.

[84] 励骅, 白华.国外薄弱学校改进的有效举措探析[J].比较教育研究, 2009（06）：52–56

[85] 林岚.一所农村薄弱初中的崛起——"洋思奇迹"的诞生之路[J].教育发展研究, 2006（03）：55–61.

[86] 林素文, 瞿梅福.以校本教研改变薄弱学校面貌的探索[J].教学与管理, 2006（35）：8–9.

[87] 刘宝存, 何倩.新世纪美国薄弱学校改造的政策变迁[J].比较教育研究, 2011（08）：1–6.

[88] 刘广华.加强薄弱学校首先要加强师资队伍建设[J].山东教育科研, 1998（04）：53.

[89] 刘绿芹.内涵重塑是薄弱学校自我提升的关键[J].教学与管理, 2011（25）：17–19.

[90] 刘茂来.加强薄弱初中建设[J].人民教育, 1992（09）：34.

[91] 刘荣飞, 徐士强.关于引导外部优质资源介入薄弱学校管理的讨论[J].上海教育科研, 2007（12）：10–13.

[92] 刘善槐, 邬志辉.农民工随迁子女公办校的教育质量困境与应对策略[J].教育发展研究, 2013（06）：1–5.

[93] 刘善槐, 邬志辉.我国农村教师编制的关键问题与改革建议[J].人民教育, 2017（07）：13–16.

[94] 刘善槐, 朱秀红, 王爽.乡村教师队伍稳定机制研究[J].东北师大学报(哲学社会科学版), 2019（04）：122-127.

[95] 刘善槐.新时代乡村教师队伍建设的多维目标与改革方向[J].教育发展研究, 2018（20）：3.

[96] 刘小强, 王德清.美国吸引高质量教师到薄弱学校的新举措[J].外国教育研究, 2011（03）：61-66.

[97] 娄立志, 刘文文.农村薄弱学校骨干教师的流失与应对[J].教师教育研究, 2016（02）：75-80.

[98] 卢乃桂, 张佳伟.时代变迁中的教师发展研究——卢乃桂教授专访[J].苏州大学学报(教育科学版), 2018（04）：77-84.

[99] 卢乃桂, 张佳伟.学校改进中的学生参与问题研究[J].教育发展研究, 2007（08）：6-9.

[100] 卢乃桂, 张佳伟.学校效能与学校改进走向结合的理论基础的探讨[J].教育学报, 2007（05）：3-7.

[101] 卢乃桂, 张佳伟.院校协作下学校改进原因与功能探析[J].中国教育学刊, 2009（01）：34-37.

[102] 卢乃桂.能动者的思索——香港学校改进协作模式的再造与更新[J].教育发展研究, 2007（24）：1-9.

[103] 卢艳, 陈恩伦.农村薄弱初中内涵式发展的困境及其成因探析[J].现代教育科学, 2011（04）：20-21, 95.

[104] 路光远.内涵发展：薄弱学校更新之路[J].全球教育展望, 2005（04）：9-12.

[105] 罗刚.对薄弱学校校长领导风格的权变分析[J].中小学管理, 2009（05）：41-42.

[106] 罗家德, 王竞, 张佳音, 谢朝霞.社会网研究的架构——以组织理论与

管理研究为例[J].社会，2008（06）：15-38，223-224.

[107] 吕炳强.行动历程中的叙事与筹划[J].社会，2011（04）：65-95.

[108] 吕敏霞.《2009美国复苏与再投资法案》背景下薄弱学校改造的新动向：四种模式[J].外国教育研究，2011（05）：10-14.

[109] 吕敏霞.美国薄弱学校改造的进展跟踪：实效、争议与动向[J].外国教育研究，2013（02）：10-18.

[110] 马德益.英国基础教育薄弱学校改革的市场化特征[J].外国教育研究，2005（04）：47-50.

[111] 马丽，余利川，冯文全.英国改造薄弱学校的三项计划评析[J].上海教育科研，2014（07）：17-20.

[112] 门春禄.大力改造薄弱学校全面推进素质教育——和平区改造薄弱学校工作经验[J].辽宁教育研究，2000（01）：69-71.

[113] 莫丽娟."堕落"与"逃离"：应试压力下农村薄弱学校教师的顺从与反抗[J].当代教育科学，2017（01）：62-67.

[114] 乔雪峰，卢乃桂.跨边界能量再生与扩散：跨校专业学习共同体中的教育能动者[J].教育发展研究，2017（24）：1-7.

[115] 乔雪峰，杨佳露，卢乃桂.澳大利亚乡村教师支持路径转变：从"不足模式"到"拟合模式"[J].比较教育研究，2018（05）：26-32.

[116] 秦玉友，曾文婧，许怀雪.绩效工资政策的预期实现了吗?——12省义务教育教师绩效工资实施状况调查[J].教育与经济，2019（05）：52-61.

[117] 秦玉友，曾文婧.新时代我国农村教育主要矛盾与战略抉择[J].中国教育学刊，2018（08）：47-53.

[118] 秦玉友，邬志辉.中国农村教育发展状况与未来发展思路[J].东北师大学报(哲学社会科学版)，2017（03）：1-8.

[119] 秦玉友.不让农村教育成为中国未来发展的短板[J].教育与经济，2018

（01）：13-18.

[120] 秦玉友.农村教师素质提升的现实困境与破解思路[J].教育研究, 2008（03）：35-37.

[121] 秦玉友.农村义务教育师资队伍建设机制问题分析[J].教育发展研究, 2010（10）：84-87.

[122] 秦玉友.贫困文化改造取向中的基础教育改革研究与反思[J].教育理论与实践, 2005（17）：13-16.

[123] 秦玉友.师资建设是农村教育质量全面提升的战略重点[J].教育发展研究, 2015（19）：3.

[124] 秦玉友.新时期农村教育的取向选择[J].教育发展研究, 2019（06）：8-14, 22.

[125] 秦玉友.学校文化研究的多维取向[J].教育理论与实践, 2008（04）：25-27.

[126] 秦玉友.中国教育发展的结构性矛盾[J].教育发展研究, 2006（07）：40-44.

[127] 裘志刚.薄弱学校如何经营[J].教育理论与实践, 2008（15）：11.

[128] 曲铁华, 马艳芬.义务教育师资均衡发展的对策研究[J].东北师大学报, 2005（05）：24-29.

[129] 冉铁星, 黄万胄.薄弱学校自身转变途径的探讨——简析武汉市粮道街中学的三个转变[J].中国教育学刊, 1998（02）：40-42.

[130] 任琳琳, 邬志辉.国外实施"艰苦边远地区教师津补贴政策"状况分析[J].比较教育研究, 2013（03）：99-104.

[131] 商丽浩, 田正平.美国州政府的基础教育转移支付制度[J].比较教育研究, 2001（12）：20-24.

[132] 石中英.学校活力的内涵和源泉[J].河北师范大学学报（教育科学

版），2017（02）：5-7.

[133] 史冬梅, 王淑娟.薄弱学校师资的现状、形成原因及改进策略[J].课程教育研究, 2013（01）：41.

[134] 宋旭辉, 金正扬.从"传统疗法"到"手术疗法"——上海市静安区教育局局长袁是人谈"薄弱学校更新工程"[J].人民教育, 1996（04）：13-14.

[135] 苏娜, 陈武林.英国公立薄弱学校改进路径与启示——以伊通学院为例[J].外国教育研究, 2019(07)：29-41.

[136] 孙德芳.英国提升薄弱学校质量的举措[J].中国教育学刊, 2009（06）：9-11.

[137] 孙来勤, 秦玉友.农村义务教育生源向城流动：表征、问题及治理[J].现代教育管理, 2012（05）：58-61.

[138] 孙颖.美国薄弱学校改造的政策分析[J].外国中小学教育, 2014（08）：21-24, 20.

[139] 索磊.薄弱学校委托管理的法律保障机制研究——以美国《特许学校法》问责条款为例[J].教育发展研究, 2013（24）：55-61.

[140] 索磊.从"特色学校"到"信托学校"——英国提高薄弱学校办学质量政策解析[J].教育发展研究, 2009（Z2）：111-116.

[141] 汤林春.道德领导：薄弱学校改造之道——以常州市北环中学为例[J].上海教育科研, 2010（08）：9-12.

[142] 汤颖, 邬志辉.贫困地区早期教育扶贫：地位、挑战与对策[J].中国教育学刊, 2019（01）：74-78.

[143] 唐智松.论薄弱学校教育资源的多渠道供给[J].中国教育学刊, 2009（05）：42-45.

[144] 田凌晖.薄弱学校改造的政策及实现路径：美国的经验[J].上海教育科研, 2007（12）：14-16.

[145] 汪洋, 马焕灵.论薄弱学校的精神文化改造——以沈阳师范大学沈北附属学校为例[J].教学与管理, 2012（13）：11–13.

[146] 汪永贵.新形势下中美两国薄弱学校改造模式的比较与启示[J].教育理论与实践, 2015（08）：12–14.

[147] 王红, 邬志辉.国外乡村教育生态转型的在地化实践[J].比较教育研究, 2019（09）：98–105.

[148] 王红, 邬志辉.新时代乡村教育扶贫的价值定位与分类治理[J].教育与经济, 2018（06）：18–24.

[149] 王翦.美国薄弱学校改进："跃进学校"计划的理念、实践及启示[J].教育理论与实践, 2014（28）：23–27.

[150] 王俊.英国：为薄弱学校派遣优秀教师[J].人民教育, 2015（23）：10.

[151] 王丽华.薄弱学校改进的个案研究[J].教育发展研究, 2007（20）：33–37.

[152] 王丽佳.薄弱学校中的老者参与及其质量保障策略研究：以美国巴尔的摩"经验团"为例[J].外国教育研究, 2021(01)：101–114.

[153] 王帅, 凡勇昆.激发乡村学校办学活力的治理之道[J].教育发展研究, 2020(Z2)：46–53.

[154] 王万俊.略析教育变革理论中的变革、改革、革新、革命四概念[J].教育理论与实践, 1998（01）：10–11, 25.

[155] 王熙, 王怀秀.教师视域中的"学校活力"--基于教师访谈资料的文本分析[J].教育学报, 2017(01)：32–38, 92.

[156] 王晓生, 邬志辉.乡村教师职称评聘的结构矛盾与改革方略[J].中国教育学刊, 2019（09）：70–74.

[157] 王艳玲."教育行动区"计划——英国改造薄弱学校的有效尝试[J].全球教育展望, 2004（09）：67–71.

[158] 王艳玲.社区共建：英国改造薄弱学校的新举措[J].外国教育研究,
2005（04）：51–55.

[159] 王永强.政府在薄弱学校改造中的责任担当[J].教学与管理, 2014
（15）：20–22.

[160] 邬志辉, 李静美.农民工随迁子女在城市接受义务教育的现实困境与
政策选择[J].教育研究, 2016（09）：19–31.

[161] 邬志辉, 李涛, 周兆海.农村教师津补贴政策文本的计量分析——基于
地方政府的政策文本[J].中国教育学刊, 2012（11）：9–14.

[162] 邬志辉, 张培.农村教育概念之变[J].高等教育研究, 2019（05）：10–
18.

[163] 邬志辉, 张培.农村学校校长在地化教育领导力的逻辑旨归[J].教育研
究, 2020(11)：126–134.

[164] 邬志辉.乡村教育现代化三问[J].教育发展研究, 2015（01）：53–56.

[165] 邬志辉.学校改进的"本土化"与内生模式探索——大学与中小学合
作伙伴关系的维度[J].教育发展研究, 2010（04）：1–5.

[166] 吴福生.关于强化义务教育的若干思考[J].中国教育学刊, 1996
（02）：5–9.

[167] 吴宏超.关照最底层的教育需求——评《农村家庭义务教育需
求实证研究——基于农村学校布局调整背景下的考察》[J].高教发展与评
估,2021(01)：2.

[168] 吴康宁.教育研究应研究什么样的"问题"——兼谈"真"问题的判
断标准[J].教育研究, 2002（11）：8–11.

[169] 吴理财.论贫困文化(上)[J].社会, 2001（08）：17–20.

[170] 吴理财.论贫困文化(下)[J].社会, 2001（09）：31–32.

[171] 吴亮奎.为"薄弱学校"辩护：基于教育价值的思考[J].教育发展研

究, 2013（2）：10-14..

[172] 萧俊明.文化的误读——泰勒文化概念和文化科学的重新解读[J].国外社会科学, 2012（03）：33-46.

[173] 谢爱磊.农村学校家长参与的低迷现象研究——专业主义、不平等关系与家校区隔[J].全球教育展望, 2020(03)：42-56.

[174] 谢廷春.浅析办好农村基础薄弱初中的途径[J].辽宁教育研究, 2000（09）：71-72.

[175] 谢翌, 吴巧玲, 邬志辉.合并学校的文化苦旅：从"你和我"到"我们"——一所合并中学"文化冲突"的个案研究[J].教育发展研究, 2019（06）：71-78.

[176] 熊梅, 陈纲.标本兼治综合治理——关于我国部分大中城市义务教育阶段加强薄弱学校建设情况的调研报告[J].教育研究, 1998（04）：39-45.

[177] 徐大慰.巴特的族群理论述评[J].贵州民族研究, 2007（06）：66-72.

[178] 徐科学.试析加强薄弱学校建设[J].中国民族教育, 1998（02）：36-37.

[179] 徐玉玲.薄弱初中学校建设的几点思考[J].中国教育学刊, 2006（03）：75-76.

[180] 许昌良.薄弱学校崛起的文化拯救[J].中小学校长, 2011（11）：34-35.

[181] 杨建朝.薄弱学校何以可能变革成功：从帮扶补偿到可行能力[J].教育科学研究, 2019（04）：21-27.

[182] 杨启亮.薄弱学校：义务教育发展中的弱势群体[J].教育发展研究, 2010（Z2）：53-58.

[183] 杨清溪, 邬志辉.校长领导力：乡村教育发展的新动能[J].教育发展研究, 2018（24）：41-47.

[184] 杨志刚.薄弱学校改造的实质及多样化策略[J].教育科学研究, 2016（01）：34–37.

[185] 姚永强, 范先佐.内生发展：薄弱学校改造路径选择[J].中国教育学刊, 2013（04）：37–40.

[186] 姚永强, 何丽芬.比较优势理论视角下的薄弱学校改造[J].当代教育科学, 2018（12）：35–38.

[187] 叶菊艳, 卢乃桂."能量理论"视域下校长教师轮岗交流政策实施的思考[J].教育研究, 2016（01）：55–62.

[188] 叶涯剑.空间社会学的方法论和基本概念解析[J].贵州社会科学, 2006（01）：68–70.

[189] 于冰, 于海波.薄弱学校师资问题研究——来自OECD国家的经验与启示[J].比较教育研究, 2015(04)：96–100, 112.

[190] 于冰, 于海波.薄弱学校师资问题研究——来自OECD国家的经验与启示[J].比较教育研究, 2015（04）：96–100, 112.

[191] 于海波, 李亚培.农村学校教育质量研究的国际经验与本土启示——基于1985—2021年WOS核心合集数据源的分析[J].社会科学战线, 2021(09)：234–244.

[192] 张济洲."国家挑战"计划——英国政府改造薄弱学校的新举措[J].外国中小学教育, 2008（10）：22–24, 21.

[193] 张佳伟, 卢乃桂.学校改进中教师领导研究述评[J].教育学报, 2010（03）：35–40.

[194] 张建.薄弱学校委托管理：动因、价值与深化策略——基于社会资本的视角[J].教育发展研究, 2013（20）：12–17.

[195] 张侃.浅谈农村薄弱学校的成因和改造对策[J].当代教育论坛, 2005（24）：19–20.

[196] 张爽.学校活力的表现和提升策略--基于两个案例的分析[J].教育学报,2017(01)：39-45.

[197] 张文清.校长自我诊断能力与学校发展[A].北京教育科学研究所"样本校建设"项目组编.学校发展的动力与策略初探[C].中国科学技术出版社,2005：53.

[198] 张源源, 刘善槐.县域内教师交流的机制梗阻与政策重建[J].中国教育学刊, 2016（10）：97-102.

[199] 张兆芹.影响学校发展的内在要素探析[J].外国教育研究, 2005（09）：7-11.

[200] 张芝联.费尔南·布罗代尔的史学方法[J].历史研究, 1986（02）：30-40.

[201] 章露红.转变薄弱学校关键是激发办学活力[J].中国教育学刊, 2015（08）：101.

[202] 赵永勤.贫困文化：影响课程变革效果的文化瓶颈[J].上海教育科研, 2009（10）：16-18.

[203] 赵垣可, 刘善槐.新中国70年基础教育学校布局调整政策的演变逻辑——基于1949—2019年国家政策文本的分析[J].教育与经济, 2019（04）：3-11.

[204] 赵垣可, 刘善槐.新中国70年农村教师政策的演变与审思——基于1949-2019年农村教师政策文本的分析[J].西南大学学报(社会科学版), 2019（05）：14-23.

[205] 赵忠平, 秦玉友.农村小规模学校的师资建设困境与治理思路[J].教师教育研究, 2015（06）：34-38, 33.

[206] 赵祝捷.城市薄弱初中改造的实践探索[J].辽宁教育研究, 2001（11）：5-7.

[207] 郑彩华, 马开剑.薄弱落后学校：成功发展何以可能——杜郎口中学教改经验深度透析[J].中国教育学刊, 2007（05）：28–30.

[208] 郑友训.薄弱学校的成因及变革策略[J].教育探索, 2002（10）：43–45.

[209] 郑志生, 邬志辉.学校特色发展中的教师文化认同问题及解决[J].教育科学研究, 2017（02）：72–76.

[210] 中共中央.关于教育体制改革的决定[S].1985：05–27.

[211] 钟启泉.苏醒吧, 薄弱初中——日本佐藤学教授访谈[J].全球教育展望, 2005（04）：3–5, 28.

[212] 周常稳, 周霖.薄弱学校研究：结构主义与文化主义解释的对峙[J].教育理论与实践, 2019（16）：3–7.

[213] 周常稳, 周霖.文化社会学视阈下薄弱学校的形成机制及改进路径[J].理论月刊, 2019（08）：154–160.

[214] 周佳.困境儿童学校精准帮扶的审视与推进[J].中国教育学刊, 2018（11）：70–73.

[215] 周兴国.薄弱学校改进的困境与出路：制度分析理论的视角[J].教育发展研究, 2010（04）：6–9.

[216] 周怡.贫困研究：结构解释与文化解释的对垒[J].社会学研究, 2002（03）：49–63.

[217] 周兆海, 邬志辉.教师激励的理念转向与策略优化[J].教育科学, 2019（01）：63–67.

[218] 周志山.马克思社会关系理论的多维解读[J].学习与探索, 2007（04）：7–11.

[219] 周宗伟.从城市人际关系网络看薄弱学校的改造与发展[J].湖南师范大学教育科学学报, 2012（02）：27–31.

[220] 朱德民.促进薄弱学校内涵发展的有效途径[J].当代教育科学, 2012（18）：44–46.

[221] 朱国华.习性与资本：略论布迪厄的主要概念工具（上）[J].东南大学学报(哲学社会科学版), 2004（01）：33–37, 74–124.

[222] 朱红霞.重构与接管：美国改进薄弱学校的策略[J].中小学管理, 2004（04）：55–56.

[223] 朱家存, 周毛毛.现代学校制度对完善校长负责制的意义[J].教育发展研究, 2007（06）：75–77.

[224] 朱万侠, 黄红涛, 李肖霞.农村薄弱校教师"同步互动混合课堂"接受度的调查与分析[J].电化教育研究, 2018（06）：67–74, 106.

[225] 宗晓华, 杨素红, 秦玉友.追求公平而有质量的教育：新时期城乡义务教育质量差距的影响因素与均衡策略[J].清华大学教育研究, 2018（06）：47–57.

学位论文类：

[1] 陈利刚.农村薄弱初中的成因及改造策略研究[D].南昌：江西师范大学, 2011.

[2] 成丽格.义务教育均衡发展与薄弱学校建设[D].武汉：华中师范大学, 2012.

[3] 戴红斌.利用信息技术手段提升农村薄弱学校实验教学质量研究[D].杭州：浙江师范大学, 2009.

[4] 杜亮亮.县域薄弱学校改进的共同体模式研究[D].南京：南京师范大学, 2015.

[5] 高红平.重庆市"领雁工程"对薄弱学校改进的效果研究[D].重庆：西南大学, 2017.

[6] 高晓文.教师的"平庸之恶"[D].长春：东北师范大学, 2016.

[7] 郭娜.薄弱学校改进背景下教师教学领导力研究[D].济南：鲁东大学, 2013.

[8] 韩鸿儒.校际合作：薄弱学校改进的文化视角[D].宁波：宁波大学, 2010.

[9] 杭冬仙.农村薄弱初中作文教学研究[D].苏州：苏州大学, 2015.

[10] 侯妹果.薄弱学校存在的问题及其改造对策[D].武汉：华中师范大学, 2006.

[11] 侯玉玲.薄弱学校改进中的教师队伍建设策略研究[D].上海：上海师范大学, 2015.

[12] 姜水晶.薄弱学校形成原因分析及改造策略研究[D].长春：东北师范大学, 2007.

[13] 蒋菲菲.基于ISO26000的薄弱学校教师社会责任研究[D].昆明：云南师范大学, 2014.

[14] 蒋婷.生源薄弱学校历史教学应对策略[D].武汉：华中师范大学, 2015.

[15] 金晨.教育投入与薄弱学校的绩效管理研究[D].上海：华东师范大学, 2016.

[16] 鞠永生.基于薄弱学校改进的校长领导力研究[D].济南：鲁东大学, 2014.

[17] 康敏艳.ISO26000标准与薄弱学校社会责任标准体系构建[D].昆明：云南师范大学, 2014.

[18] 李桂强.薄弱学校发展中的矛盾及其对策——基于K中学的个案研究[D].南京：南京师范大学, 2004.

[19] 李华利.英国义务教育薄弱学校改进策略研究[D].大连：辽宁师范大学, 2011.

[20] 李林芳.薄弱学校的组织气候研究[D].重庆：西南大学, 2012.

[21] 李琳.薄弱学校的改造之路：校长的职责与作用[D].南昌：南昌大学, 2012.

[22] 李艳艳.基于品牌管理的薄弱学校转变策略研究[D].重庆：西南大学, 2013.

[23] 李玉平.薄弱学校学生主体性地理教学的实施策略研究[D].开封：河南大学, 2015.

[24] 蔺彦.薄弱学校学生学习心理分析及辅导对策[D].济南：山东师范大学, 2007.

[25] 刘上梅.制度创新与中小学薄弱学校改造[D].长沙：湖南师范大学, 2010.

[26] 卢长智.薄弱学校办学潜能开发研究[D].上海：上海师范大学, 2006.

[27] 陆旭东.信念的力量[D].上海：华东师范大学, 2006.

[28] 吕佳.薄弱学校教师流失问题与对策研究[D].宁波：宁波大学, 2010.

[29] 吕莹.薄弱学校内发式改革研究[D].大连：辽宁师范大学, 2009.

[30] 马娇杨.美国薄弱学校师资培养研究[D].新乡：河南师范大学, 2017.

[31] 马晓玲.薄弱学校发展的关键性因素探究[D].呼和浩特：内蒙古师范大学, 2013.

[32] 平兰芳.论"不求甚解"在农村薄弱初中语文阅读教学中的实施[D].苏州：苏州大学, 2014.

[33] 秦素粉.英国薄弱学校改进政策研究[D].武汉：华中师范大学, 2007.

[34] 佘荔红.走向对话[D].武汉：华中师范大学, 2014.

[35] 师诺.内生发展：现代教育技术融入边境民族地区薄弱学校的路径研究[D].重庆：西南大学, 2015.

[36] 司洪昌.嵌入村庄的学校[D].上海：华东师范大学, 2006.

[37] 田野.沈阳市大东区薄弱初中改造策略研究[D].天津：河北工业大学，2007.

[38] 王靖.美国薄弱学校改进策略研究[D].长春：东北师范大学，2010.

[39] 王云祥.乌海市海勃湾区薄弱学校改造的策略研究[D].呼和浩特：内蒙古师范大学，2010.

[40] 王志丽.薄弱学校在我国基础教育改革中的角色研究[D].长春：东北师范大学，2011.

[41] 王紫斌.农村薄弱学校变革的个案研究[D].福州：福建师范大学，2014.

[42] 吴倩.薄弱学校转型中的教师文化现状个案研究[D].南昌：江西师范大学，2012.

[43] 席小涛.贫困地区农村薄弱初中现状及改进研究[D].兰州：西北师范大学，2011.

[44] 肖彦卿.从平顶山十三中看我国薄弱初中的成因及改造[D].长沙：湖南师范大学，2004.

[45] 杨继富.城市化进程中薄弱学校教师文化变革研究[D].杭州：杭州师范大学，2015.

[46] 叶晓玲.20世纪90年代以来英国改造薄弱学校政策研究[D].昆明：云南师范大学，2011.

[47] 袁彩哲.薄弱学校改造中的问题与发展对策研究[D].重庆：西南师范大学，2005.

[48] 张静.薄弱学校教师文化的问题研究[D].东北师范大学，2019.

[49] 张均红.薄弱初中校班级文化建设的实践研究[D].南京：南京师范大学，2014.

[50] 张侃.多维视角下农村薄弱学校的改造研究[D].南昌：江西师范大学，2006.

[51] 张猛猛.内涵发展的多维探索：改革开放以来基础教育学校变革研究（1978–2015）[D].华东师范大学, 2019.

[52] 张雪丽.薄弱学校改进的实践与启示[D].扬州：扬州大学, 2011.

[53] 张银山.县域薄弱学校内涵式发展研究[D].昆明：云南师范大学, 2013.

[54] 张羽寰.英国"学院类学校"计划研究[D].重庆：西南大学, 2013.

[55] 赵淑钧.乌海地区薄弱初中的改造构想[D].呼和浩特：内蒙古师范大学, 2004.

[56] 郑洋.薄弱学校改进策略的案例研究[D].长春：东北师范大学, 2011.

[57] 周庆华.抚松县农村薄弱学校现状调查研究[D].延边：延边大学, 2017.

[58] 周杨.农村薄弱初中实施有效管理的策略研究[D].苏州：苏州大学, 2010.

[59] 朱菲菲.薄弱初中"希望课堂"的建构与实践反思[D].上海：上海师范大学, 2016.

[60] 朱红.城区薄弱学校教师队伍管理问题研究[D].保定：河北大学, 2013.

[61] 朱家存.走向均衡[D].上海：华东师范大学, 2002.

[62] 朱庆菊.农村薄弱学校教师专业发展策略研究[D].杭州：杭州师范大学, 2011.

[63] 朱银辉.上海市薄弱学校委托管理实践探索[D].上海：上海师范大学, 2012.

[64] 朱月红.农村薄弱初中数学教师专业发展研究[D].上海：上海师范大学, 2015.

二、外文类

[1] Bandura, A.. Self-efficacy: Toward A Unifying Theory of Behavioral

Change. Psychological Review of behavioral change.[J]. 1977, 84(2):191-215.

[2] Baxter, L. T.. The Use of the Accelerated Schools Model in School Planning and Development: A Case Study[D]. Manitoba: The University of Manitoba,1999.

[3] Clarence Senior.Five Families: Mexican Case Studies in the Culture of Poverty.by Oscar Lewis[J]. American Sociological Review, 1959, 24(6): 215.

[4] Fullan, M. G.. The New Meaning of Educational Change：Third Edition[M].New York: Teachers College PRESS and London,1991.

[5] Davis R C. Contemporary Literary Criticism :Kliterary and Cultural Studies[J]. Contemporary Literary Criticism Literary & Cultural Studies, 1989: 222.

[6] Ulf Hannerz.Cultural Complexity: Studies in the Social Organization of Meaning.[M] New York: Columbia University Press, 1991.

[7] Hopkings, D. ,Reynolds, D.. The Past, Present and Future of School Improvement: Toward the Third Age[J]. British Educational Research JOURAL, 27(4):459-475.

[8] Hopkins, David. School Improvement in an Era of Change[M]. London: Cassell,1994.

[9] Hwang. K. K.. The Pattern of Coping Strategies in a Chinese Society[J]. Acta Paychologica Taiwanica, 1977(19):61-73.

[10] Lewis, Osca. The Culture of Poverty[J]. Scientific American,1966：219 .

[11] Lyche, CS.. "Taking on the Completion Challenge: A Literature Review on Policies to Prevent Dropout and Early School Leaving", OECD Education Working Papers, No. 53 [J].OECD Publishing, 2010(09):66.

[12] Macgilchrist B , Mortimore P , Stedman J , et al. Planning Matters : The Impact of Development Planning in Primary Schools[J]. Paul Chapman, 1995:7.

[13] Parsons, T. .The Social System [M].Glencoe:IL. FreePress,1951.

[14] Perryman, Jane. School Leadership and Management after Special Measures: Discipline without the Gaze?[J]. School Leadership & Management, 2005, 25(3):281-297.

[15] Peter Matthews and Pam Sammons. Survival of the Weakest: the Differential Improvement of Schools Causing Concern in England[J]. London Review of Education, 3.2(2005):159-176.

[16] Pont, B, Hopkins,D. , Nusche,D.. Improving School Leadership Volume 2: Case Studies on System Leadership[J]. Oecd Publishing, 2008, volume 2008(8):253-271.

[17] R. Turner. Turner R . Role-taking : Process Versus Conformity[J]. Human Behavior & Social Processes An Interactionist Approach, 1962:149.

[18] Rossman, G. B., Corbett, H. D. and Firestone, W. A.Change and Effectiveness in Schools: A Cultural Perspective. SUNY Series: Frontiers in Education.[M].New York： State University of New York Press, State University Plaza, Albany, 1988.

[19] Sterbinsky Allan Ross Steven. Redfield Doris. Effects of Comprehensive School Reform on Student Achievement and School Change: A Longitudinal Multi-site Study[J].School Effectiveness & School Improvement, 2006: 367-397.

[20] Stoll L , D Fink. C.Changing Our Schools: Linking School Effectiveness and School Improvement[M]. Bei Jing： Open University Press, 1996.

[21] Pollex M , Gelder K , Thornton S . The Subcultures Reader[J]Canadian Journal of Sociology, 1999, 24(2):303.

[22] Willis, Paul. Learning To Labor.New York[M].New York: Columbia University Press, 1977.

附　录

一　访谈提纲

1-1　教师访谈提纲

基本情况：

您能简单地介绍一下自己的情况吗？比如，您是哪一年来到贵校的，年龄、教龄、职称、任教科目、在学校担任什么职务。

当前贵校的入学率和升学率怎么样？整体来看，贵校与学区其他同类校相比其社会声誉如何？大致处于什么位置？

政策方面：

您能回顾一下，贵校的发展史吗？其发展历程受哪些教育政策的影响？（比如重点学校政策、教育管理制度、教育评价制度、教育市场化、素质教育改革、新课改等）该政策又是如何影响学校发展的？对您的教育教学产生了哪些影响？您和学校分别采取了哪些应对策略？您对该政策持有怎样的认识与评价？（从形成的时间脉络中把握结构因素以及文化符号）

您认为国家相关部门制定并实施的推动学校发展的政策效果如何？（比如就近入学政策、国培计划、省培计划、全面改薄政策、乡村教师支持计划等）该政策又是如何影响学校发展的？对您的教育教学产生了哪些影响？您和学校分别采取了哪些应对策略？您对该政策持有怎样的认识与评价？

从政策方面来说，您认为当前学校发展所面临的最大困境是什么？您希望国家或教育相关部门提供哪些帮助？

学校方面：

您回顾一下，学校在发展过程中都遇到了哪些发展困境？并采取了哪些措施来应对困境？效果如何？对您教育教学产生了哪些影响？您又采取了何种策略？

在您看来，贵校各项规章制度是怎样制定的？（比如职称、考核、日常管理制度等）其执行情况如何？是否存在不成文的制度与规则？它对学校规章制度及教育教学秩序产生了怎样的影响？对此您持有怎样的看法？

您入职以来，是否与学校管理、规章制度等产生过冲突？是否化解？它对您之后的教育教学产生了怎样的影响？

您在日常生活以及教师培训中，每当有人问您在哪个学校工作时，您是否会直接告知？为什么？

您了解学校的发展规划吗？是否具有明确且详细的目标与任务？您对其有信心吗？

当学校发展面临困境时，学校管理者、同事之间通常采取何种应对策略？

您觉得贵校的教学设备是否得以充分利用？为什么？

从学校层面来说，您认为当前学校发展所面临的最大困境是什么？您希望学校相关部门应如何应对？您对此有信心吗？

个人方面：

您入职以后，面对学校的实际情况是否适应？压力大吗？是否产生过离职的想法？后来又是如何解决的？

从入职以来，您在教育教学过程中遇到过哪些困难？您采取了何种应对策略？是否会寻求同事、学校管理者的帮助与支持？

您现在通常采取何种教学模式？哪些因素导致了该教学模式的形成？

您现在与学生之间的关系如何？哪些因素导致了该师生关系的生成？

您对素质教育与应试教育的理解是什么？您在实际教学中更倾向于哪种理念？为什么？

当您的学生成绩不理想时，您从哪些方面寻找原因？并以何种态度来应对？

您是否居住在本学区？您的孩子是否在本校就读过？为什么？

您对自身的专业发展是否有具体的规划？您对此采取了何种措施？对此有信心吗？

从个人层面来说，您认为当前您专业发展所面临的最大困境是什么？您打算以何种方式与态度来应对？

总体感受：

您觉得自入职以来，您入职前与入职后有哪些变化？比如教育观、教学方式等。

您是否积极参与到国家或学校的相关改革之中？通常持以怎么样的态度？为什么？

您对该校如何评价？如果让您重新选择您还会选择该校工作吗？为什么？

贵校未来发展可能还会面临很多问题与困境，也可能给您带来更大的压力？您怎么看？准备如何应对呢？

1-2　学校中层干部访谈提纲

基本情况：

您能简单地介绍一下自己的情况吗？比如，您的毕业院校、学历、哪一年来到贵校的、教龄、职称、在学校担任什么职务。

当前贵校的生源结构怎么样？进城务工子女有多少？留守儿童有多少？整体来看，贵校与其同类校相比社会声誉、教学质量如何？大致处于什么位置？

政策方面：

您能回顾一下，贵校的发展史吗？其发展历程受哪些教育政策的影响？（比如重点学校政策、教育管理制度、教育评价制度、教育市场化、素质教育改革、新课改等）该政策又是如何影响学校发展的？对您的教育教学产生了哪些影响？您和学校分别采取了哪些应对策略？您对该政策持有怎样的认识与评价？

您认为国家相关部门制定并实施的推动学校发展的政策效果如何？（比如就近入学政策、国培计划、省培计划、全面改薄政策、乡村教师支持计划等）该政策又是如何影响学校发展的？对您的教育教学产生了哪些影响？您和学校分别采取了哪些应对对策？您对该政策持有怎样的认识与评价？

从政策方面来说，您认为当前学校发展所面临的最大困境是什么？您希望国家或教育相关部门提供哪些帮助？

学校方面：

您回顾一下，学校在发展过程中都遇到了哪些发展困境？并采取了哪些措施来应对？其效果如何？对您教育教学及管理产生了哪些影响？您又采取了何种策略？

在您看来，贵校各项规章制度是怎样制定的？（比如职称、考核、日常管理制度等）其执行情况如何？

您入职以来，是否与学校管理、规章制度等产生过冲突？是否化解？它对您之后的教育教学及学校管理产生了怎样的影响？

您了解学校的发展规划吗？它是如何产生的？是否具有明确且详细的目标与任务？您对其有信心吗？

您在日常生活以及教师培训中，当有人询问您在哪个学校工作时，您是否会直接告知？为什么？

当学校发展面临困境时，您与同事通常采取何种应对策略？

您觉得贵校的教学设备怎么样？是否充分利用？为什么？

随着城市化的发展，周围民宅不断拆迁，你觉得城市化的浪潮对您或者学校产生了哪些影响？如何应对？

从学校层面来说，您认为当前学校发展所面临的最大困境是什么？您希望学校相关部门应如何应对？您对此有信心吗？

个人方面：

您入职以后，面对学校的实际情况是否适应？压力大吗？是否产生过离职的想法？后来又是如何解决的？

从人职以来，您在教育教学过程中遇到过哪些困难？您采取了何种应对策略？是否会寻求同事、学校管理者的帮助与支持？

您在上课过程中通常采取哪种教学模式？以教师为主，还是以学生为主？哪些因素导致了该教学模式的形成？

您现在与同事之间的关系如何？你认为学校管理最重要的是什么？您在管理过程中，是否遇到过教师抵触的事件？为什么？如何化解的？试举一例。

您对素质教育与应试教育的理解是什么？您在学校管理中更倾向于哪种理念？为什么？

当您学校的成绩不理想时，您从哪些方面寻找原因？并以何种态度来应对？

您是否居住在本学区（本村）？您的孩子是否在此就读过？为什么？

总体感受：

自入职以来，您觉得在教育观、教学方式、师生观等方面发生了哪些变化？

您是否积极参与到国家或学校的相关改革之中？通常持以怎样的态度？为什么？

您对该校的整体评价是什么？如果有机会让您选择还会来该校工作吗？为什么？

贵校未来发展及管理中可能还会面临一些困境，也可能给您带来更大的压力？您怎么看？准备如何应对呢？

1-3　校长访谈提纲

基本情况：

您能简单地介绍一下自己的情况吗？比如，您的毕业院校？学历？哪一年到复程小学的？又何时离开的？您的孩子是否在村小就读过？为什么？

您任职期间，学校的生源如何？其结构大体是什么样的？进城务工子女有多少？留守儿童有多少？您去之前，该校与同类校相比社会声誉、教学质量如何？大致处于什么位置？据您了解，现在该校又处于什么位置？

您在幸福乡工作的时候，咱们村小与中心校（市区学校）相比在生源、经费、师资以及教学资源等方面是否存在着差异？具体表现是什么？

您任职期间，咱们学校隶属于幸福乡，当时在办学经费、师资、生源等方面，文教办是如何分配的？其主要组织哪些教育教学活动？侧重于学校发展的哪些方面？作何评价？

您来到该校以后，咱们学校师资、生源、校舍等方面的状况如何（代课老师）？面对学校的实际情况是否适应？压力大吗？后来又是如何解决的？

您任职期间，对学校的发展具有怎样的规划？主要关注学校哪些方面的发展？采取了哪些措施？在其实施过程中遇到过哪些困难？如何克服的？

您任职期间，咱们学校的硬件设备发生了巨大变化，请您简单说说学校硬件的更新历程，其经费主要来自哪里？

您任职期间，咱们学校的管理制度（教案、考核、出勤、职称评定）如何？您对此做出了哪些变化？其效果如何？是否引起了教师的抵触情绪？又是如何解决的？试举一例。

您任职期间，正是应试教育、素质教育、新课改大力提倡、落实的关键阶段，您当时对其如何理解？作何评价？为此您又做出了哪些改变？

您任职期间，针对新任教师的专业发展采取了何种措施？其效果如何？

您任职期间，是否经常进入课堂进行听课？那时教师主要采取何种教学模式？

您任职期间，咱们学校的教学质量怎么样？您通常采取何种手段来提升教学质量？

您任职期间，咱们的生源是否有变化？为什么？其对学校发展以及教育教学产生了怎样的影响？

总体感受：

您任职前与任职后，您觉得在学生观、教学观、师生观以及家校关系等方面发生了哪些变化？

如果让您对贵校进行评价，您对贵校的发展及当前的发展作何评价？

1-4　文教办主任访谈提纲

基本情况：

您能简单地介绍一下自己的情况吗？比如，您的毕业院校？学历？哪一年去文教办的？又何时离开的？您主要负责什么工作？（个人情况）您的子女是否在村里上学？为什么？

业务情况：

您任职期间，咱们学校与市区学校相比有哪些不足？在工作过程中，是如何改进的？

您任职期间，文教办对咱们乡的各个小学是否有发展规划？主要关注学校哪些方面的发展？采取了哪些措施？在其实施过程中遇到过哪些困难？如何克服的？

您任职期间，咱们乡的教育经费主要来源于哪里？是否有社会资金介入？每年大约投入多少经费？学校之间如何分配？在具体运作过程中是否存在资金周转困难的问题？如何解决的？

您任职期间，咱们乡教师的主要来源是什么？是如何进行分配的？教师流动是否频繁？代课老师主要分布在哪些学校？其资质如何鉴定？咱们采取了何种措施与策略使部分教师转制为正式编制的？同时，也有部分教师退出，其在执行过程中遇到过哪些困难？如何解决的？试举一例。

您任职期间，文教办采取了何种策略与措施来促进教师专业发展的？组织了哪些活动？当时力推的主要教学模式是什么？

您任职期间，为促进学校发展，提升咱们村的教育影响力及教育教学质量，文教办采取了什么策略与措施？

您任职期间，您对C市一类一级校了解吗？如何评定的？

您任职期间，文教办如何对教师的职称、教学、师德、技能等方面进行考核的？建立了何种制度？其效果如何？

您任职期间，如何贯彻落实素质教育、新课改、教育信息化等相关教育改革的，您当时对其如何理解？作何评价？为此，文教办采取了哪些措施？在推行过程中是否引起下属学校的抵触？试举一例。

学校情况：

您任职期间，该校与同类校相比社会声誉、教学质量如何？大致处于什么位置？据您了解，现在该校又处于什么位置？

您任职期间，是否接到过家长、教师等关于咱们学校的信访或举报，主要涉及哪些方面的内容？为此采取了哪些措施？

您任职期间，咱们学校的硬件设备，比如校舍、新三室、旧三室等硬件设备的更新，其经费主要来自哪里？

您任职期间，咱们学校是否发生过校名更换的情况？为什么？

您任职期间，咱们学校之前有初中部，为何初中部慢慢取消了？咱们的生源数量、质量及结构发生了怎样的变化？为什么？

您任职期间，咱们学校是否存在发展困难求助于文教办的事例？文教办为此采取了何种措施？

如果让您对贵校的发展进行阶段划分，您认为应该如何划分比较合适，为什么？

您对贵校的发展及当前的发展作何评价？

总体感受：

您在文教办任职期间，对有关农村教育发展的相关政策作何评价？希望政府部门作何改进？时下，国家对农村教育进行了大力发展与扶植，如今您觉得效果如何？未来尚需作何努力？

1-5　学生家长访谈提纲

您是哪里人？什么学历？

您（或者孩子父母）从事什么工作？有几个孩子？

您认为咱们学校的在全区（或全乡）的排名如何？作何评价？

您认为咱们学校的教学质量如何？作何评价？

您为什么给孩子选择来这里读书？

您家一般是谁管教孩子？通常是谁辅导孩子的功课？

您对孩子的教育期望是什么？

您对咱们学校的教师如何评价？为什么？

您觉得复程小学的未来发展如何？对其发展有何建议？

二　研究资料的分类及编码规则

研究资料的分类及编码规则

	资料来源	资料编号	资料代码
访谈录音（I）	教育行政人员（G）	春艳……	I-G-春艳……
	校长（H）	春玲、春波……	I-H-春玲、I-H-春波……
	主任（D）	春琴、夏红……	I-D-春琴、I-D-夏红……
	教师（T）	秋梅、秋花……	I-T-秋梅、I-T-秋花……
	家长（P）	冬梅、冬青……	I-P-冬梅、I-P-冬青……
专家讲座（L）	专家（E）	立夏……	L-E-立夏……

三　研究对象的基本情况

访谈教师基本信息及编码

序号	化名	性别	校级职务	教师资格	职称	教龄	第一学历	专业	最终学历	专业	科目	资料编码	备注
1	春玲	女	校长	高级教师	高级教师	21	大专	汉语言文学	本科	汉语言文学	无	I-H-春玲	
2	春琴	女	副校长	小学教师	高级教师	23	大专	统计学	本科	汉语言文学	无	I-D-春琴	
3	夏红	女	中层副职	小学教师	一级教师	21	中专	计算机	本科	汉语言文学	数学科学	I-D-夏红	
4	夏萍	女	中层正职	小学教师	高级教师	21	高中	无	本科	汉语言文学	英语	I-D-夏萍	
5	夏波	男	中层副职	小学教师	一级教师	20	中专	装潢美术	本科	汉语言文学	电教	I-D-夏波	
6	夏威	男	中层正职	高级教师	一级教师	11	本科	体育教育			体育	I-D-夏威	在职
7	秋梅	女	出纳	小学教师	高级教师	30	中专	财务会计	本科	汉语言文学	品社品生	I-T-秋梅	
8	秋花	女	会计人事	小学教师	一级教师	18	中专	小学教育	本科	汉语言文学	数学	I-T-秋花	
9	秋慧	女	无	小学教师	高级教师	31	高中	无	本科	汉语言文学	品社语文	I-T-秋慧	
10	秋红	女	无	小学教师	高级教师	26	高中	无	本科	汉语言文学	品社语文	I-T-秋红	
11	秋霞	女	无	小学教师	一级教师	21	大专	办公自动化	本科	教育管理	品社语文	I-T-秋霞	

续表

序号	化名	性别	校级职务	教师资格	职称	教龄	第一学历	专业	最终学历	专业	科目	资料编码	备注
12	秋峰	男	无	小学教师	一级教师	20	中专	工业企业管理	本科	汉语言文学	科学地方课程	I-T-秋峰	
13	秋英	女	无	小学教师	一级教师	20	中专	装潢美术	本科	汉语言文学	品社数学	I-T-秋英	
14	秋敏	女	无	小学教师	一级教师	18	中专	中师	本科	汉语言文学	语文	I-T-秋敏	
15	秋莉	女	无	小学教师	一级教师	18	中专	中师	本科	汉语言文学	语文	I-T-秋莉	
16	秋欣	女	无	高级教师	二级教师	11	中专	幼师	本科	音乐学	音乐学校课程	I-T-秋欣	在职
17	冬婷	女	后备干部	小学教师	二级教师	9	本科	教育技术学			数学英语	I-T-冬婷	
18	冬媛	女	无	高级教师	未评	4	大专	机械设计	本科	会计学	英语	I-T-冬媛	
19	冬旭	男	无	高中教师	未评	4	本科	音乐学	硕士	音乐教育	音乐	I-T-冬旭	
20	冬颖	女	无	小学教师	未评	3	本科	英语教学			语文	I-T-冬颖	
21	冬涵	女	无	小学教师	未评	1	本科	数学			数学	I-T-冬涵	
22	冬锐	男	无	小学教师	未评	1	本科				体育	I-T-冬锐	
23	冬琳	女	无	小学教师	未评	1	本科	体育教育			语文品社	I-T-冬琳	
24	冬凯	男	无	无	无	10	小学				保安	I-T-冬凯	
25	冬堂	男	无	小学教师	高级教师	40+	初中				数学	I-T-冬堂	已退休
26	冬刚	男	无	小学教师	高级教师	40+	初中				体育	I-T-冬刚	

序号	化名	性别	校级职务	教师资格	职称	教龄	第一学历	专业	最终学历	专业	科目	资料编码	备注
27	冬君	女	无	小学教师	高级教师	40+	高中				语文	I-T-冬君	
28	冬雪	女	无	小学教师	高级教师	40+	高中				语文	I-T-冬雪	
29	春波	男	校长	小学教师	高级教师	40+	高中				数学	I-H-春波	已退休
30	春升	男	校长	小学教师	高级教师	40+	中专	工商管理			数学	I-H-春升	
31	春峰	男	校长	小学教师	高级教师	40+	中专	汉语言文学			语文	I-H-春峰	
32	春艳	女	文教办主任	无	无	40+	中专				无	I-G-春艳	

访谈家长基本信息及编码

序号	化名	性别	家庭状况	与学生关系	职业	文化程度	户籍	资料编码
1	冬梅	女	离异	祖母	无	文盲	本地	I-P-冬梅
2	冬青	女	离异	母亲	本地打工	小学	外地	I-P-冬青
3	春花	女	再婚	母亲	南方打工	中学	本地	I-P-春花
4	春山	男	原生	父亲	建筑工人	小学	外地	I-P-春山
5	春光	男	原生	父亲	装修工人	小学	外地	I-P-春光
6	夏雨	男	原生	父亲	建筑工人	小学	外地	I-P-夏雨
7	夏洋	女	原生	母亲	经商	小学	本地	I-P-夏洋
8	秋果	女	原生	母亲	经商	高中	本地	I-P-秋果
9	秋莹	女	原生	母亲	本地打工	小学	本地	I-P-秋莹
10	秋兰	女	原生	母亲	小商贩	初中	外地	I-P-秋兰

后 记

    我要感谢本书里的32位受访者，他们是本书共同的作者。在访谈前，我与他们并不相识，但提出访谈需求后，他们无一例外地欣然接受，后来，还有一些受访者来到大连，我们仍在不断交流，能与这32位受访者成为朋友，我想很重要的原因是大家都期待早日实现义务教育的优质均衡发展。

    我要特别感谢我的博士生导师周霖老师。他不仅给我积极联系个案学校，还和我一起研讨访谈提纲、共同搜集访谈资料、反复讨论书稿，他是本书的重要合作者。除周霖老师之外，我还要感谢柳海民教授、傅维利教授、于伟教授、杜岩岩教授、赵俊芳教授等在出书过程中给予的积极指导与建议，使本书才得以不断地修改与完善。

    另外，本书在"辽宁省高等学校一流学科教育学专项经费"资助下得以顺利出版，在此对辽宁师范大学田家炳教育书院表示衷心的感谢！

2021年12月12日

于辽宁师范大学田家炳教育书院